講談社文庫

拗ね者たらん

本田靖春　人と作品

後藤正治

講談社

拗ね者たらん

本田靖春　人と作品

目次

本文中の肩書は単行本刊行時（二〇一八年十一月）に準じます。

拗ね者たらん

本田靖春　人と作品

第I部

本田靖春・早智夫妻を囲む担当編集者たち（1996年7月27日）

第一章　第二の出発――『現代家系論』

1

一枚の集合写真が残っている。

東京・池袋にあるホテルメトロポリタンの中華料理店の一室で、丸テーブルにはメロンを載せた小皿が並んでいるから宴席の終わり、記念撮影ということであったのだろう。写真の隅に刻まれた日付は一九九六（平成八）年七月二十七日。

中央に、花束を抱え、笑みを浮かべた本田靖春と夫人の早智《さち》が写っている。夫妻を囲み、あるいは背後に立っている男たちは計十七人。いずれも講談社の編集者で、書籍および『現代』『週刊現代』『VIEWS《ヴューズ》』などの雑誌で本田を担当した面々である。ノンフィクション作家としての本田の歩みは三十三年に及んでいるが、とりわけその後半期、付き合いが深かった社が講談社であった。

お世話になったみなさんに御礼の気持を伝えておきたく、ささやかな席を設けさせていただきたい——。会は、本田からの申し入れによって開かれている。この時期、本田は持病の糖尿病が進行し、右眼の失明、左眼の白内障、狭心症、人工透析、肝炎……など満身創痍《そうい》的な状態にあった。会場には杖を手にやって来た。

本田主催の宴を、「お別れの会ということなのか……」と受け取った編集者もいたが、それは出席者全員が密かに抱いた思いでもあったろう。そのような〝含み〟を伴った宴席ではあったが、「ひと足はやい暇乞《いとまご》いを兼ねてということで……」と、笑いを誘いつつ快活に応対する本田流の立ち居振る舞いに変わりはなかった。

この日からいえば、八年余り後、本田は健筆を保ちつつ彼岸へと旅立った。本当の訣《わか》れが訪れたのは二〇〇四（平成十六）年十二月四日であったが、その日まで、彼らとの交流は変わることなく続いた。

一人の作家が担当編集者たちと交流を続ける。珍しくないことではあろうが、〈会社〉や〈仕事〉としてのかかわりという域を超えた、ちょっと例を見ない交わりであったように思える。

人とは深くちぎらず——。〝本田語録〟のひとつであるが、言動に逆行するかのように、本田は接した人々を自然と引き付けてしまう人だった。

本田は志操《しそう》固きジャーナリストだった。滑らかで艶《つや》のある文章を書く作家だった。その芯に優しき心根を宿す人だった。もとよりそれは品行方正という意味ではない。喧嘩ばやく、博打事に長《た》けた、諧謔《かいぎゃく》と無頼風を好む人でもあった。

生前、私は二度、本田と会っている。書きものと書き手の乖離《かいり》感のない人で、接していてなんとも心地いいものが伝わってくる。含羞《がんしゅう》を帯びた男気、あるいは侠気と書くべきか。そんな言葉が浮かんだものだった。本田が生来、宿した形質であったのだろう。そのことが人々を吸引したことにもかかわりあるのだろう。

ともあれ、人・本田靖春には、波動してくる固有の調べがあって、それは作品群にも色濃く流れている。不肖の、一後輩ライターである私が、本田作品に引き寄せられてきたのもきっとそのせいであったのだろう。

本田の残したノンフィクション作品や時評や対談や回想記を、伴走者としてかかわった編集者や関係者の追想を含めてたどってみたい。その作業を行なうなかで、調べを奏《かな》でる源にいま一歩、分け入ることができればと思うのである。

本田靖春は、一九三三（昭和八）年、日本の植民地下にあった朝鮮の首都・京城

（日本支配期のソウルの呼称）で生まれ、育った。中学一年生時、敗戦となり、引き揚げ者の子弟として帰国する。はやくから新聞記者を志し、五五（昭和三十）年、早稲田大学政治経済学部新聞学科を卒業、読売新聞社に入社し社会部の記者となる。

記者時代には、六〇年安保や東京オリンピックの開・閉会式の「雑感」など、数多くの署名記事を書いた。東京・山谷《さんや》に潜り込んで売血現場の実態を伝えるルポを書き、長期にわたって「黄色い血」追放キャンペーンを展開、献血制度を定着させる大きなきっかけをつくったことでも知られる。

戦後、読売は「下町の正義感」を掲げて果敢なキャンペーンを展開し、新聞界の両雄、朝日・毎日の牙城に迫っていったが、それを担ったのは社会部だった。読売社会部に憧れて入社し、大いに手腕を発揮した本田であったが、やがて社会部の溌溂《はつらつ》とした気風は失われていく。

象徴ともいえる事柄が、社主・正力松太郎が紙面に登場する「正力コーナー」であって、本田は担当する遊軍記者たちに執筆拒否を呼びかけ、最後には〝たった一人の反抗〟を試みるが、挫折する。

本田のいう「小骨」、秘めたる志を有し、家庭など顧《かえり》みずに駆けずり回るのが社会部の記者像であったが、〝豊かな社会〟が進行するなか、社風も記者気質も変容していく。

本田がノンフィクション界に転じたのは、一九七一（昭和四十六）年、三十七歳である。第二の出発だった。本書では、ほぼ時系列に沿って本田の残した作品を追ってみたい。作品群の多くは本田の読売時代に、さらにさかのぼって少年期や青春期にもかかわっている。作品をたどることは、自然と本田の〈思想〉を解くことであり、その人生模様に触れることにもなろうと思う。

2

手帳を見返すと、本田が亡くなって三ヵ月近くたった二〇〇五（平成十七）年二月二十五日、故人を偲《しの》ぶ会が開かれている。

死んだ人間より生きている人間が大事、葬儀など儀式類は一切不要――というのが、本田が生者に言い遺したことだった。ただ、偲ぶ会については、生前、講談社で本田と親交の深かった渡瀬昌彦（現常務取締役）と小田島《おだじま》雅和（故人）が〝了解〟を取りつけていた。

本田の意向を十分承知している二人であったが、いずれその日はやって来る、きっとお別れの集いをもちたいとする声が出てくるだろう、それくらいはやらせてほしい……。それとなく伝えてみると、「うん、わかった。死んでしまえばやめてくれともいえないわけであってね、好きなようにやってくれていいよ」というのが本田の返事だった。亡くなる三ヵ月ほど前、二人して病室に本田を見舞った際の会話であった。

偲ぶ会は早大に近い戸塚町のホテルで開かれた。会場のフロアーは大勢の人で溢れていたが、簡素で、しめやかな集いだった。冒頭、挨拶に立ったのは読売OBで本田の先輩記者、村尾清一《きよかず》（現日本エッセイスト・クラブ会長）である。

故人への想いが伝わってくる挨拶内容で、心に残った。取材の手はじめに、杉並区の自宅に村尾を訪ねたのは、この日の記憶が残っていたからである。

村尾は一九二二（大正十一）年生まれ。読売入社は四八（昭和二十三）年、戦後の第一期定期採用者の一人で、本田の七年先輩である。

社会部時代、村尾は「死の灰」という言葉をはじめて使った記者である。一九五四（昭和二十九）年、南太平洋上で操業中のマグロ延縄《はえなわ》漁船・第五福竜丸が水爆実験に巻き込まれて被曝した。母港である静岡・焼津の通信員からの異変を伝える一報を受け、東大病院に運ばれた漁船員の取材に走り、〝世紀のスクープ〟へと結びつけた村尾は、後年、十七年の長きにわたって夕刊コラム「よみうり寸評」を担当した名文家でもあった。

本田は遺稿となった『我、拗《す》ね者として生涯を閉ず』（講談社・二〇〇五年）で、村尾から随分と可愛がられた思い出を記している。


村尾さんは、私が入部して間もなくから、ずっと目をかけてくれていた。社会部は勤務ダイヤの関係で、同じ部員でも顔を合わさない日が続くことがある。

村尾さんはしばらく会わないでいると、遠回りでも私が座っている椅子まで寄って来て、かならず声をかけてくれた。そして、いくらか時間のあるときは、雑談の口火をこう切ったものである。

「君はね、ぼくのいちばん下の弟と同じ年なんだよ」

このことばを何度聞いたことか。五回や六回ではきかない。たぶん、十回は越えているはずである。

私は軽薄でお調子者である。重厚な村尾さんからすれば、危なっかしい何やら仕出かしそうな男に見えたのであろう。

でも、そのことばを聞くのはうれしかった。だれにもいわなかったが、私はひそかに村尾さんの「愚弟」を以て任じていたのである。

村尾の十歳下、四番目の弟が早大で本田の同級生だった。そのこともあったけれども、村尾が本田に目をかけたのは、まずはその仕事ぶりからである。

本田は取材力と筆力があって、「元気のある正義漢」だった。六〇年安保のさい、全学連と警官隊が幾度も衝突した。本田の書いてくる原稿は多分に学生寄りのもので、デスクが軌道修正して手を入れる。本田は憤慨し、デスクとガンガンやり合っている。

「黄色い血」追放キャンペーンのときだったか。本田は勤務ダイヤを無視して何日も社に姿を見せない。本田の野郎、どこをほっつき歩いているんだ——という声があがったが、後日、びしっとした調査レポートをまとめてくる。「とらわれのない自由人」だった。そういうスタイルを嫌う人もいたが、社会部記者は結果を出せばいい、それが社会部の美風だ、と村尾は思っていた。

本田は一見、〝無頼派〟と見られがちだが、一面で神経質であり、繊細な気配りをする。底に、人としての優しさがあった。そんな気性が村尾には透《す》けて見えて好ましく思っていたのである。

加えていえば、本田のもつ「明るさ」があった。芸達者で、酒席で披露する香具師《やし》の口上などは、映画『男はつらいよ』の「寅さん」を彷彿《ほうふつ》させるものがあった。往時を回想しながら、「とにかくマンボがいると周りが賑やかになるんだ」と、村尾は語った。

「ポンちゃん」あるいは「マンボ」が本田の愛称であったが、由来は当時流行の細身のマンボズボンを本田が好んではいていたからである。

退社の気持を打ち明けた本田に対し、村尾は引き止めることをしなかった。読売に嫌気が差している気持はよくわかっていたし、このまま唯々諾々《いいだくだく》とデスク業務に縛られて過ごす男とは思えない。新聞記者の肩書がなくなっても、彼なら自立した物書きとしてやっていけるだろうと思ったからである。

本田は『我、拗ね者として生涯を閉ず』で、病床にあった晩年、村尾からこのような便りをもらったと書いている。

先頃、村尾さんからお葉書をちょうだいした。その結びに〈社会部が社会部であった時代にめぐりあった運のいい男、まだ死ぬな!!〉とあった。

3

ノンフィクション界に参入した本田は、『誘拐』『私戦』『村が消えた』『不当逮捕』『疵《きず》』『警察回《サツまわ》り』……などの秀作を刊行していくが、読売退社の時点で明確な将来絵図は持ち合わせていなかった。後年に書いた雑誌原稿の中で、辞めるにあたって考えていたのは、一年間ほどかけて何かまとまったものを書いてみよう、といった程度の漠然としたことであった、とも記している。

フリーになってしばらく、本田は雑誌の仕事を手がけている。『諸君!』『文藝春秋』を主たる発表の場としたが、沖縄やむつ小川原《おがわら》のルポ、虫眼鏡でのぞいた大東京、京都・蜷川《にながわ》府政の内幕など雑多なテーマを扱っている。文藝春秋では文春との橋渡しをしてくれたのは村尾だった。アルバイト原稿で、村尾は『文藝春秋』のコラム「蓋棺録《がいかんろく》」を引き受けていた。『諸君!』、さらに『文藝春秋』の編集長をつとめる田中健五(後の社長)と懇意な間柄にあり、その関係からである。

本田がはじめて署名入りの原稿を書いたのは「石油戦争に生き残る法」(『諸君!』一九七一年五月号)であったが、元原稿があって、リライトを依頼されたものである。民族資本によるエネルギー確保がいかに大切かを説くレポートであったが、本田は元原稿を読んで、これは再取材をして書き直したほうがいいと判断した。『我、拗ね者として生涯を閉ず』で、こう振り返っている。

　原稿は、「国士」田中清玄氏からの聞き書きが中心となっている。私は自ら申し出て、田中清玄氏から再取材することにした。編集部員同道のうえ、同氏を事務所に訪ねて、不明確や不足の部分を問い質し、その足で文春ビルに戻って、一室を借り受け、原稿をあたまから書き直した。

　仕上がったものに目を通した田中健五さんは、感想をひと言、漏らした。

「本田さん、新聞記者にしては文章がいいですね」

　誉めことばではあろうが、私はムッとした。新聞記者は文章が下手、と決めかかっている物言いに、プライドを傷つけられた気がしたからである。

　それはそれとして、どうやら私は田中さんの眼鏡に適ったようであった。

　このような問答を田中はもう覚えていなかったが、本田の文章力は記憶している。

「残るものは文章です。編集者は文章によって書き手とぶつかる。当時は無名ではあつたけれども一読して上手いなぁと思ったのは本田さんと児玉隆也さん（故人）でしたね。二人とも原稿の仕上がりは遅かったけれども」

人・本田靖春ということで思い出すのは、博打好きで歌上手であったこと。「英語と東北弁混じりのテネシーワルツ」は大いに聴かせるものがあったという。

やがて『文藝春秋』で「現代家系論」がスタートするのであるが、企画者は田中であった。

「もう記憶が薄れているんだが、当時は草柳大蔵さんが大家であって、本誌での『実力者の条件』の連載が一区切りついて、同系列の企画として『現代家系論』をはじめたように思いますね。書き手を見渡して、新人ではあるが筆の滑りがいい本田さんにお願いしたのじゃあなかったかな」

取り上げられた家系は、羽仁《はに》五郎、美濃部亮吉、鹿島守之助、湯川秀樹、永野重雄、西園寺公一《きんかず》、美空ひばり、武者小路実篤……など。政・財・学・芸能などにまたがって、〝三代続きのお家柄〟を背景にもつ著名人たちのルーツと人生模様を記した列伝である。連載は一九七二（昭和四十七）年七月号から翌年の六月号まで続いた。単行本として刊行されたのは九月で、本田の処女作となった。

冒頭に収録されているのは「羽仁五郎一家」である。

歴史学者・羽仁五郎は、華やかで賑《にぎ》やかな人物だった。妻・説子は著名な評論家で、説子の両親は自由学園と「婦人之友社」の創設者として知られる羽仁吉一《よしかず》・もと子夫妻。五郎・説子の長男・進は新進の映画監督。進の夫人は、女優の左幸子。華麗なる一族であった。

羽仁（森）五郎は群馬・桐生の資産家に生まれ、府立四中・一高・東大法学部を経てドイツのハイデルベルク大学に留学した秀才。羽仁家の婿養子となっている。

大正末から昭和のはじめ、当時の新思潮、マルクス主義と唯物史観に目を開き、一時代を画した『日本資本主義発達史講座』の執筆陣の一人ともなる。戦後、参議院議員をつとめた後、過激な言動でマスコミを賑わす評論家となった。画家を装って女性を車に乗せ、八人を強姦・殺害した大久保清事件のコメントを求められ、こう発言する。

「大久保事件の真犯人は、大久保清そのものでなく、自動車大企業、テレビ局、裁判所、この三つです。……

もう一ついかんのは、大久保クンを最初、刑務所に入れた警察と裁判所。逆効果ですよ。大久保クンは病人ですからね、罪の自覚がない。ということは罪がないんです。本来、病院に入れるべきなんですよ。

それを刑務所に入れたから、大久保クンは恨みだしたんだ。これは性犯罪じゃありません。社会に対する復讐ですよ。『助けてェ』と叫ぶ女の子を締め殺すとき、大久保クンは国家と女を錯覚しただけなんだ。これが事件の真相です」

こういうユニークな発言を振りまく羽仁に対し、本田は「いったい、彼の精神構造はどんな塩梅《あんばい》になっているのだろうか」と、その人物像に接近していく。

羽仁の著『都市の論理』は、戦前に刊行した『ミケルアンヂェロ』の現代版で、骨格を成す論考は「ルネサンス期のフィレンツェこそ、自立的市民による自由な共和制を実現した近代都市だ」というもの。学問的には穴の多い著であったが、当時の大学紛争の風に乗って百万部近いベストセラー書ともなった。

本田は『ミケルアンヂェロ』についてこう記している。

『ミケルアンヂェロ』の輝くばかりの文体は、システィナ聖堂の大壁画を思わせる、といったほめ言葉だって、なくはない。歴史学者がいうように、彼の論理が

〝虚〟であっても、そこには、結構の雄大な「壮大美」が展開される。「天才」は、無限の空間の中で、初めて自由なのであって、不自由人が、わが身と同じく、彼に地を這わせることもないではないか。

そして、「彼の言説を聞き流すつもりなら〝歴史漫談〟が売り物のエンタテーナーということになるが」という言葉を添えている。

羽仁は各地の紛争地にせっせと出没した。当時、私の通っていた大学もバリケードスト中であったが、この「御殿に住む革命アジテーター」が現れた。タートルネック姿の、細身の老人の姿が思い浮かぶが、それ以外の記憶は残っていない。『都市の論理』も読んだはずであるが、一行も記憶に留めていない。

本書によって久々、羽仁ワールドに思いを馳せたが、本田の人物評に加えるべき言葉は浮かばない。本田の眼力の確かさを思うのである。

いまの日本を象徴するのは、天皇ではなくて、この永野重雄あたりかも知れない。改めていうほどのことでは、すでにまったくないが、世界へ向けての日本の〝顔〟は、経済である。……

あるいは、だれかのいうように、国家はなくなって、企業だけが残る世の中なのだろうか。別の言葉として「鉄は国家なり」というのがある。だとするなら、

（昭和：引用者注、以下同）四十五年四月、執念の大型合併をなしとげて、一兆円企業、新日鉄を誕生させ、USスチールから鉄鋼メーカー世界一の座を奪い取った永野重雄を、日本の代表者としてあげてもおかしくはない。

新日鉄会長にして日商会頭、永野重雄の書き出しである。

財界の大物と本田とは縁なき間柄であろうが、「経済大国に君臨する重雄に直接会ってみて、へだたりより、むしろ身近な感じを抱いたのは、なぜだったのだろう」と記している。その「身近な感じ」を解いていくのがこの章のテーマともなっている。

永野家のルーツは瀬戸内の島にあるお寺である。父は早世するが、年長の長男・護《まもる》（後の運輸大臣）が親代わりとなって一家を支える。

永野重雄の原点に、本田は柔道への打ち込みをあげている。六高時代、永野は寝技を得意とする猛者《もさ》であったが、フンドシを買うカネがなく、合宿中はフルチンで過ごしたという逸話なども残している。

大正末に東大を卒業、富士製鋼に入り、以降、製鉄マンとして歩んでいく。戦争期

を挟んで、日本製鉄との合併、分割、再合併と起伏多き道程が続くが、一貫してあったのは、柔道と同じく一途な〝ガンバリズム〟であった。

永野および永野兄弟の姿に、本田は戦後日本の姿を重ねている。六人の男兄弟は秀才揃いで、東大などを出て実業界で名を成した。いずれも「率直な人柄」で、「逞《たくま》しさと、同時に楽天性」を備えていた。「それはまた、貧苦の中にあった日本を、今日の繁栄にまで押し上げてきた、日本人そのものの属性ではないのだろうか」と記している。

経済界のトップに上り詰めた永野であるが、特異な才の持ち主ではなく、むしろ〝平均的日本人〟の姿を本田は見ている。無数のミニ〈永野兄弟たち〉の志向とエネルギーが戦後日本を形作ったものであったが、本田はまたこう書かざるを得ないのである。

私が、鹿島守之助において見たように、永野重雄の半生も、ひたすらな〝足し算〟であったように感じる。果てしなく積み上げて行ったあげく、かえってそこに生じる、巨大な空虚とでもいった索漠に、経済人は思いを致すことがない。〝引き算〟が充実を意味することだって、われわれの生涯にしばしばなのではないか。

「永野重雄一家」は『文藝春秋』一九七三（昭和四十八）年二月号に掲載されている。石油危機に見舞われる前、経済の各指標が勢いある右肩上がりを続けていた時期である。時の首相は、ガンバリズムの権化、田中角栄。戦後の〝黄金時代〟であったが、その危うさともろさを知覚する本田はこうも書いている。

人類の歴史を流れとして捉えてみて、工業化がほぼ頂点に達しつつある現在、世界のあらゆる民族の中で、もっとも日本人向きの時期であるのかも知れない。別の観点からいえば、これから先、人類が、かりに瞑想の世紀にでもはいるとするなら、われわれ働きバチ、日本人は、たちまち〝四等国民〟に転落する可能性があるだろう。……

ボクシングの選手は、チャンピオン・ベルトを腰に巻いた瞬間から、衰退にはいるといわれる。新日鉄誕生のそのとき、世界一の座についた重雄も、彼の時代の終焉に向かい始めたのかも知れない。

永野の歩みに、戦後日本を導いたガンバリの象徴を、さらにその人物像に、働きバチである以外になすすべを知らない日本社会の先行き不安をも見ている。事実、やがて低成長から混迷の時代が到来して、われわれ日本人は等しく、「瞑想の世紀」に対処すべき〈哲学〉の欠落を痛感させられるのであるが──。

4

「美空ひばり一家」が一章を成している。「お家柄」の条件には当てはまるまいが、戦後の日本社会が生んだ大スターである。この列伝に、美空ひばりを加えたのは本田の意向だった。後年、本田は大部のノンフィクション、『「戦後」美空ひばりとその時代』(講談社・一九八七年)を刊行するが、本書の一章はその序章ともなった仕事だった。

『現代家系論』の帯には、「この華々しき一族　日本の代表的な名門一族を俎上にのせて、気鋭の評論家が綿密な取材と透徹した分析力を以て現代社会における〝血脈〟のもつ意味を考察する　第一評論集」という文が見える。著者略歴における本田の肩書も「評論家」とあり、この当時、「ノンフィクション」「ノンフィクション作家」という言葉はまだ一般的ではなかった様子がうかがい知れる。

雑誌原稿に、後の作品に連なるものはあって、随所に本田らしさを感じるが、この時期、本田の意識の中では〝レポートを書く〟という域を超えるものではなかったように思える。

『我、拗ね者として生涯を閉ず』に、読売の先輩記者、河上雄三に触れているページがある。村尾と並んで才筆のほまれ高き記者であったが、地方部の改革を意図して若手が起こした造反の首謀者と見なされ、水戸支局へ飛ばされる。そのせいで不本意ながら小説を書きはじめたのが、後年の「直木賞作家・三好徹」の誕生につながったとある。

このくだりで、本田は「私も、ノンフィクション・ライターなぞに、なりたくてなったわけではない。状況が許すなら、ずっと新聞記者でいたかった、というのが本音である」と記している。

四角張ったもの言いをすれば、読売時代、本田は「社会の木鐸《ぼくたく》」たらんとして生きた記者だった。志はその後も失われることはなかったし、終生、文の武士《もののふ》として生きた人であったが、ノンフィクション作品を手がけるまでに試行的な助走の期間はあった。

私にとって最初のエッセイ集『漂流世代のメッセージ』（講談社・一九九二年）の刊行にさいして、対談を加えることとなり、その一人として本田に相手をつとめてもらった日がある。ノンフィクションを書きはじめて数年、未熟者だった。本田相手に一人前の口を叩いているようで、読み返すと忸怩《じくじ》たるものを覚えるのであるが――。

執筆者の肩書、事実と真実、取材者の立脚点、取材の心構え、戦後へのこだわり、書き手のイマジネーション、文章と文体……などをめぐる問答となった。このなかで、私がノンフィクションの書き手はある種の「職人的存在かも」と口にしたことに対して、本田はこう発言している。

ぼくは新聞記者は職人ではないと思うんですよ。自分が新聞記者をやっていたときには、職人という意識はなかった。新聞社を辞めて一人になったとき、後藤さんのように最初からフリーでやってこられた方の前でいうのは恥ずかしいんだけれども、ちょっと落魄《らくはく》の思いがあったんです。しばらくたってからは違いますけどね。

ちょっとおどけたような言い回しで、「落魄」という言葉を口にされたことが思い出される。

この折り、新聞とノンフィクションの相違について、本田は「人体の骨格見本」を例に挙げて語ってもいる。

たとえていいますと、学生時代、生物の教室に人体の骨格見本が置いてありましたが、新聞記事を書いていても、そういうものを指して「これが人間だ」といってるような気がしてならないんです。人間は単なる骨格だけじゃなく、肉も組織もついているし、血も流れていて、呼吸もし、心臓の音もしてるというふうなものの総体として、存在しているわけでしょう。ちょっとラフなたとえですけれども、それが新聞だと〝御用とお急ぎ〟で骨格だけになってしまう。たしかに事実を伝えてはいるんだし、嘘は書いていないんだけど、「あれも伝えたい、これも伝えたい」というのが全部捨象されてしまうというか、年々そういう欲求不満が自分の中でふくらんでいくという状況があったわけですね。

ですから、おれはこういうノンフィクションを書くんだ、というようなモデルがあってはじめたというより、たとえば事件があったとすると、その事件を時間的、スペース的制約から解き放たれた自分自身によってもう一度再現してみたい

――というようなことが、私におけるノンフィクションだったということになるのだろうと思います。

新聞界からノンフィクション界への転身は、心ならずもの結果ではあったが、同時に、本田の内部に潜む誘《いざな》いでもあったことを知る。〈新聞記者・本田靖春〉と〈ノンフィクション作家・本田靖春〉は、もちろん発動源を同じくする連結体である。ただ、新聞と出版は同じジャーナリズム界にありこそすれ、位相を異にするものがある。組織内ジャーナリズムからフリーランスへ、そして〈作家的〉世界へ。

本田がフリーの道を歩みはじめた一九七〇年代はじめ、世に「ノンフィクション」という言葉が聞かれ出し、その土俵が形づくられようとしていた時期だった。本田ノンフィクションがはじまるには、時代の側から、また本田の内部の側から、まだ幾ばくかの時間が必要だった。

第二章　人間を描く――『日本ネオ官僚論』

1

佐藤洋一が講談社に入社したのは東京オリンピックの年、一九六四（昭和三十九）年である。広告局を経て、『日本《にっぽん》』の後継月刊誌とされた『現代』編集部に移る。戦後における『現代』創刊号は一九六七（昭和四十二）年一月号であるが、佐藤は準備号からかかわり、以降『週刊現代』を合わせて十余年、雑誌の編集部に籍を置いた。

本田靖春との出会いは、本田が読売を退社する少し前、四谷にあったスナック「魔女」であったと記憶する。

佐藤は、読売の朝刊コラム「編集手帳」を長く担当し、名コラムニストとして知られた門馬晋《もんますすむ》と交流があって、門馬から「こいつ読売を辞めるといってきかないんだ。

筆は立つのでよろしく頼むよ」と、本田を紹介された。「魔女」は読売社会部の溜り場で、酒盛りをしている記者たち、碁や将棋を打つもの、さらには俳句や川柳を捻《ひね》り出している御仁などもいて、いつもにぎやかだった。

佐藤の見るところ、本田は門馬ら先輩記者のお気に入りで、また若手記者たちの「兄貴分」だった。人としての温かみがあって、高倉健的な匂いがある。一方で寅さん的な振る舞いも見せる。そして、同僚の記者たちと混じり合いつつ何かふっと抜けていると感じさせるものがあった。

『現代』で、署名原稿として本田の名がはじめて見られるのは、「話題人の軌跡　河野謙三参院議長の〝金魚のウンコ〟人生」である（一九七二年一月号）。

政界の実力者・河野一郎の弟として目立たない道を歩んできた謙三であるが、良識の府とされる参議院の議長となってからは存外と骨のあるところを見せ、「遅咲きの蘭《らん》一輪」と、淡い好感を寄せた人物論となっている。

「話題人の軌跡」は連載となり、以降、鶴田浩二、笹沢左保、山口淑子、井上ひさし、藤山寛美、飛鳥田一雄《いちお》……など各界の話題人が登場し、連載は一年、十二回続いている。

同時期、『文藝春秋』では「現代家系論」の連載がはじまり、佐藤によれば「文春を横にらみしながらの」連載だった。スキージャンプの笠谷幸生、地下足袋を履いた房総の町長・平田末喜三、野生ザルを餌づけした動物学者・間直之助《はざま》などは佐藤が担当している。

この頃、書き手と編集者の分担は「大雑把なもの」で、インタビューの段取りは編集部が担ったが、地方での現地取材はほとんど本田が一人で出向いていた。

世に人が現われるときは一挙に現われる、といわれる。〈時代〉が人材を呼び寄せるのであろう。ノンフィクション界もそうだった。本田が『現代』『文藝春秋』『潮』などで仕事をはじめた一九七〇年代前半、柳田邦男、立花隆、沢木耕太郎、澤地久枝、鎌田慧、児玉隆也……などが登場している。

柳田と立花がノンフィクション界に参入する前後、佐藤はこの二人を見知っていた。

NHKに伊達宗克という記者がいた。皇室や事件に強い社会部記者であったが、彼から「柳田邦男君というとてもできる後輩がいるんだが、近々NHKを辞めるかもしれない」と耳にした。有力な書き手を発掘することも編集者の大切な仕事である。

佐藤は柳田と面識を得、連載テーマを温めておいてほしいと依頼していた。時を経て、「国立がんセンターを舞台に人間とガンとのたたかいを描いてみたい」という柳田の企画を受け、「ガン回廊の光と影」が『週刊現代』でスタートする。この時期、佐藤は学芸局に異動しており、連載終了後、単行本『ガン回廊の朝《あした》』の編集を担当している。

立花隆との出会いは、文藝春秋にいた半藤一利よりの「うちの若いものがフリーになるというのでよろしく頼むよ」という話がきっかけとなっている。成田闘争で地元農民・支援団体と機動隊が衝突を繰り返していた時期、『現代』の仕事であったが、佐藤と立花は車で成田に向かった。車には、秋葉原で買い込んだ怪しげな〝無線受信機〟を載せていた。警察無線を傍受して、現地の動きをいちはやく摑もうとしたのである。若き日のひとこまであった。

立花の「田中角栄研究—その金脈と人脈」が掲載されたのは『文藝春秋』一九七四（昭和四十九）年十一月号であるが、これ以前、『週刊現代・別冊』で角栄特集を行ったことがあった。佐藤が中心になって制作した号であったが、未使用の資料をこっそり立花に手渡したりもした。

書き手は人それぞれに持ち味がある。作品の意味も、波及していく様もそれぞれである。そのことに優劣はあるまいが、本田作品は、刊行時にはベストセラーにはならずとも時代を超えてじっくりと読み継がれてきた。その理由に、佐藤は本田の「人間を見詰める眼」を指摘した。

「本田さんは生粋のジャーナリスト育ちでありつつ、作家的な人だったと思いますね。詰まるところ人間を描くところに本田さんの真骨頂があって、それが本田作品の息の長さにつながっているのではないでしょうか」

本田がノンフィクション作品を相次いで刊行していた時期、門馬と顔を合わせた佐藤は、「これほどの人材をわが業界に参入させてもらったのはありがたいことです」と口にしたものだった。

本田とはよく酒を飲んだ。本田は話題豊かで、いたって朗《ほが》らかな酒だった。低音の美声の持ち主で、青山のピアノバーや新宿のゴールデン街にもよく足を向けた。十八番はテネシーワルツとフランク永井。持ち歌には朝鮮の歌もあった。

講談社での後半期、佐藤は社長室に属し、平山郁《いく》夫《お》のシルクロードの画集制作などを通して中国との文化交流のかかわりを深めた。いまも日中友好協会理事として活動を続けている。中国への渡航は百回を超えるとのことである。

2

創刊から数年、『現代』編集部は佐藤が若頭格で、生越孝《おごせたかし》、小田島雅和、森岩弘、佐々木良輔、元木昌彦、吉崎正則、籠島《かごしま》雅雄などが若手として名を連ねていた。本田の担当は主に佐藤と生越であったが、後年、彼らは雑誌の編集長や副編集長に、あるいは学芸・文芸局の書籍編集者となり、本田との間に密なる関係がつくられていく。「話題人の軌跡」の連載がスタートする半年前になるが、本田は『現代』で「やぶにら目」というコラム連載をはじめている。「拡声鬼」というペンネームの、四ページの時事的コラムで、担当者は生越孝。フリーのもの書きとなった本田といちはやく交わり、生涯交流を続けた編集者である。

本田が亡くなる三ヵ月前、生越も鬼籍に入るが、社内報『講談倶楽部』に、本田は「音羽の『仲間』生越君を悼む」と題する追悼文を寄せている（二〇〇四年九月号）。

生越孝氏と書いたのでは、他人行儀になってしまうので、生越君と呼ぶことをお許しいただきたい。

講談社には、私を寄稿家としてではなく、「仲間」として遇してくれる人たちが、控え目に見ても十数人はいる。彼らは第一編集局に在籍中、編集長もしくは担当編集者として私の面倒を見てくれた人たちなのだが、異動で職場を移ってからも長いつき合いが続く。そういう他社の編集者とのあいだには成り立ちにくい関係が歴代「申し送り」的にあって、ノンフィクションの世界ではあまり陽の当たらなかった私を、守り、励まし、支え続けてきてくれた。「仲間」のうち、田代忠之、杉本曉也の両氏はすでに社を去ったが、残っていたなかで最もつき合いの長かったのが、他ならぬ生越君だったのである。

昭和46年、「ぼくらマガジン」から「現代」に移ってきた25歳の生越君が、私の執筆する時評「拡声鬼」を担当してくれることになって、交友関係が始まったのである。……

この時期、『現代』での本田の本格的な仕事は、一九七三(昭和四十八)年十月号から翌年十月号まで続いた「日本ネオ官僚論」であろう。生越が企画し、担当した連載だった。

大蔵、通産、自治、外務、警察……など十二の省庁を俎上に、日本社会に君臨してきた「官」の世界を描いている。本田の仕事であるからもとより、ありきたりの省庁論ではない。その歴史に立ち入り、人脈と体質を解きほぐしつつ、日本社会にもたらしてきた功罪を書き込んでいる。

「パワー・エリート」省の大蔵省。多くが東大法学部出身の秀才たちによって占められる本省キャリア組は、若くして税務署長となり、地方の国税、財務、税関の部長をつとめ、本省に戻って課長補佐となる。この間、「相手を刺戟しない慇懃《いんぎん》な拒絶や、決して言質《げんち》を与えない誠実めいた保留や、一見へりくだった姿勢の中にちらつかせる権力を背景にしての恫喝《どうかつ》や、つまり官僚の属性といわれるすべてを、老獪《ろうかい》な支配層との接触の中で、彼らは自分のものにしていく」。本省に戻った彼らは、課長、局次長、部長、審議官へと上り、次官という頂点のポストめざして競い合う。あるいは民間や外郭団体に天下《あまくだ》り、政界へと転身する……。

エリート臭を撒き散らす輩《やから》は本田のもっとも敬遠する人種であろう。読売に入社したばかりの頃、系列の週刊誌で、人事部の指名により社会人一年生が抱負を語り合う座談会に出席した思い出なども書いている。学校時代、ずっと首席で通した大蔵事務官は、入省の動機として、選ばれた人間は広く国家・社会のために役立つ職業に就くべきと考え、大蔵省に入ったと発言した。次に指名された本田はこう言ったとある。

「私は小学校、中学校、高等学校、大学を通じて、ずっとビリッケツでした。そこで私のような人間は、とても国家・社会の役には立たないから、せめて自分だけでも面白おかしく過ごせる商売はないかと考えていたら、新聞社の試験があったんです。きいてみると新聞社は、学校の成績は問題にしない。試験さえ何とかなれば入れてもらえる、ということだったので新聞記者になりました。別に動機らしきものはありません」

このくだりの発言は週刊誌では一部を残してカットされたということであるが、本田らしい韜晦《とうかい》を込めた発言で、その口調まで浮かぶようである。続いて、こう書いている。

そのときの大蔵事務官の名前は忘れた。どこか枢要のポストにあって、国家・社会のために日夜精励していることであろう。私見をいわせていただくなら、過去に日本を大きく誤らせるについて、もっとも効果的にこれを助けたのが、東大出の秀才と、陸大出の秀才であった。劣等生は、おのれを間違わせはするが、その累《るい》を国家・社会に及ぼすことはない。

そうした観点からいって、毎年平均二十五人ずつ入省する大蔵官僚の動向に、無関心ではいられないのである。

上から目線にはきつい批判を浴びせつつ、一方で、彼らが本来の公僕としての役割を果たした思い出も記している。

読売時代、本田は売血による「黄色い血追放・献血推進」のキャンペーンを張った。このことは後章で触れたいが、渋る厚生省を突き上げ、やがて移動採血車導入をめぐる予算計上の攻防となった。本田記者は大蔵省に乗り込み、予備費を出さないなら「大蔵省は国民の敵だから、いますぐ社に帰って、そのことを書く」と主計局次長にいう。次長は、「君、取材かと思ったら、それじゃ恐喝じゃないか」と本田に反発しつつ、最終、こう答えたとある。

「よし、わかった。出そう。ただし、一つだけ条件がある。厚生省の連中は、君にあんまり叩かれるものだから、責任をこっちへ転嫁してきたんだ。予備費が出ないのを承知でね。そうすれば大蔵省が悪者になるだろう。いかにも役人の考えそうなことだ。

だいたい役人なんていうのは、予算をつけてやったって、それで一杯飲んで、何もせずにおしまい。役人というのはそんなものなんだ。そんな奴らに国民から預かってる大切な税金を出せるかい。

だから、金は君に出そう。君が責任をもって、献血を一〇〇%にすると約束してくれるならの話だけど」


予備費が計上されたことによって移動採血車十数台が動きはじめ、やがて献血一〇〇%が実現されていく。「自負心」と「使命感」をもったエリートもまたいた。

連載は、各省のOBや現役幹部まで、さまざまな官僚たちを登場させつつ、手厳しく、またときに筆致を緩《ゆる》めながら官の世界を描いている。本田作品の特徴に〈複眼〉であることがあるが、そういう目線はこの初期の仕事にも垣間見える。またその後、一貫して持ち続けた〈戦後を描く〉という問題意識もうかがえる。

シリーズの連載は『日本ネオ官僚論』『日本ネオ官僚論〈続〉』としてまとめられ、本田の単行本としては『現代家系論』に次ぐ第二作目となった（講談社・一九七四年)。

3

生越への追悼文の後半を本田はこう記している。

二人してよく飲んだ。宵の口から始まって、翌夕、その店の開店時刻まで居続けたこともある。その間、彼は端然として、私の青臭い書生論の聞き役を務めてくれた。私の客気をいやがらず、むしろ、買ってくれたのである。

昭和51年、生越君は科学図書に移り、以来、仕事の縁は切れたのだが、つき合いはかえって深まった。住まいが同じ杉並区内で近かったせいもあって、いつも祥子夫人を伴って拙宅に顔をのぞかせ、私の誕生日には欠かさずバラの花束を贈ってくれた。

いま「現代」に連載中の「我、拗《す》ね者として生涯を閉ず」は、先にいった音羽の「仲間」たちが、言わず語らずの総意で、私のために用意してくれた死場所である。そうした人脈の始まりをつくってくれた生越君に先立たれて、私は辛い。

追いかけてじきに行くから、待っててくれよ、生越君。

生越は科学図書を経て文庫出版部に移り、さらに学術畑に転じて学術図書出版部長にあった日、ガンで亡くなっている。享年五十八。文庫出版部にあった時期、本田の代表作の一つ『不当逮捕』の文庫版を手がけている。

本田早智は、生越の訃報を本田に告げた日のことをよく憶えている。

埼玉・三郷《みさと》市のみさと協立病院から千駄ケ谷の代々木病院へ――二度目の転院であったが――本田を運び込んだ日であったからである。すでに本田の病は重く、こんな状態で搬送すれば途中で死んでしまうのではないかとも思ったが、何とか持ちこたえてくれた。搬送車が代々木病院に着き、車椅子に移された本田は玄関側の空地で一服つけた。

こんなとき、生越の訃報を聞くのはきつかろう、でもいわないわけにはいかない……。

「生越さんがね、慶応病院で亡くなられたという知らせが届いていましてね……」

本田は何もいわず、手にしていた煙草をぱらっと前に落とした。

本田に追悼文の執筆を依頼したのは、学芸図書出版部長にあった渡瀬昌彦である。

渡瀬と本田のかかわりは『週刊現代』での「委細面談《いさい》」というインタビューシリーズの担当よりはじまり、以降、公私にわたって交流が続いた。『VIEWS《ヴューズ》』『現代』の編集長時代も本田の連載を続けた。本田の遺稿ともなった連載に「我、拗《す》ね者として生涯を閉ず」というタイトル名をつけたのは渡瀬である。

渡瀬は、本田と生越の関係をよく知っていた。本田の病状はもちろん承知していたが、あえて頼んでみた。「うん、いいよ。生越君のことなら書かせてもらうよ」、というのが本田の返事だった。

渡瀬の手もとに、追悼文の生原稿が残っている。二百字詰め原稿用紙六枚に、ペン字の文字が記されている。右肩上がりの、ちょっと角張った小ぶりの字体であるが、ところどころかすれ、判読しづらい文字もある。辛い病状にありながら一字一字思いを込めて綴ったものであることが伝わってくる。

社員が在職中に亡くなった場合、『講談倶楽部』で追悼のページが割かれることがあるが、作家による追悼文が載せられたのは、これ以前、またその後もない。

――古い手帳を取り出して確認すると、私がはじめて、杉並区井草の本田の自宅を訪れたのは、一九九二（平成四）年六月二十四日である。これ以前、拙著『空白の軌跡』の文庫本（講談社）の解説を本田に書いてもらっていた。

一九六八（昭和四十三）年、札幌医科大学胸部外科教授の和田寿郎《じゅろう》はわが国初の心臓移植を行ったものの、さまざまな問題点が指摘され、以降、わが国の臨床は閉ざされていく。『空白の軌跡』はその後の外科医や研究者たちの空白のなかの蓄積と社会的な課題を探ったノンフィクションである。

解説者を本田としたのは、当時、文庫出版部副部長にあった生越である。

私にとって本田は敬意を抱いていた先輩作家であり、解説を書いてもらえるなら願ってもないことであるが、一面識もない。引き受けていただけるのだろうか――。そう口にすると、生越はこういったものだった。

「大丈夫でしょうよ。本田さんは若い書き手を大事に思う人だから」

私が生越を知ったのは、学芸図書第二出版部にいた立脇宏（故人）の紹介による。私にとって立脇は恩人というべき編集者で、『遠いリング』『甦る鼓動』『漂流世代のメッセージ』も担当いただいた。生越と本田が懇意な間柄にあることも立脇から耳にしていた。

『空白の軌跡』は潮出版社から刊行されたが、講談社から文庫化してもらえることとなった。本田が解説を引き受けてくれたのは、生越よりの話だったからであろう。懇切丁寧な解説文であって、自宅に出向いたのはその御礼かたがたであったが、本田その人に私は会いたかった。私の希望を聞いた生越は、本田宅へ連れて行ってくれたのである。

遠方から来ていただきながらビールも差し上げられなくて……。本田は何度かそういった。すでに体調は思わしくなく、東京女子医大への入退院を繰り返していた時期である。生越を交え、本田と交わした会話の内容は忘れてしまっているが、とてもいい時間を過ごさせてもらったという感触が残っている。覚えている会話は二つ。

一つは、「徳島君でしたか、『遠いリング』に出てくる青年ですね。あなたが彼の母親に会いに行くとき、逡巡しますよね。あの場面、いいですね……」と、本田が私にいったことである。

『遠いリング』は、大阪のグリーンツダジムに所属するボクサー群像の青春を描いた拙著であるが、この本の文庫化も生越の手をわずらわせた。「徳島君」とはそのうちの一人で、少年期に両親が離婚し、父子家庭で育ったが、母親はこっそり試合場に現れ、応援していた。私が、母親に会いたいと思いつつ、逡巡する場面を指している。

ノンフィクションの取材で、会わないといけないと思いつつ、つい弱気になってためらってしまう。それは別段恥ずかしいことではない――そんな励ましの言のように聞こえた。

もう一つは、別れ際になって、本田がこういったことである。

――あなたもそうだったのですか……と。

それは多分、このような意であったのだろう。

『空白の軌跡』には、心臓移植を待つ患者や事故死したわが子の腎臓提供を行った父母の話も登場するが、主に医学サイエンスの領域を扱った作品である。本田は私のことを〝科学ライター〟と思い込んでいた気配があった。けれども、会話を重ねるうちに、別段そうではないライターだと思われていったのであろう。もの書きとしての〈原質〉に近しいものを覚えてか、ふっとそのような言葉を口にされたものと思える。

二十数年前の、初対面での小さな思い出であるが、いま私が内部から誘われるものがあって、本田靖春の仕事を追いはじめているのもきっと〈原質〉にかかわりあることなのだろう。

第三章　己は何者か――『私のなかの朝鮮人』

1

本田靖春は、朝鮮半島および在日韓国・朝鮮人にかかわる本を〝二冊半〟書いている。

『私のなかの朝鮮人』（文藝春秋・一九七四年）、『私戦』（潮出版社・七八年）、『私たちのオモニ』（新潮社・九二年）である。『私戦』は「金嬉老事件」を取り上げたもので、事件の全貌を克明に描いたノンフィクションであるが、在日問題が背景にある。そう解せば〝二冊半〟という数え方もできよう。

『私のなかの朝鮮人』は、本田の著でいえば『現代家系論』『日本ネオ官僚論』に次ぐ三作目に当たるが、『私たちのオモニ』の冒頭近くにこのような文が見える。

七三年の秋、私は初めての単行本となる『私のなかの朝鮮人』（現在は文春文庫）をまとめるために、補足取材をしていた。この本は、三三（昭和八）年に京城（現ソウル）で生まれ、中学一年の夏に引き揚げてくるまでの十二年半を植民者二世として朝鮮で過ごした私の、自己確認の書とでもいったものである。（傍点は引用者）

続いて——フリーとなって雑多な注文原稿をこなしてきた。気に染まないテーマには手を出さず、断る仕事も多かったのであるが、注文原稿はあくまで注文原稿だ。それが二年余も続くと、「精神的な疲労」がたまってくる。それを解消するのは「自分自身のテーマで書くこと」しかない。朝鮮にかかわることは「内的必然性」をもった、新聞記者時代から温めていたテーマだった——とあって、こう続けている。

私の記憶は断片的であるが、そのどれをとってみても、そこには日本による朝鮮統治という「歴史」がからんでいるのは疑いもない。まずその検証から始めよう。そうすれば、自分が何者であるかがはっきりしてくるはずである。使い古された言葉であるが、それは物書きとしての自分の原点をさぐる作業にもなるはずであった。

自分の立つべき位置が明確になり、目指すべき方向が定かにならないかぎり、私の書くものは私のものであって私のものではない。文章が究極的に問われるのは、それが筆者の内的必然性に発しているか否かである。『私のなかの朝鮮人』は、「四十にして立つ」ではないが、遅まきながら齢四十にしての自立の第一歩であった。いま読み返してみると、幼稚さばかりが目について、四十歳（出版時は四十一歳）でこの程度では――と自己嫌悪に陥るが、自分の原点と方向性だけはどうにか確認できているように思う。

ひとりで立つジャーナリストとして、また自身の内面をくぐった作品を求められる作家として再出発した本田にとって、本書は、のっぴきならない、自身の原点を内包した仕事であった。あえてであろう、「初めての単行本」と記したわけも腑《ふ》に落ちるのである。

『私のなかの朝鮮人』（引用は文春文庫版による）は、百五十枚という長文の雑誌原稿「大韓民国の憂鬱」（『諸君！』一九七二年十一月号）が元原稿となっているが、取材が成立した経緯をこう記している。

韓国〝再訪〟の旅は、七二年八月、まる二十七年ぶりに実現した。それはひょんなきっかけからである。『諸君!』編集部のA氏と私は、仕事を通じて知り合ったのだが、つき合いは個人的に深くなった。彼も私も朝鮮料理が大好きで、なんとなく誘い合っては、食べ歩く日が多くなる。つまりは、朝鮮料理が取り持つ仲というわけである。

そんなある日、A氏がいった。

「一度、本場の味をためしてみませんか」

この提案には、一も二もない。

もっとも、編集者であるA氏には、別のたくらみがあった。それは、朝鮮生まれの私を韓国へ連れ出して、現地ルポを書かせようということであった。

A氏とは東眞史《あずままふみ》のことである。この前後、『諸君!』での本田原稿はすべて担当している。文藝春秋で雑誌畑を歩き、後年、文春新書編集局長などをつとめた。本田作品では、『K2に憑《つ》かれた男たち』『疵《きず》 花形敬とその時代』においても、『週刊文春』『オール讀物』掲載時の担当は東だった。本田は東との関係を、『我、拗《す》ね者として生涯を閉ず』のなかで「心を許す間柄」とも書いている。

2

朝鮮ということで、本田によぎるのはまずは懐かしさだった。日本の春といえばサクラであるが、朝鮮の春といえば「レンギョウ」を思い浮かべると書いている。

友人、なかんずく祖国を知らない在日朝鮮人に朝鮮を語るとき、記憶の中のレンギョウが、いつも浮び上がってくる。朝鮮の春は、野、山、河岸と、一面にぶちまけたようなレンギョウの黄一色で始まる。漢江が対岸まで凍てついて、その上を牛車が往復するきびしい冬も、この黄一色に追われて、北へ去るのであった。その季節の移りようは、緩慢な寒さと暖かさの一進一退の中で、サクラが淡い花弁をいつとは知れず開いていく、日本の春の訪れとは対照的に急激で、こども心にも鮮烈であった。万物が、一時に息を吹き返したような、生命力の爆発が、そこにはあった。

望郷の念を覚えつつ、一方で、半島に足を踏み入れることは「深いためらい」「うしろめたさ」「贖罪《しよくざい》」……を呼び起こす、重い旅路でもあった。

まずは入国査証申請書の、韓国への訪問歴を記す欄で、ペンははたと止まる。朝鮮で生まれ少年期を朝鮮で過ごした「植民者二世」は再訪者であるのか、自身の「出身地」はいずこなのか、そもそも己《おのれ》は何者なのか……。

本田家と朝鮮半島のかかわりは――『我、拗ね者として生涯を閉ず』での記述も参考にすれば――明治期、貧農の次男だった父方の祖父が、故郷・長崎を出て朝鮮に渡ったことからはじまっている。本田の幼年期、祖父は仁川に居をかまえ、注文靴の製造などを手がけていたとある。

このころ、本田一家と親しく、よく遊びに出むいていた商店（『我、拗ね者として生涯を閉ず』では祖父の家とある）があって、五人の「半島人」の職人がいた。彼らは本名ではなく、「一郎」「二郎」「三郎」「四郎」「五郎」と呼ばれていた。本田は五郎になついていて、肩車をして火事場見物に連れていってもらった日もあった。人を記号のごとく呼ぶことに、当時の日本人の朝鮮人観が示されていると記す。あるとき本田がたわむれに、手にしたペンを、肩車をしてくれていた五郎の頭に突き立てた。

「哀号！　ペン」という悲鳴が上がったが、日本人経営者の孫だったからであろう、咎《とが》められることはなかった。

本田の父は、京城高商を卒業、朝鮮総督府に勤務するが、その後、特殊鋼メーカー、日本高周波重工業へと移る。国策のもとに設立された軍需会社で、咸鏡北道（北朝鮮）金策に大工場をもっていた。父は京城の本社勤務で、経理畑を歩んでいく。

本田は四人きょうだいの次男で、一家は京城の日本人街「西四軒町」で暮していた。一度もキムチも朝鮮飴《あめ》も口にしたことがないとある。朝鮮人のつくるものは不衛生という母の教えゆえである。

朝鮮総督府は「内鮮一体」をいい「皇民化」政策を朝鮮人に押しつけていたが、日本人と朝鮮人が一つだなどということは、日本人も朝鮮人もだれ一人思っていなかった。お互いは、はっきり異民族同士として認識し合っていたし、それだけではなく、彼らはわれわれを憎み、われわれは彼らを嫌っていた。

その関係は子供世界にも持ち込まれ、日本人の子弟は日本人だけの小・中学校に通い、朝鮮の子供たちと交じり合うことはなかった。東大門小学校に通っていた時期、通学路に朝鮮人街があって、下校時にはしばしば喧嘩騒ぎが起きた。大挙して家に押しかけられ、威嚇のために日本刀を持ち出した日もあったとか。

それにしても、こうして「京城」で生まれ育った私は、「朝鮮にいた」といえるのであろうか。

基本的に、私たちは〝招かれざる訪問者〟であった。(日本の植民地下にあった)三十六年の歴史の虚構は、私に十二年半のうつろな時間と、そこの民衆から隔絶された根ざすことのない空間を与えただけではなかったのか。

「敗戦の記憶は、白一色である」とある。町の歩道にはムシロが敷かれ、白い朝鮮服を着た婦人たちがひそかに隠し持っていた米と砂糖をうずたかく積み上げている。支配と被支配の関係が逆転した、象徴的な光景であった。

父は会社の残務整理のためにしばし京城に残った。敗戦からほぼひと月後、母ときょうだいたちを乗せた引き揚げ船「興安丸」は、山口・仙崎沖に着いた。艀《はしけ》の舟べりからのぞきこんだ海の青さに目を奪われたとある。京城から一番近い海、仁川の海はいつも濁っていたからである。

はじめて目にした祖国の地は「〝絵のような美しさ〟」と映った。ただ、「私がいいたかったのは、しかし、そのことではない。もう一つの驚きを語らなければなるまい」と書いて、こう続けている。

接岸して、私の母は、駅まで馬車をやとった。そのあたりの農家にとって、背負うだけ背負いこんだ引揚者の荷物の運搬は、恰好の副業になっていたようであった。船着場には、にわか運送業者が蝟集《いしゅう》していた。

もう一つの驚きというのは、馬の口をとる男たちが一人残らず日本人だったことである。それはとても信じられないことであった。改めて周囲を見渡すと、われわれを目当に露店をひろげる女たちも、荷役に忙しく立ち働く港湾労務者も、いるかぎりの人間が日本人なのである。私は母親にたずねた。

「本当にこの人たち、日本人？　みな日本人なの？」

京城では、町中で〝体を使う仕事〟をするのはすべて朝鮮人であった。

本田の一家は、長崎にある母方の遠縁を頼り、その家の納屋に住まわせてもらう。戦後の日々がはじまっていく……。

3

本田と東は、ソウルの繁華街・明洞《ミョンドン》で朝鮮料理を食べ歩くのだが、ロースやカルビの焼肉にせよナベにせよ、総じて甘口で、あまり口に合わなかったとある。

二人が渡韓した一九七二（昭和四十七）年、韓国は朴正熙《パクチョンヒ》大統領の時代である。南北会談で平和統一への共同声明が出され、半島に新しい風が吹きはじめた気配もあったが、三十八度線を挟んで北との厳しい対峙が続いていた。翌年には「金大中事件」が起きている。韓国においては民主化が大きな社会的課題であり、本格的な経済成長はまだはじまっていない。

韓国滞在中、本田は旧自宅のあった「西四軒町」を一人で訪れている。

……私はふたたび「西四軒町」にいる。缶蹴り遊びで日の暮れまでかけめぐった路地裏から、思いもかけず朝鮮飴売りのハサミの音がよみがえった。私は無意識のうちにズボンのポケットの小銭を手先でさぐり、音のした方へ歩き出した。たとえ手ばなをかんだ手でこねた飴でもいい。二人の子供の父親になった私は、だれにも気がねをせずに、晴れてあのべっ甲色の朝鮮飴を口にできるはずである。

だが、私を待ち受けていたのは落胆であった。廃品と引き換えに渡されるのは、袋にはいったポプコーンにかわっていたのである。

かつて暮らした家は洋風のコンクリートの建物となり、母校・東大門小学校は乙支国民学校と名を変えていた。夏休み中なのか、生徒の姿は見えない。居合わせた教員に、本田が卒業生だと自己紹介すると、案内してくれた若い教員は、黒板に「八月三十一日、廃校」と書いた。

本田の脳裏に刻まれた「二つの『点』」、わが家は姿を変え、母校も消えつつあった。

少年期を過ごした京城を、本田は「心の〝ヘソの緒〟」とも表現している。久々の帰郷は、変容する光景の確認であり、故郷への新たな認識だった。

それから時日がたって、私の中で憑《つ》きものが落ち始めた。韓国への旅で、私が生まれ育ったのは「朝鮮」ではなく、古い「日本」だったのだと得心がいったからである。

自分のおろかさをいうことにしかならないが、私にとっての故郷は朝鮮だという思いが、つねにあった。

しかし、そこには、私を待つ友が一人もいなければ、私が訪ねる旧知の人も皆無だったのである。いったい、語り合い、懐しみ合う友を持たない土地を、故郷と呼べるのであろうか。

韓国への旅、本田は〝私的な依頼〟も背負っていた。父が亡くなるとき、「死んだら、骨の半分は京城に埋めてくれ」と言い残していたことである。だが、父の願いを本田は果たさなかった。この地は、植民地時代に生きた日本人が葬られるべき地ではない。「一個の人間として、私は亡父を嫌いではない。だが、父の遺志に背くことは、植民者の二世としての節度だと考えた」からである。

本書から伝わってくるのは、やや過剰とも思える加害の意識である。「日帝三十六年」が半島にもたらした加害に対して、たまたま当地に生まれた少年が直接的に負うべきものがあるとは思えない。けれども、本田はそのことに鋭敏であり続けた。差別に対する憤りと拒絶は生涯を貫いてあるものだった。

それは本田のもつ気質と資質にかかわりがあることだろう。東はこんな感想を口にした。

「ご自身の生い立ちもあって、この本はとても苦しんで書かれたと思います。韓国については随分と議論もしましたが、論理だけで書く人ではなかった。そのテーマをどう書くかよりも、なぜ自分がそれを書くのかという思いがまずあったのではないでしょうか。個人ではとても負いきれない事柄であっても、それを見過ごすことのできない人であって、それを自身が背負っていく。優しさを超えた業に近いものかもしれませんが、それは本田さんのもつ本質的なものであって、書き手としての自己規定だったのではないかとも思います」

本田にとって本書が苦渋に満ちたものであったことは「あとがき」からもうかがい知れる。

本書の脱稿は、当初、今年の正月の休み明けの予定であった。それが半年以上も遅れたのは、私の怠惰のせいであるが、私にとってこれを書き進める作業が、かつてない苦痛に満ちたものであったことも事実である。……

本書が、在日朝鮮人、ならびに朝鮮問題の良心的な研究者の方々には読むに耐えないものであることを、だれよりも筆者である私が自覚している。私としては、せめて、不分明な状態の中に意識を渋滞させている〝平均的日本人〟の一人として、自分の内部矛盾をさらけ出したいと自分にいいきかせて進んできたつもりだが、読み返してみて、随所に自己修飾が目立ち、吐き気に近い感情を催している。近い将来、心の中の汚物を、思い切り吐き出さなければならないだろう。

そんな感情を伴いつつ本書は書き進められた。本書を包むトーンは重苦しいが、本田作品のなかで特別な位置を占める作品であると思う。〈故郷〉を訪ねるなかで、過去を呼び起こし、現在と未来を見詰め、自身の拠って立つ位置を確認していく。作家として一度はくぐり抜けねばならない作業であったろう。己は何者か——。問いは、作家・本田靖春の生みの親でもあったはずである。

4

文庫版の解説文をハードボイルド作家の生島治郎が寄せている。

生島と本田は、早大の同級生。麻雀仲間でもあったが、生島は中国・上海で育ち、引き揚げ者の子弟であることも重なっている。本書（単行本）刊行の翌年、二人はアジアからヨーロッパへ、豪華列車ではなく出稼ぎ労働者たちの大陸横断列車と化していた頃のオリエント急行の旅もともにしている（『消えゆくオリエント急行』北洋社・一九七七年。後に『オリエント急行の旅』と改題され潮文庫に収録）。

生島は本田に対して、「会ったときから、こいつはなんとなく自分と同じ匂いのする同類らしい」と感じていたのが、親しくなって、同じことを指摘されて笑ってしまったとある。本田は苦笑しつつ、生島に対して「なんだ、同じ穴のムジナか。どっちもコロニイ出身の流れ者というわけだ」と口にしたとか。

同じ〝流れ者〟であるがゆえに、本田のもつ本質的な一面について生島には感受するところがあったのだろう。

……私の友人には新聞社の社会部出身のもの書きや、ノンフィクション・ライターもたくさんいるが、その連中と本田靖春はどうも肌合いがちがっている。彼が権威ありげなものを信用しないのは、反骨精神が旺盛だからではない。いや、反骨精神も旺盛だが、その前に、この世にそんなご大層なものがあってたまるかという虚無的な姿勢がうかがえる。流れ者が土地の者をうかがっている眼つきがある。時として、その姿勢は無頼にも見えるし、太々しくも見えるし、投げやりにも見える。

こう云ったからと云って、彼の仕事ぶりがいいかげんで投げやりだと云う意味ではない。人一倍プロ意識のきびしい彼は、取材のときも作品を書くときも、こと仕事に関しては完璧をねらいすぎると思えるくらいに緻密である。それでいて、一方において仕事なんかという無頼な精神もうかがわれるのである。仕事なんかよりギャンブルの方がおれに向いていると云うような……。

解説のラスト、生島は「どうやら、本田靖春や私ばかりでなく、外地から引き揚げてきた昭和ヒトケタの世代にとって、自分の中に存在している『日本人ではない日本人』は生涯のテーマとしてつきまとうものであるらしい」と締め括っている。

この数年後になるが、本田は雑誌の仕事で、少年・少女期に引き揚げ体験を持つ表現者たち十六人に面談し、「日本の〝カミュ〟たち」と題する長文の「インタビュー・ルポルタージュ」をまとめている（『諸君！』一九七九年七月号）。

アルベール・カミュは、フランスの植民地アルジェリアで生まれ育ったことはよく知られる。代表作の一つが『異邦人』。
メンバーは生島はじめ五木寛之、日野啓三、尾崎秀樹《ほつき》、池田満寿夫、藤田敏八《としや》、三木卓、大藪春彦、赤塚不二夫、山田洋次、小田島雄志《ゆうし》、別役実、後藤明生《めいせい》、澤地久枝、山崎正和、天沢退二郎。彼らが過ごした外地は、中国・上海、台湾・台北、旧満洲の奉天、新京、吉林、大連、朝鮮半島の京城、平壌、大邱、新義州など——。人となりも、生き方もそれぞれであるが、本田はいくつかの共通項を取り出し、論じている。

　印象的な言葉をピックアップすれば、「はみ出し者」「よそ者」「招かれざる人間」「故国喪失者」「複眼的」「根なし草」「適応不全」「下宿人」「雑食性」「非ムラ意識」「非島国根性」……といった類の言葉である。

　裏返しとして浮かぶのは、個としての自立心、組織への帰属意識の希薄さ、何者にも拠りかからず——といったものであるが、そのことは本田自身の歩みにも濃厚に漂っている。生来の資質であったろうが、旧植民地育ちの引き揚げ体験が後押ししたものもあるであろう。少年期の日々が、作家・本田靖春に深くかかわっていることをあらためて思うのである。

由緒正しき貧乏人――というのは、本田がしばしば口にし、書き記した語彙《ごい》であった。

カネ、モノ、地位、名誉……といったものに本田はまるで淡白だった。生涯、借家住まいであったことにもそのことが表れている。それは本田の生き方のポリシーであったが、そういう志向を形成したのは、半島からの引き揚げ者というルーツにもかかわりがあるように思える。雑誌のインタビューで、引き揚げてきて後「ずっと日本に下宿してきたような」という言葉も吐いている。

夫人の早智は、幾度もそのことに思いをやる日があった。

ベランダで育てていた植木がきれいな花を咲かせた朝があった。本田に見せてやりたく思って、起こした。

「きれいでしょう」

「うん、きれいだな」

そんなやりとりをしつつ、ふっと本田がこういう。

「花を育てるのはいいけれど、しょうがないといえばしょうがないことだよな。人間、明日のことはわからんのだから」

着飾る、貯める、所有する……といったことにはまるで無頓着な夫であった。

あるとき、何かの御礼であったのだろう、本田宛にお仕立券付のジャケットの生地が贈られてきたことがあった。同じ色の背広があるからいいよ――といったまま、本田はほうりっ放しにしている。ほっておけばお蔵入りしてしまうことは目に見えている。早智は本田の上着を一着持って百貨店の売り場に出向き、同じサイズのものを仕立ててもらうことにした。贈ってくれた人に申し訳ないと思ってである。

5

『私のなかの朝鮮人』は、韓国への旅を縦糸に、在日朝鮮・韓国人のための季刊雑誌『まだん』(広場の意)のこと、実業界で活躍する在日の人々のこと、読売のニューヨーク特派員時代に出会った在日韓国人「T嬢」のこと、国籍を理由に日立製作所の採用を取り消された在日青年朴君のこと……などにもページが割かれている。

本書の結語に近い部分で、本田は「最後に一つだけいおう。朝鮮の運命は朝鮮人の問題だとして、在日朝鮮人に、戦前も、戦後もかわることなく加えられ続けている差別は、われわれの社会の問題である」と記している。在日の問題を持続して追っていくとも読み取れるが、この十八年後、『私たちのオモニ』が刊行された。本田にとって、長く残していた宿題を果たした仕事であったろう。

『私のなかの朝鮮人』にも登場する『まだん』の主宰者・金宙泰《キムチユテ》と妻・陳孝宣《チンヒヨウソン》が主人公となっているが、長女・金栄《キムヨン》から便りをもらったことから物語ははじまっていく。便りには、済州島からやって来たおばあさんたちの聞き書き集『海を渡った朝鮮人海女』が同封されていた。金栄は在日の友人とともにこの本をまとめたという。夫妻に本を書くような年頃の娘さんが育っていたのか……感慨を覚えた本田は再び動き出す。

金宙泰は戦後間もなく、密航によって半島から来日したとある。向学心旺盛で、働きながら明治大学を卒業、横浜・鶴見にある小学校分校の教員となる。季刊雑誌『まだん』を刊行し、さらに東洋医学を学んで鍼灸院《しんきゆういん》を開く。『まだん』は六号で休刊となるが、『由熙《ユヒ》』によって芥川賞作家となる李良枝《イヤンジ》はこの雑誌から育っている。

妻の陳孝宣は在日二世。分校の教員時代に金と知り合って世帯をもつが、まことにたくましき人である。駄菓子屋、食堂、ラーメン屋、煙突掃除……と働きづめに働きながら、家を建て、病身の夫を支え、子供たちを育てていく。

娘の金栄は大学を卒業後、高齢になった一世たちの歩みを記録しておきたいと思い立ち、房総半島の海女たちを訪ねる。自身のアイデンティティーを確認するためにも。

『私たちのオモニ』は在日一家の足跡をたどるノンフィクションであるが、伝わってくるのは、困難な状況に直面しつつも人生を切り開いてきた人々のもつ旺盛な生命力である。在日世界が新しい世代に移り変わっていく様も感じ取れる。

彼らは日本人ではないし、北にも南にも帰属していない。半島と列島双方に半身を置いた人々――。〝二つの祖国〟をもつものは重層的な視線をもつ。それは必ずしもハンディを意味せず、優位性となる場合だってある。

『私たちのオモニ』のラスト、本田は願いを込めてこう記している。

近年、在日の社会的進出はいちじるしい。そのめざましさは経済の分野ばかりでなく、学術や文化などの面にも及んでいる。

一・二世がくぐってきた苦難の時代は、ほどなく過去へ送り込まれるであろう。いま三・四世を語るにふさわしい言葉は「可能性」である。

世界史は極東においても大きく動き出している。日本と朝鮮半島との新しい関係を展望するとき、かつては狭間の暗い存在としてしか意識されなかった在日の人たちが輝きを帯びてくるはずである。その時代は目の前にきている。

いまも日本と朝鮮半島との間にはさまざまな政治的問題が横たわり、過去の清算も未決のまま積み残している。近年、社会の一部には「ヘイトスピーチ」などという唾《だ》棄《き》すべき蛮行も見られる。いまも課題はあまたあれ、就職差別の問題ひとつを取り上げても、オフィスや工場で、大学の教壇やコンサートのステージで、「金さん」「朴さん」がいるのはごく普通の風景ともなった。時計の針は止まらずに回っている。

——講談社の渡瀬昌彦が本田と親交深き編集者であったことは以前に触れた。本田の晩年、渡瀬は学芸図書出版部長から第一編集局長の職にあったが、本田の入院先には定期便のごとくに見舞いに訪れていた。

二〇〇三年の初夏である。社の入社試験の第二次面接を前にして、志願者たちの「志望理由」を読んでいて、「本田靖春」という文字に目が止まった。

「編集部門に配属していただけるなら『現代』を希望しております。毎月連載されている「我、拗ね者として生涯を閉ず」は欠かさず読ませてもらっています。父が編集者で、かつて本田靖春先生の担当をさせていただいたこともありました……」という文面だった。

聖心女子大学の大学院生で、東なみ子とあった。

ひょっとして文春の東さんの娘さんかも……と渡瀬は思った。他社ながら東眞史と面識があったし、『私のなかの朝鮮人』など、文春における本田の主要な仕事を東が担当したことも知っていた。面接のさいに確かめると、そうなのです、ということであった。

渡瀬が本田を見舞った日、そのことを伝えると、「へぇ、東君のお嬢さんがねぇ……歳月だね……東君に会いたいなぁ……」と口にした。

渡瀬からの連絡を受けた東は、文春を定年退職した年であったが、娘を同行し、埼玉のみさと協立病院に出向いた。都心のＪＲの駅から武蔵野線に乗り換え、最寄り駅は三郷である。

この時期、本田の病状は重かった。従来の疾患に加えて肝ガン、大腸ガンが見つかり、重い糖尿病に発生する足の壊疽《えそ》が進み、右足を、さらに左足を切断していた。

パジャマ姿で、ベッドに座った姿勢で、本田は二人に応対した。

もう長くはあるまい……と思える気配を東は感じたのであるが、それでも本田は以前と同じように陽気に応対する人であった。二人の思い出話は山のようにある。話は弾み、さらに弾んだ。

病室のベッドの側に、本田の自著が何冊か置かれていた。右眼は見えず、左眼の視力も乏しくなっていたが、本田はなみ子に「何がよろしいかな……」と問いつつ、おぼつかない手つきで『本田靖春集5』(旬報社)、『不当逮捕』(岩波現代文庫)、『疵《きず》』(文春文庫)にサインをし、手渡した。日付は「2003・7・6」。亡くなる一年五ヵ月前である。

お仕事、がんばってくださいね――本田はなみ子に向かって幾度もそう口にした。この時期、彼女は講談社では役員面接まで進んだものの不採用の、またNHKからは採用の通知を受けていた。

その後、彼女は渡邉と姓が変わり、雑誌『銀座百点』編集部で仕事をしてきた。本田とのただ一度の出会いであったが、忘れがたいものを残した。懐の深い、大きい人。人はどんな状況になってもあのように他者に接することができる……。生きていく上でずっと糧となっていくような、そのようなものをもらった日としていまも記憶に留めている。

病室での、二時間ほどの面会はあっという間に過ぎた。本田と東が『私のなかの朝鮮人』の取材で韓国を歩いた日からいえば三十年後のひとときだった。

――東君、これから新宿に行こうか!

本田らしい、別れ際のひと言であった。

第四章　生涯、社会部記者——『体験的新聞紙学』

1

いま潮出版社の社長をつとめる南晋三が入社したのは一九七一（昭和四十六）年であるから、本田靖春が読売を退社し、フリーの道を歩みはじめた年と重なっている。『週刊言論』などを経て二年後、『潮』編集部に異動した。

仕事柄、主だった総合月刊誌はすべて目を通していた。『諸君！』もその一冊であるが、「本田靖春」という名前を見かけるようになり、やがて本田署名のレポートはじっくり読むようになった。『諸君！』は保守系の雑誌であり、寄稿家の論調もそれに沿ったものが多いが、本田原稿については、この人はまるで自由に自身の思うところを書いている——と思わせるものがあったからである。

当時、市谷台《いちがやだい》にあった本田の住まいを訪ねて行った。事前に連絡はしておらず、本田は不在であったが、手紙と名刺を残しておいた。間もなく本田から「わざわざ来てくれたんだってね」と、連絡があった。

初対面からいえば三十余年、南は『潮』における本田原稿のほとんどすべてに、また『体験的新聞紙学』『私戦』『村が消えた』『新・ニューヨークの日本人』『ちょっとだけ社会面に窓をあけませんか』（文庫版では『新聞記者の詩《うた》』と改題）など、潮出版社から刊行された書籍にもすべて介在してきた。本田との縁がもっとも長き編集者の一人ということになるだろう。

二人にとって最初の仕事は「ルポ阿波徳島の〝選挙踊り〟始末記」であった（一九七四年九月号）。

ときは「今太閤」田中角栄の時代。金権選挙が常態化していたが、この年の夏、徳島の参院選「阿波の戦い」は熾烈《しれつ》を極めた。争ったのは、三木武夫副総理の城代家老・久次米《くじめ》健太郎（無所属・前）と田中の懐刀・後藤田正晴（自民・新）。久次米の勝利に終わった直後、二人は徳島入りした。

両陣営へ、事前にアポ取りはしていない。ホテルに着いてすぐ、南が後藤田陣営に電話を入れると、インタビューは断られてしまった。本田からこういわれたことを覚えている。

「まあ南君、後藤田陣営は負けてすぐだからね。選挙のことよりも後藤田家と藍染《あいぞめ》の話をうかがいたいと申し入れた方が受けてくれるかもな」

両候補者および有力支援者の多くは、阿波の名産・藍染で財を成した家系の末裔である。本田レポートは、金権模様もさることながら、「旦那衆」が仕切る徳島政界のありようにページが割かれている。日本の政治風土の底を成すものがよく伝わってくる。

以降、『潮』誌で、新聞記事からピックアップしたニュースの追跡レポート（「三面記事の片隅で」）、中国残留孤児、サラ金の迷路、福岡の大渇水、京都蜷川府政の落日……など雑多なテーマに取り組んでいく。

当時、本田は元気盛り。南がゲラの届けなどでよく出向いたのが赤坂の旅館「乃《の》なみ」で、本田はここに居続けて、色川武大《たけひろ》、五木寛之、生島治郎、三好徹、矢崎泰久……など、名だたる雀豪《じゃんごう》と卓を囲んでいた。

同時期、南が昵懇《じっこん》に付き合ったノンフィクションライターに児玉隆也がいる。共通項は「原稿のうまさ」である。

「編集者はだれしもそうなんでしょうが、いい文章を書く人が好きなんですね。野球の投手で百五十キロ以上の真っ直ぐを投げるのは素質だといわれますが、文もまた持って生まれたものではないでしょうか。本田さんは勉強家の努力家であったけれども、文における素養が飛び切り豊かな人だった。それはずっと感じてきたことですね」

そんな南の追想を耳にしつつ、私も思い当たる節があった。

本田の残した作品を読み返すなかで気づいていったことなのだが、本田は美文調の書き手ではないし、技巧的な作為をほどこすこともしていない。ただ、表現の巧みさを自然と埋め込む術をもった人であって、それはおのずと滲み出ている。文章とは、書き手それぞれがもつ指紋のごときものであるのかもしれない。

2

『潮』での雑誌掲載がそのまま単行本となったのが『体験的新聞紙学』（一九七六年）である。

新聞を論じて一挙五百枚――という企画を立てたのは、当時の編集長・西原賢太郎である。この時期、ロッキード事件が勃発、田中逮捕に至るまで、久々に活発な報道合戦が続いた。本田執筆の「特別企画　日本の新聞を考える」が載ったのは一九七六年十月号であったが、話題を呼んで同号は完売となった。翌月の「続・日本の新聞を考える」と併せて『体験的新聞紙学』となった。

取材には半年前から動いており、書く材料はたっぷりとあったが、掲載は「綱渡り」だった。五百枚といえば優に単行本一冊分である。締め切りが迫ると、南は社に近いホテル、グランドパレスに本田を閉じ込めた。本田は連夜、原稿書きに勤《いそ》しんだが、そうそう枚数は揃わない。毎早朝、南はホテルに出向いて、本田が前夜に書いた分を受け取り、見出しをつけて印刷所に入稿する。ゲラになると疑問点などを添え書きし、ホテルに届ける――。そんな日が何日も続いた。

本書で本田は、ロッキード事件をめぐる各紙報道の検証、〝客観報道〟の陥穽《かんせい》、政治部と社会部、西山太吉事件、朝・毎・読三紙が抱える歴史的宿痾《しゆくあ》、全国紙と地方紙、過剰な販売競争の弊害、新聞の未来像……など新聞界が抱えるさまざまな課題を取り上げ、あるべき新聞像を探っている。読売時代の自身にも触れている。

本書の刊行は本田が読売を退社して六年目である。古巣について語ることへの戸惑いとともに、このあたりで溜まっている澱《おり》を吐き出しておきたいという心境も伝わってくる。

読売にいたあいだ、新聞はだれのものかという問いかけが、いつも私の胸に突き刺さっていた。

過去に自分がいた職場の内情を書くことは、決して愉快な作業ではない。そこには、怠惰な私を忍耐強く叱咤激励して、まがりなりにも筆で糊口《ここう》をしのげるまでに育ててくれた、愛情深い先輩が多くいる。組織の統制に従わず勝手気ままに振る舞い続けた私を、終始、暖かい目で見守っていてくれた同僚記者が、困難な状況に踏みとどまって、新聞の未来に明るい展望をひらこうと苦闘していることも知っている。いよいよ社を辞めるとなったとき、われわれも一緒に戦うからもう一度翻意してほしいといった、何十人もの若い仲間を思うとき、それを裏切った私は、声も出ない。「前線逃亡」は銃殺刑であるのに、私は小さな傷を理由に「廃兵」の道を選んだ。

辞めてからの私は、つとめて、昔の仲間に会うのを避けた。会えばどうせ、読売の話になる。戦線から離脱した私に、何の発言権があろうか。そういう思いからであった。

しかし、いま、私はかつての職場について語ろうとしている。個人的な感情を絶ち切って、新聞社の内情を明かすのが、十六年間そこに籍を置いた私の、受け手に対する義務だと考えるに至ったからである。

警察《サツ》回り、六〇年安保、読売を退社する引き金ともなった社主・正力松太郎が登場する「正力コーナー」など、記者時代の出来事が述べられているが、これらは後年の著でも詳述されるので、後章に譲りたく思う。

本書の「あとがき」では、「新聞人の節度を懸命に守ろうとしている心ある人々」が浮かび、「筆を抑える結果になってしまった」とも記している。確かに、本田著にしては歯切れがいまひとつと思える箇所が随所にあるが、古巣への〝仁義〟なのだろう。それもまた本田らしいと思う。

ロッキード事件の解明と時期を同じくして、政界では田中角栄の政敵、首相・三木武夫への〝三木おろし〟が進行していた。報道の中心を担ったのは政治部の記者たちで、そのせいもあったのだろう、かなりのページが政治部記者のあり様に割かれている。

「三十人に近い政治部記者に会った」とあるが、当時、読売の政治部長にあった渡邉恒雄(現読売新聞グループ本社代表取締役主筆)もその一人。本田がニューヨーク特派員にあった時期、渡邉はワシントン支局長にあって、二人は旧知の間柄である。

南によれば、読売本社の応接室でのインタビューであったが、「やぁポンちゃん、久しぶりだね」といいつつ、渡邉は終始愛想よく対応した。本田も鋭い質問を浴びせつつ、もちろん大人の対応に終始した。

このインタビュー、南が記憶しているのは、自身の「大失敗」である。電池が切れていたのかテープレコーダーが回っていない。終了後に気づき、真っ青になって本田に謝ったが、「いいよ、いいよ、メモをしているから大丈夫だよ」という。本田は編集者に厳しい一面があったが、アクシデントには寛容だった。使った電池は机の引き出し奥にあったもので、どうやら使用期限が切れていたらしい。これ以降、南は未使用でも古い電池は使わなくなった。

ベテランの政治部記者に求められる要件は、派閥の領袖《りようしゆう》クラスに食い込み、コアの情報を得ることである。過去には、記者としての「柵《さく》」を超えて領袖と一体化し、政局の節目になるとフィクサー的動きをする記者もいた。それが優れた政治記者と思われる風潮が残っていて、各社、そういう意味での名物記者たちがいた。政治部記者としての階段を上ってきた渡邉が、領袖の一人、大野伴睦や中曾根康弘と懇意な関係にあったことはよく知られる。

本書では、渡邉の固有名詞を出す場合は、渡邉の発言も載せるフェアな記述になっているが、もとより本田は政局でうごめく政治記者には厳しい批判の目を向けている。そもそも社会部育ちである本田にとって政治部記者は肌の合わぬ連中だった。ただ、本田の視線は記者個人ではなく、記者の置かれた「位置と構造」に向けられている。

社会部と政治部を入れ替えてみたところで、政治報道がかわらないという私の判断は、そこに根拠を置いている。社会部はドブ板を踏み鳴らしてデカの陋屋《ろうおく》を訪ね、いっしょに二級酒を飲んでいるから庶民的になるのであり、政治部は赤坂の高級料亭でスコッチの水割りにレモン汁をしぼりこんだりなどして政治家と政局を論じているから金権的になるのである。

本田靖春と渡邉恒雄。同じ読売出身の二人のジャーナリストはその後も、記者のあり様において、個の生き方において、相交わることのないままにそれぞれの道を歩み続けた。

3

ロッキード報道においては、各紙それぞれにスクープがあったが、とりわけ毎日は、闇の政商・児玉誉士夫《よしお》への臨床尋問、丸紅前会長・檜山廣《ひやまひろ》の逮捕、田中逮捕への「検察重大決意」……など、活発な報道ぶりを示した。

「朝・毎・読」と呼ばれるごとく、戦後、全国紙三紙の鼎立《ていりつ》が続いてきたが、発行部数でいえば毎日は後退していった。朝日の村山家、読売の正力のごとく「専制君主」がいない毎日は風通しのいい会社であったのだが、それ故にか、「派閥争い」が止まず、さらに「西山事件」が痛手となった。

一九七一（昭和四十六）年、日米間で結ばれた沖縄返還協定にかかわって「密約」があったことを毎日の政治部記者、西山太吉がつきとめる。情報元は外務省の女性事務官。電文コピーが社会党代議士の手に渡り、国会の場で明るみに出、事務官と西山記者が逮捕される。当初、言論弾圧として毎日は論陣を張るが、事務官と記者の関係が取りざたされると、一気にトーンダウンする……。

もとより本田は、言論の自由を墨守《ぼくしゅ》する立場から事件を取り上げているのであるが、「すべてに優先する取材源の秘匿《ひとく》」が守り切れなかったこと、取得した情報を紙面化し得なかったことなど、毎日および西山への疑問点も率直に記している。

後年、密約の存在は元外務省高官の証言などで確認され、さらに「密約情報開示訴訟」などが起き、知る権利にかかわる問いを提起しながら事件の波紋は長く続いていった。

本書の主題について、本田はこう記している。

私は、たった一つのことを訴えたいばかりに、この大がかりな新聞論に取り組んでいる。もし意が十分に伝わるのであれば、それは次の二行で済むことなのである。

記者における「言論の自由」は、いい立てるものではない。日常の中で、つねに、反覆して、自分の生身に問わなければならないものだ、と。

新聞史を振り返っていえば、新聞は戦争ごとに部数を伸ばし、先の大戦では大本営発表をなぞる偽りの報道を続けた。全体からいえば、言論の自由を貫かんとする抵抗は乏しい。戦後もいつの間にか「第四権力」と呼ばれる地位に安住し、「エスタブリッシュメント・プレス(体制的新聞)」に、あるいは「私たちの側の番犬が、向う側の飼犬に」成り下がっているのではないか――。

本田の記者時代、警察署の一階廊下の隅の小部屋にあった記者クラブが、二階、三階へと追い上げられていったあたりにもジャーナリズムの衰退を見ると記している。

近年、新聞社が奔走してきたのは、紙面の充実よりも、常軌を逸した販売競争だった。

「無茶苦茶な販売政策で伸びている新聞を、すぐれた紙面で叩き落す新聞があらわれないことには、いつまでたっても日本の新聞はよくならない。そういう深い思いが、私にはある」「私は読売の先輩、同僚に対する尊敬と親愛の感情を失っていないが、業界のルールを乱してやみくもに部数獲得に突っ走る読売新聞社には嫌悪感をしか持ち合わせていない」とも記している。

全国紙が優位なのは首都圏と関西圏であって、国内全域でいえば、各地の地方紙が大きな影響力をもってきた。

本書で本田は、徳島新聞と静岡新聞の事例を取り上げているが、前者は、徹底してきめ細かく地域のニュースを取り上げることによって、後者は、専用の販売店をもたない独自の方式等によって、高いシェアを有しているとある。

　地方では到底、全国紙は地方紙に対抗しえない。とすれば、小部数しか占めない支局・通信局・販売店を維持する必要があるのか。ニュース提供は通信社に委ねれば十分ではないか。地方の通信網を整理し、その分、生じるであろう余力を紙面充実に注ぐべし、と提言している。

　そもそも全国紙は紙面のスペースに比して記者の数が多すぎる。半生を新聞社に捧げながら、全国版のトップを飾ることなく退職していく記者のほうが数としては多い。一方で、有能な記者が大切にされない。ベテラン記者に「編集委員」制度が導入されはしているが、さらに一歩進め、「専属記者制度」を設けるべし、といった提言も行っている。

　さまざまに苦言や提言を示しつつ、「あとがき」では、「改めていうまでもなく、よりよい社会を目指すには、自由で公正な新聞の存在が不可欠である。立場としても、問題意識としても、中途半端な私だが、新聞の正しい発展をねがう気持においては人後に落ちないつもりである」と記し、「新聞の未来に希望を持ち続けたい」と締め括っている。「廃兵」となってなお新聞への思いが漂う論考である。

――本書の取材と刊行は一九七〇年代半ばである。「新聞離れ」がささやかれはじめてはいたが、インターネットなどニューメディアの類は登場しておらず、新聞を取り巻く環境はまだゆとりある時代だった。いま新聞を論じるとすれば異なる色調のものになるであろうが、ジャーナリズムの中心軸を担うべきメディアの本質的な課題は、本書で示されているものが依然、同じ課題としてあり続けている。

4

『体験的新聞紙学』刊行からいえば七年後、本田はもう一冊、新聞論を書いている。読売新聞大阪社会部を取り上げた『ちょっとだけ社会面に窓をあけませんか』(潮出版社・一九八三年)である。

一九七〇年代から八〇年代、大阪読売は刮目《かつもく》に値する紙面づくりを見せた。記者たちが語り継ぐ「戦争」の長期連載、臨場感あふれる事件報道、読者との交流をはかる「窓」……。それらを書籍化した『誘拐報道』『武器輸出』『捜索報道』『ドキュメント新聞記者』『ある中学生の死』『OL殺人事件』『警官汚職』などはいまも拙宅の本棚に並んでいるが、ノンフィクション作品としても大いに刺激的だった。

本田は本書のプロローグにおいて、大阪読売を「目下、最も気に入っている新聞」

とし、こう続けている。

私は自ら読売との関係を断ち切った人間である。そこに至る経緯は拙著『体験的新聞紙学』（潮出版社・昭和五十一年十月刊）の中で縷々《るる》述べているので、ここでは繰り返さない。

口幅ったい言い方になるが、社に見切りをつけたあと、私はさばさばした気分であった。ただの一瞬も、自分のとった行動を悔いたことはなかった。ところが、大阪社会部の仕事を知ってから、私は読売新聞の東京本社だけしか見ていなかったことに気づく。

かりに、私の職場が東京本社でなしに大阪本社の社会部であったとしたら、飛び出そうとはせず、踏みとどまっていたのではなかったか――。大阪社会部の仕事は、心の片隅に追い込んで小鳥をひねり殺すように始末したはずの私の記者意識を、いつしか蘇らせていたのである。

本書の元原稿は『潮』の一九八三年一・二月号に連載されたが、南は大阪取材にべったり同行した。はじめて社会部の大部屋に入ったとき、隅に『潮』の「日本の新聞を考える」が紙バサミで吊るしてあって、読み込まれてボロボロになっていた。部の自由闊達な空気を物語っているようで、印象深く覚えている。

社会部長は黒田清。生粋の大阪人である。配下の精鋭記者たちは「黒田軍団」と呼ばれていた。

本書は「窓」にかかわる記述が多くを占めているが、後半部で、大阪における新聞史と大阪読売の歩みについてページが割かれている。

大阪は朝日・毎日の発祥の地であり、読売の大阪進出は遅れた。大阪読売新聞社が発足するのは、戦後も数年たった一九五二（昭和二十七）年のこと。社の幹部たちは東京本社からやって来たが、記者たちの多くは他社から引き抜かれた移籍組だった。府警にあってスクープを連発する事件記者も生まれていくが、「玉石混交」の寄り合い世帯が続いていく。

大卒の試験採用の第一期生として入社してきたのが黒田である。

遊軍時代、黒田は欧州各国のユースホステルを泊まり歩き、「向こう三軒ヨーロッパ」を書く。連載は好評で、東京読売も共載する。一九六〇年代、東京・大阪両社会部合同の連載がよく載った。企画者は、東京社会部の名物デスク、辻本芳雄。黒田も連載の常連執筆者の一人であったが、チームは「辻本学校」とも呼ばれた。本田も読売時代、辻本の薫陶《くんとう》を受けた一人で、退社時には〝最後の引き止め人〟となるのであるが、そのあたりのことは後章に譲りたい。

大阪読売の社会部次長を経て部長に就任した黒田は、一年間連載の「男」「女」「われわれは一体なにをしておるのか――34年目の民主主義」「日本に生まれてよかったか――35年目の愛国心」など、次々に斬新な企画を立ち上げる。

本田と黒田は同世代、ともに〝辻本門下生〟でもある。すぐに意気投合し、肝胆《かんたん》相照らす間柄となった。

新聞にとって読者との交流は意識としては常にあるものだろう。ただ、「窓」は従来の殻を打ち破るものだった。読者からの手紙を紹介しつつ、黒田が大阪弁の語りで、柔らかいざっくばらんなタッチの文を添えていく。社会面の隅に設けられた「窓」は読者の多い名物コーナーとなっていく。日曜日はほぼ二倍のスペース「大窓」となる。

ある日、堺市に住む読者から寄せられた手紙は、小学校一年生の息子を交通事故で失った母親の思いを綴ったもので、締めに、病室で息子がいまわの際に発した言葉が記されてあった。なお、この手紙にある「戦争展」とは長期連載「戦争」から派生した催しもの。戦死者・戦災犠牲者の遺品などを展示するもので、毎年、終戦記念日の前後数日、心斎橋の大丸百貨店で開かれていた。

《……去年、息子と一緒に「戦争」展を見に行ったんですよ。一昨年はまだ小さくて連れて行かなかったのですが、去年は「なんで戦争なんかするんやろ。あほやな」って感じる所があったみたいで、エラブカ仏等にお供えをしておりました。今年も一緒に行く予定だったのですが、来年は彼の写真と一緒に行こうと思います。それと弟を連れて。

「大きい車どけてちょうだい」。この言葉を私は一生忘れないでしょう。時節がらスタッフの皆様方お風邪をめしませんように。長々の乱筆乱文お許し下さいませ》

昭和五十五年も師走に入って巷があわただしくなろうとしているころ、朝、出勤してきて、「窓」への投書を整理していた黒田氏は、この手紙を取り上げて読み進むうち、どうにも涙を抑え切れなくなり、こっそり部長席を立つとトイレに向かった。

やっと読み終えて、黒田氏はその手紙を古沢公太郎編集局次長（現取締役・編集局長）の席に届ける。自席へ戻って、それとなく様子をうかがううち、古沢氏も目を真っ赤にしてトイレに立った。

便箋六枚に綴られた手紙であったが、「これは場所をかえても一字一句あまさず紹介しなければならない」──そう判断した黒田らはオピニオンページ全面を使って手紙を掲載した。かつてない反響が巻き起こった。読者からの多数の声が寄せられたのはもとより、警察、学校などから交通安全教育に役立てたいとする問い合わせなどが続き、手紙を四ページに収めたものを三十万部印刷して各方面に配布したとある。

本田は投書の主、林知里を訪ねている。たまたま読売を購読するようになり、「窓」のもつ、「読者と同じ線に立ってくれてはる」「あたたかいトーン」に引かれて愛読者となったこと、反響の大きさにびっくりしたこと、投書がきっかけで文通がはじまり泊りがけで寄せてもらうような友人ができたこと……などを本田に語っている。

「窓」においては、タブーとされがちな部落差別も他の問題と同じように取り上げられてきた。本田は「もし大阪読売に『窓』がなかったとしたら、差別問題を正面切って取り上げるのは難しかっただろうと思う。裏を返せば、『窓』があったからこそ、それが可能だったということになる」と書いている。

最初に載った手紙は、匿名希望の女性からのもので、「乱れた心で書きつづります」という書き出しではじまり、「村の子」ということで縁談が破綻したこと、結婚に夢はないが子供はほしい、でもその子が村の子の影を引きずると思うとあわれです、だれにもいえないことなので「窓」のみなさんに甘えさせていただきました……という趣旨のものだった。

この手紙を受け取った黒田は、「……この女性の涙に、どう答えればいいんでしょう。せっかく甘えられても、そんなことがあってはならない、としか言えない腹立たしさ、いらだち、むなしさ、悲しさ、情けなさ。地の塩でこの涙はぬぐえない。せめて心の塩を贈りたい」と添え書きする。「地の塩」とは「窓」に送られてくる読者からの寄金である。

その後、「匿名さんの手紙、つらい気持ちで読みました。私もいわゆる『村の子』なのです……」という「滋賀県に住む主婦N子さん」の便りが紹介される。本田はN子さんを滋賀に訪ね、「窓」に便りを寄せた事情を取材している。

投稿者に共通するのは、いつしか「窓」の読者となり、毎日目を通しているうちに、「だれもが自分にも書けそうな気がしてきて、気軽にペンをとってしまう」ことだった。「窓」は、読者と記者の、読者と読者の、共感や憤りや哀歓を共有する場としての役割を果たしていく——。

本田が大阪読売の紙面に注目したのは、長期連載「戦争」のコピーを読んでからである。やがて社会部の面々が書き手となった単行本の読者となり、読者と記者の双方からの風が吹き通るような投稿コラム欄「窓」を知っていく。

そもそも記者たちが一人称で語り継ぐ「戦争」からして従来の〝客観報道〟をはみ出すものであったが、連載から派生して「戦争展」が開かれるようになり、かつ展示会の運営を事業部ではなく社会部の部員たちが担っていく。社会部の仕事は紙面に書くばかりとはかぎらないという考え方からである。

そんな活動を知る読者から、禁じられているはずの大砲の砲身を鍛造《たんぞう》して韓国へ輸出している特殊鋼メーカーがあるという情報が寄せられ、「武器輸出」のスクープへと結びついていく——。

こういういわば手づくりの紙面が大阪読売の持ち味だった。新聞にはまだこんな紙面展開がある。その斬新さが本田の琴線に触れ、応援歌的な本の執筆を促したのだろう。

5

本田が大阪入りすると、「窓」担当の大谷昭宏が案内役を引き受けていた。大谷は長く大阪府警捜査一課を担当した事件記者である。本田からは「官房長官」と呼ばれ、近しい間柄となった。

新聞とジャーナリズム界に、本田と黒田は大きな足跡を残した。「東の本田、西の黒田」と呼ばれることもあるが、大谷の見るところ、黒田の真骨頂は、あれっと思うようなアイディアを捻り出し、チームを動かすことにあった。

朝日新聞阪神支局襲撃事件が起きたのは大谷と黒田が読売を退社して間もなくのことであったが、黒田が「いま社会部長だったら『朝日新聞』という長期連載をやるよ」といったことを大谷は覚えている。ジャーナリズムへの凶弾を決して許さないというライバル紙の連載はきっと力あるものとなったろう……。

一方、本田のそれは、あくまで一記者として市井を歩く社会部記者、一ライターとして調査報道やノンフィクション作品を書き綴っていくことにあるように、大谷には思えた。

大阪と東京で、三人はよく酒席をともにした。本田の来阪時によく出向いたのは曾根崎署の裏手にあった「あさくに」。社会部のたまり場となっていた居酒屋で、ママが病死したとき、黒田は「窓」に「飲み屋のママ、ガンに死す」を書いた。その後、いとこの女性が二代目ママを継いでいた。

深夜、あるいは明け方近くが多かったのであるが、本田は「そろそろ……ワタクシごときものでも仕事がなくはないもので……」といって姿を消していく。気配りのきいた、実はシャイな人というのが大谷の感じてきた本田像である。

『ちょっとだけ社会面に窓をあけませんか』の刊行からいえばほぼ四年後であるが、黒田と大谷は大阪読売を退社し、黒田ジャーナルを設立、『窓友新聞』(月刊)を刊行するなど新たな道を歩んでいく。黒田軍団も解体してしまう。東京読売との軋轢《あつれき》もあったけれども、大谷によればむしろ、大阪読売内での不協和音が負のベクトルに作用したという。人の世、嫉妬《しっと》もあればやっかみもある。

本書の刊行が軍団解体の引き金になったのではないか……本田は気にしていた。いまも記憶に留める、本田との一夜が大谷にはある。一度、我が家で一献やろうよ――。そんな誘いが本田からあって、杉並区井草の本田宅を訪れた日があった。

「陋屋《ろうおく》でびっくりしただろう。君を呼んだのは実はこのボロ屋を見てほしかったからなんだ。ジャーナリストとかノンフィクションライターというのはこれで十分なんだよ。僕が君にしてあげられることはたかが知れているが、これだと思うノンフィクションが書けたら持って来なさい……」

早智夫人の焼き上げた特上のステーキを平らげ、上物のブランデーをしたたかに飲んだ。本田宅を辞し、深夜、両親の住む荻窪《おぎくぼ》まで徒歩で一時間、いい気分で歩き続けた。読売を退社することを決めた夜だった。

大阪に帰り、妻に打ち明けると、「ええ？　本田さん、私には絶対辞めさせてはいけないとおっしゃっていたのよ」という。大谷本人にはそうなったさいの心構えを説き、一方で夫人には逆の布石を打っておく。本田さん、やるなぁ……と大谷は思ったものだ。

本田と黒田・大谷の交友はその後も続いていく。黒田ジャーナル時代、「マスコミ丼《どんぶり》」という場が生まれ、若い世代にジャーナリズムの灯を手渡していくが、そのことは後述したい。

本田に先立つこと四年、黒田が鬼籍に入った。六十九歳。

『窓友新聞』の最終号（二〇〇〇年八月号）に、本田は黒田を悼む文を寄せている。

訃報に接し、親を失った以上にうちひしがれた気持でおります。尊敬する黒田さんは、またとない私たちジャーナリストの鑑《かがみ》でした。黒田さんに先立たれて残念でなりません。本来であればすぐにでも大阪に駆けつけるべきところですが、小生、5月31日に大量下血、大腸がんと判明して手術を受け、いまなお入院、リハビリ中の身で失礼致します。黒田さんのご霊前に、私の心からの哀悼のしるしとして、お花を捧げてください。

魚住昭は本田と交流の深いノンフィクション作家だが、この時期、病室で本田が「自分の親父が死んだときより悲しいよ」と語ったことを覚えている。

黒田を失った大谷は、黒田ジャーナルを店仕舞いし、以降、主にテレビ界で仕事を重ねてきた。

年数を数えると、新聞記者が十九年、黒田ジャーナルが十三年、フリーランスが十八年余となる。二〇一四年夏、病を得て入院を余儀なくされ、久々、仕事を小休止した。いつの間にか黒田の享年と同じ歳になっている。ベッドに寝ていると、しきりに脳裏に浮かぶのはテレビ界ではなく記者時代の日々だった。俺はやはり新聞記者なのだ……。

人は誰も、若き日に己が生きた時間を体内に留めゆく。新聞記者出身のジャーナリストたちは、その後のジャーナリズム界での形はどうあれ、帰るべき〈故郷〉は常に新聞なのだろう。とりわけ、〈あるべき故郷〉への純度の高い思いを持ち続けたという意味で、場は変われども社会的テーマを手放さなかったという意味で、本田は終生、一社会部記者だった。

第五章　世界を歩く――『ニューヨークの日本人』

1

長崎文献社は、長崎駅前のビル内にオフィスをかまえている。キリシタン、出島、シーボルト、原爆、三菱重工長崎造船所……など、長崎の歴史と文化にかかわる書物を多数刊行している。

編集部門を差配しているのは専務取締役編集長の堀憲昭で、講談社を定年退職した後、創立者に請われ、籍を置いた。堀は長崎に生まれ、育った。残された年月、故郷の地で出版文化にかかわることも悪くない……。そう思ったのである。

大柄でがっちりした体軀の人である。東京外大時代はボート部員で、東京オリンピックの強化指定選手に選ばれた時期もあったとか。そんな往時のこぼれ話も耳にした。

　講談社への入社は一九六七（昭和四十二）年。漫画雑誌などを経て『週刊現代』に移る。異動して間もなく、編集長の名田屋昭二《なだやしょうじ》より本田靖春の連載「世界点点」の担当を命じられた。第一弾はニューヨーク。単行本としてまとめられた『ニューヨークの日本人』（講談社・一九七五年、引用は講談社文庫版による）の「まえがき」で、本田は連載のいきさつをこう記している。

　旅に出てみたいと無性に思ったのは、一年ほど前のことであった。そこへちょうど、『週刊現代』編集部からの誘いが来た。どこへ行ってもいい。何を書いてもいい。一切注文はつけない——という、まことに有難い申し出である。

　そのころの私は、フリーになってから三年半。いわゆる注文原稿に忙殺されていたところであった。

　〝登録種目〟でいうと、私の属しているのは、社会問題一般である。これは、めったやたらに間口が広い。

　人物をこなしたかと思うと、革新自治を論じ、在日朝鮮人を語り終わらないうちに、筆は官僚論に飛ぶといったあんばいで、いささか精神分裂症気味になっていた。

問題意識などというものは、蛇口をひねればたちまちほとばしる水道の水のように、おいそれとは湧いて出ない。

内的必然性の稀薄なテーマと、ときには一月の間、四本も取り組むというのは、苦痛であった。

初めのうちは、これも〝プロ・テスト〟の一つと割り切っていたが、やがて、注文の量と質が私の能力をはるかに越えるようになって来た。旅に出てみたいと思ったのはそのころである。

注文をつけないというのは、受け手として、何物にもまさる魅力であった。私は二つ返事で、この注文に飛びついた。

続いて、「気楽に書いたものだから、気楽にお読みいただきたい」と断りを入れつつ、「ただ一つ、『人間』に対する興味だけは失っていないつもりである。『人間』こそ人間にとっての永遠のテーマであろうと考える」と記している。そして、「ときに物悲しく、ときに滑稽な登場人物は、私自身の投影でもあろう」と、本田流の諧謔《かいぎゃく》でもって「まえがき」を締めている。

連載企画の発案者は名田屋である。〝切った張った〟が男性週刊誌であるが、しっかりした読み物のページをつくりたいという意図があったのだろう。堀が担当を命じられて間もなく、本田がニューヨークでの取材を終えて帰国し、それが本田との初対面だった。

ああ俺もニューヨークへ行ってみたい――。生原稿を読んで湧いた最初の感想だった。原稿の受け取り、ゲラの戻し、抜き刷りの渡しと、一回につき三度、本田宅に足を運んだ。まあ上がっていきなよ――と本田がいう。そんなひとときの雑談が楽しみともなった。

連載は五ページで、写真とともに安野光雅《あんのみつまさ》の挿絵が大きく使われ、小粋なレイアウトとなっている。まだ雑誌デザイナーが少ないころで、レイアウトは堀がした。漫画雑誌の体験が役立ってくれた。安野も無名時代であったが、「大人っぽい絵を描ける画家」ということで依頼した。連載は一九七五（昭和五十）年の新年号よりはじまり、ニューヨーク編は十二回続いている。

2

一九七〇年代半ば——。ハイテクを誇る日本製品が世界のマーケットを席巻《せっけん》し、商社やメーカーの駐在員が多数ニューヨークに滞在する時代を迎えていた。本田はまず当地での日本人の〝金満ぶり〟を取り上げている。

日本人は、いつの間にか、分不相応の贅沢《ぜいたく》に慣れてしまったのではないか。五年ぶりにニューヨークへ出掛けて行って、まず感じたのはそのことであった——。第一章の書き出しである。

大手商社の駐在員と日本料理店で昼食をともにする。ビールと水割りを飲み、刺身つきのトンカツ定食を食べて二人分で三十四ドル二十四セント。ほぼ一万円だ。

この五年前、本田は読売新聞ニューヨーク支局に勤務していたが、エリザベス嬢という現地採用の助手がいた。嬢は大富豪の娘であったが、昼食はサンドイッチ二個とコーヒーで済ませる。併せて五十セント程度。それがアメリカ人の通常の昼食代だった。

比較して二人で一万円という昼食はいかにも高い。さらにそのことをなんとも思わない感覚について、「私をひどく不安にさせる」と本田は書く。

当地における日本人の行動範囲は狭く、「日本人村」と呼ばれていた。居住者が急増して日本料理店が相次いでオープンし、日本人社会は「〝村〟から〝市〟へ」「〝一《いち》膳飯屋《ぜんめしや》〟から〝高級レストラン〟へ」格上げされつつあった。経済的地位の反映であったが、果たして人々は本当に「村」から脱し、広い世界ではばたいているのか……。それが、本書を貫く問題意識となっている。

「演歌が流れるピアノ・バー」の風景は痛切である。

かつて日本の歌が聴かれるピアノ・バーは二軒であったものが、三十軒にも増えていた。うらぶれたバーに抵抗感を覚えつつ、やがて駐在員たちはバーの扉を押すようになる。「日本人が心からくつろげるのは、日本人が寄り集まる場でしかない」。歌われるのは、涙、雨、波止場……が盛り込まれた演歌だ。私たちの体内深くに染み入った遺伝子は、そうたやすく消えるものではない。

まれに、アメリカのポピュラーをうたうものがいる。と、かならず、不快を表明するものが出てくる。

「英語はよしてくれ。英語は」

過去にピアノ・バーの常連であった私は、そうした叫びにも近い感情の吐露《とろ》に、いく度となく接した。薄暗い片隅にいて、高度経済成長と呼ばれるものの根の弱さ、そこからくる全体のあやうさ、もろさ、不安定ぶりを思ったりしたものである。

バーの片隅で駐在員たちの演歌に耳を傾けていると、「どこかうらがなしい私たちの文化的辺境性を思わないわけにはいかない」。それはよくいわれる語学力の不足からだけではあるまい。「もっと奥深く、私たちの精神的基盤の脆弱《ぜいじゃく》さに根ざしているようなのである」と記す。

もはや日本製の優秀さはあまねく認知されている。ただ、その一方で、「……日本製品の万分の一でも、私たちが独自の精神的所産を通じて、世界の文化に資することがあったか。物質面と精神面のあいだに見られる、このはなはだしい懸隔が埋まる日がくるのか、と考えると、途方もない気分に襲われるのである」とも記す。

豊かなモノと脆弱な精神――。本書は、切実な現代日本論ともなっている。

別の章では、安宿を定宿にして世界を放浪する若者たち、〝香具師《やし》〟のグループに加わった若者、ロフトを根城にするモダン・アーティストの卵などを取り上げている。共通項は、人生の「チャンス」を求めてこの街に吹き寄せられてきたこと。チャンスは近くに転がっているようでまた遠い。それでもニューヨークは「夢」を抱く人々を引き寄せる。

当地にしっかり足場を築きつつある日本人も登場する。

小田士郎は、大学の神学部を卒業、牧師として渡米するが、妻は貧民街の暮らしに馴染めずに帰国する。やがて小田は牧師を辞め、音楽マネージメントなどを経て、大手生命保険会社に入り、実績を上げる。妻子をニューヨークに呼び寄せ、トップセールスマンのクラブ「スター・クラブ」の一員ともなるが、熾烈《しれつ》な競争社会で今後も勝ち続けられるのかどうか。前途は未知である。

芦刈宏之《あしかりひろゆき》は、本田が卒業した中学校（旧制）の同級生とある。慶大医学部を卒業して渡米、レジデント（研修医）、アテンディング（医局員）、チーフ・レジデント、大学助教授……。昼夜惜しみなく働き、医学界の階段を上っていく。ガンの専門医となり、ニューヨークの名門病院でロックフェラー副大統領夫人の乳ガンの執刀陣にも加わる。敬意を払われる医師となったが、コーネル大学のフル・プロフェッサー（主任教授）になるには東洋人にはハンディがある。下を見れば切りがない。また上を見れば切りがない。かつての同級生は、成功者となりつつなお「踊り場」にいる……。

異郷の地に生きる人々の足跡を辿りながら、ニューヨークとこの街で生きる生身の日本人の光と影を描き出している。

「犯罪都市ニューヨーク」の模様も市警事件簿などから拾い出されている。治安状態は地域によって大いに異なるのであるが、強盗数でいえば、東京で一年間に起きる件数が二日足らずで起きる。窃盗などは「物の数に入らない」。ニューヨークは人種の坩堝《るつぼ》であり、犯罪の多発地帯でもある。

それでも本田は、近しい人々に、世界の街でニューヨークが一番好きだと語っている。

読売時代、特派員として本田がニューヨーク入りしたさい、七番街の中級クラスのホテルに宿を取った。すでに半ば退社を決めており、心ならずもの赴任であり、「私の心象風景はマンハッタンの初夏の陽炎《かげろう》とうらはらに灰色であった」。フロントでパスポートを提示しようとすると、初老のフロントマンにこういわれたとある。

「ノウ、パスポート。イン　ニューヨーク、マニー　アンド　スマイル、ザッツ　ＯＫ」

なんて気のきいた台詞だろう。ウィンクして見せる彼に釣り込まれて、私はニューヨークで初めての「スマイル」を浮かべていた。

「文庫版あとがき」の一節であるが、ニューヨークとは何か――に端的に答える、印象的な記述である。こうも書いている。

私は京城で生まれて中学校一年の一学期までをそこで過ごし、戦後は東京に居ついた。したがって、私には故郷といえる土地がない。裏返せば、土地に執着のない人間である。

そうした根なし草のような生まれ育ちが、世界の吹き溜まりともいうべきニューヨークにぴったりなのかも知れない。……

その後、あちこちと旅を重ねたが、ニューヨークほど心安く居心地のよい都会を私は知らない。ずば抜けて懐の深い街である。だからこそ、日本人にも日本語だけで通用する「村」づくりを平然と許しているのであろう。

私はニューヨークには短期滞在の体験しかないが、本田が「好きな街」というのはわかるような気がする。それは、カネ万能の、貧富の露《あらわ》な、治安の悪い街でありつつまた、雑多で、なんでもありの、内外に開かれた空気への体質的な同調感と解していいのだろう。

3

「世界点点」は好評で、以降、二年にわたるシリーズとなり、『裸の王国トンガ』『消えゆくオリエント急行』『サンパウロからアマゾンへ』編と続いていく。オリエント急行は作家の生島治郎との二人旅となったが、連載はずっと堀が担当している。トンガを選んだのは、本田と雑談していたさい、「トンガという島からは相撲取りも来ているよな」「行ってみましょうか」というようなことで決まったという。太平洋ポリネシアの一隅、大海原に浮かぶ小さな島々である。

トンガへの旅路には堀も同行している。東京→オーストラリア・シドニー→ニュージーランド・オークランドと乗り継ぎ、トンガ王国の首都ヌクアロファへとたどり着く。本田はしばしば、自身の英語力を「旅をするにはどうやら不便がないといった程度」と書いているが、堀によれば「きれいな発音の英語を話す人」であった。

到着して間もなく、本田の腕時計が故障したとある。困ったことになったが、杞憂《きゆう》であった。「太陽とともに起き、太陽とともに寝る」島の暮らしに時間はさほどの意味をもたないのであった。

電力の供給はごく狭い範囲に限られ、中心部から一歩外に出ると電灯はない。電話などというものも官公署など少数の施設を交換手がつなぐもので、事前に面会の約束などとりつけようもない。〝官庁街〟もただの木造平屋の建物だ。警察の留置場に人気はなく、夜になると署も空家となる。

農産物は豊かだ。椰子《やし》の実にとくに収穫期というものはなく、「成熟した順に、ポタリ、ポタリと落ちてくる」。サトイモ、ナガイモ、サツマイモなどの芋類、バナナ、マンゴー、オレンジなどの果実も自然にすくすくと育っている。大きなオレンジが「十セント」。一個と思うとひと山の値段で、「水がわり」であった。

海の幸はといえば、主たる漁法は素潜りと一本釣りという素朴な方式であるが、これまた四海に魚はごまんと泳いでいる。岸辺で、防波堤をマナ板代わりにして少女がナイフを手に黒鯛をアバウトにさばいている。切り落とされた頭部をブチ犬がくわえていく。魚をさばき終えると、腰布を巻いた少女はざぶざぶと海に入っていく。

豊かな暮らしは、豊かな心を育てる。道行く人々のだれもが、「マロレレイ」(今日は)と声をかけ合う。パランギ(外人)である私にも例外なしに。

トンガでは、時が分秒単位を刻むことはないかのようである。

寝て、食べて、ぶらぶら歩きして、喋りこんで——。私のトンガでの生活も、そのようにして始まった。

追いかけられることは、何もなかった。どこででも、快く受け入れられた。素晴らしい人たちばかりであった。これ以上、人間の社会に何が必要だというのだろう。

トンガを最後の楽園と呼ぶことに、私は少しのためらいも持たない。

本田原稿にしては珍しく、〝トンガ礼賛《らいさん》〟があちこちに見られるが、島人の暮らしぶりを読み進めていくと、それもむべなるかなと思ってしまう。

トンガ王国で発行されている新聞は、週一回発行の英字紙「トンガ・クロニクル」一紙。記者は二人で、海外ニュースは島に届く英字紙からの「拝借」であるようだ。タブロイド版全十ページで、読み終わるのに三十分もかからない。テレビはない。

朝食を食べ、アロハなど身の回りの洗濯を終えると、「私にはも早、なすべき何物も残されていない」のだった。そこで、「ぶらぶら歩き」に出かける。

島内で、また船で渡った島で出会った人々――。ちょっぴりオツムの弱いメレ嬢、相撲を愛する巨漢の王様、農林省水産部で漁業の指導にあたっている川上さん、ジェトロ（日本貿易振興会）から派遣された井上さん、井上家のお手伝いさんラビニア嬢、オカマのスキ……などが、ユーモアをまぶした筆致で登場する。

トンガには「ケレケレ」という習慣があるそうだ。自分のものは他人のもの、他人のものは自分のものという〝相互扶助〟の考え方である。井上夫人から風呂を使っていいといわれたラビニア嬢、さっそく子供や孫たちなど一族郎党を引き連れて来て、昼間から井上家の風呂場を占領してしまう……。トンガはいいところだ、トンガ人さえいなければ――井上さんはそんな思いにとらわれた時期があるという。

島々に滞在中、本田もまたメレ嬢やスキに好かれ、戸惑いや困惑を覚えることに出くわすのであるが、それらもまた島の風景に溶け込んで牧歌的だ。

ひねもすすることがない――そんな日々は、これ以前、またこれ以降も本田の人生に訪れることはなかったはずである。いささかコミカルに書いてはいるが、稀有《けう》の、短い〝桃源郷的休暇〟だったようにも思える。

単行本『裸の王国トンガ』（講談社・一九七六年）の「まえがき」で、パリと比較して、こんな一文も見える。

もし、だれかに、世界でもっとも好きなところはとたずねられたら、迷わずにトンガの名を挙げるだろう。

この南の島に、エッフェル塔はない。メトロもない。カフェ・テラスもないといえば、ほとんどのものがない、いわば非文明圏にそれは属している。しかし、文明とは、いったい何なのだろうかと考える。……トンガでの生活は、わずか一ヵ月余りであったが、私を完全に自由にしてくれた。

そこで出会った人々の一人一人を懐しく思い出しながら、〝文明〟の波がこの島に押し寄せる日が一日でも遅いことを祈らずにはいられない。

大海原に浮かぶ楽園もやがては変容していくのであろうが、読後、読者もまたそう思わずにはいられないものを覚えるのである。

4

『サンパウロからアマゾンへ』（北洋社・一九七六年）は、「漠然と〈ブラジルを見ること〉」を目的としたとある。

ブラジルは広大だ。日系人社会の拠点都市、サンパウロにしばし滞在し、アマゾン河口の町ベレンへと向かう。距離はおよそ東京―シンガポールに相当するとか。ベレンでは汎アマゾニア日伯協会の会長が迎えに来てくれた。会長に「アマゾンで、何が見たいですか？　……たとえば、ワニとか」と促されて、返答に詰まる。「しいて何を見たいかといわれれば、人々の生活が見たい」と思ったとある。

テーマは人間——は、この地においても動いていない。

以下は、本書より三年ほど後に刊行された『K２に憑《つ》かれた男たち』の「あとがき」冒頭に見られる文であるが、旅というものへの本田の立ち位置をよく示しているように思えるので、ここで紹介しておきたい。

仕事柄、旅行に出る機会が少なくないが、いわゆる名勝に足を向けることは、きわめてまれである。偶然、そこを通り掛かりでもすれば、目をやるにやぶさかではないが、風景に心を奪われた経験はない。ああ、こういうものか、といった程度で終ってしまう。古蹟についてもほぼ同様で、そこへわざわざ足を運ぶことをしない。知識を得たければ、昨今、いたれりつくせりの解説書の類が豊富に出回っている。

私の旅の楽しみは、人間観察にあるといってよい。ホテルのロビー、駅の待合室、市場の屋台、盛り場のカフェ・テラス、公園のベンチ、場末の酒場と、場所は選ばない。行き当りばったりに腰を据えて、ただ人間を眺めている。それで、まず、飽きるところがないのである。海外を歩くたび、私は自由な時間のほとんどすべてを、そのようにして過して来た。

言葉をかえると、きわめて不精な旅行者ということになるのであろう。

さてブラジルである。

蒼茫《そうぼう》たる大地と大河が織《お》り成す当地の風物、進出企業とコロニア（当地の日系人社会）の関係、アマゾン流域に暮らす旧「高拓生」たち、戦時中に起きた〝勝組テロ〟の苦い記憶、日系一世たちの望郷と里帰り、こしょう栽培に奮闘する若い農場主、日系からブラジル人へと変容する新世代……など、ブラジルにおける日系人社会の歳月を追っている。

コロニアと進出企業に触れた章では、酒場での〝武勇伝〟から〝有名人〟になった一件にも触れている。

事の起こりはサンパウロの酒場での出来事。酔っぱらった進出企業の「K重工の社長」が「日本の評論家」（本田）のいる席にやって来て、ホステスに絡《から》み、本田に手を出した。本田は冷静に応対しつつも反撃し、こんな応酬へと突き進んだとある。

彼は、いきなり、こういった。

「オレはK重工の社長だぞ。お前はたいへんなことになるぞ」

下卑た言い方だが、本当にアタマに来たのは、そのときである。今度は、こぶしで、思い切り彼の顔面をひっぱたいた。彼のかけていた眼鏡が飛んだ。……

「お前、コロニアだな、コロニアのバカだな」

「コロニアだったらいけないか？」

「ああ、いけない。コロニアはバカだ」

「K重工は、そんなに立派か？」

「ああ、立派だ」

「何が立派だ？」

「日本を代表している。それにオレたちは、金と技術を持って来た」

ウソみたいだろうが、彼はほんとうにそういった。

思いもかけぬ反応が、ママにおこった。黙ってやりとりをきいていた彼女が、突然、叫んだのである。

「あなた、コロニアをバカにしたわね」……

サンパウロのネオン街では、進出企業は大のお得意様であろうが、我慢にも限度があろう。喧嘩騒ぎが尾ひれをつけて伝わり、サンパウロの邦字新聞に載った。日系社会のなかで邦字新聞の影響力は絶大である。後日、社長はアタマを下げ、本田は本田で「血の気が多い」ことに「自己嫌悪にとりつかれる」と書くのであるが、一件を通して、進出企業の姿勢の一端とコロニアたちの複雑な心の模様が伝わってくる。

「高拓生」とは、アマゾン開拓のパイオニアを養成する目的で一九三〇（昭和五）年に創立された日本高等拓殖学校の卒業生である。

翌年、第一回卒業生がアマゾン中流の地域に入植しているが、その一人が、本田をベレンに出迎えてくれた汎アマゾニア日伯協会会長の越知栄であった。九回生まで、およそ三百人が当地に入植している。

高拓生は満洲に送り込まれた開拓農民のブラジル版ともいわれるが、性格はかなり異なる。満洲開拓民の多くが貧農層であったのに対し、高拓への受験資格は中等学校卒業者とされ、昭和初期の時代を勘案すれば、比較的ゆとりある家庭の子弟だったことである。

アマゾン流域でジュート（黄麻《おうま》）などの栽培を手がけ、成功者も現われるが、生活の窮乏、マラリア、風土病……移住者たちは一様に開拓の苦闘史を刻んでいる。越知は本田にこんな言葉を口にした。

「高拓生のことを思うと、無性に不憫《ふびん》になる。世の中に名も残さず、利も残さず、人を恨まず、不平もいわず、黙って死んで行きよる。百姓も知らない。かといって、他に何も知らない。

夢を持ってアマゾンに来て、死ぬものは死に、生きているものは、まだ夢を追っている。

無愛想で、口数が少なくて、何とか相手を歓迎しようと思っても、その方法がわからない。

無理もないんですね。十代の若さで高拓を出て、世間にまったく交わることがなく、いきなりアマゾンへやって来たのですから。

いま、私は一所懸命考えているところなんですよ。高拓生は、いったい何であったのか。彼らが残したものは、果たして何だったのだろうかと」

本田が、アマゾン流域に暮らす旧高拓生のもとを訪ねようと思ったのは、この越知の言を耳にしたことによってである。

小型機とモーター船によって奥地ワイクラッパへ向かう。目的地に到着したのは夜だった。当地に暮らす第四回生、森琢三のことを、後に本田は『文藝春秋』のエッセイ（一九七六年二月号）でも記しているが、趣き深い。

名刺を差し出して来意を告げる私に、森氏はいった。

「お客さんだというものだから、私は、また――。そう、東京からいらしたんですか」

アマゾンを訪れる人は少なくないが、ここまで足をのばす旅行者は、さすがにない。パリンチンスから、たまに、高拓生仲間が麻雀にやってくるのだが、それも近ごろは、間遠になっているということであった。

そんな話をしながら、森氏は奥の夫人に声を掛け、ランプを取り寄せた。運ばれて来たあかりに、私の名刺をかざす。

その次の瞬間である。私は自分の耳を疑った。

「ああ、あなたがそうですか。『文春』に書いておられましたね。いろいろな家系の話を。それから、三木さん（武夫首相）のこととか」

国内を取材で歩いていて、私の〝読者〟にめぐり合うことは、皆無に近い。その私が、アマゾンの奥地で、予期しない反応にぶつかった。それは、個人的な感情を越えて、まさに驚きであった。

森がワイクラッパに入植したのは一九三四（昭和九）年のこと。以来、四十余年、この地を一歩も動いていない。故郷・福岡とのかかわりは数度の文通のみで、祖国の動向は雑誌を通して得てきた。往時、船便で港町サントスに届いた雑誌類は、そこからブラジル各地に住む日系人のもとに送られていた。郵送が途絶えた戦時期を除いて、『文藝春秋』は欠かさず読んできたという。

森氏を日本につないでいるのは、月に一度の、一冊の雑誌なのである。その一ページ、一ページが、どれほど丹念にくられたことであろうか。活字の持つ意味を、改めて思わないわけにはいかなかった。

そう、活字のもつ意味を思わないではいられない挿話である。

高拓生たちの共通項に、子弟の教育に熱心だったことがある。

俳優の志村喬に似た風貌の持ち主、I氏の場合でいえば、サンタレンの自宅はもう夫婦二人の暮しとなっているが、男二人、女六人、計八人の子供がいる。

長男はサンパウロ大学工学部を卒業、日本電気の現地法人に勤務、日系女性と結婚して一児の父となっている。長女はサンパウロの看護学校を出て、ブラジル人の歯科医と結ばれ、三人の子をもうけた。次女は薬剤師でサンパウロ州の職員。三女はベレンの経理学校を卒業、会計事務所を開いている。四女は師範学校を卒業、五人の子の母となっている。五女も師範学校を卒業し、州政府の職員。六女はブラジル人医師の夫とともにカナダの医科大学に留学中。次男はサンパウロの長男の家に住み、大学進学に備えて予備校に通っている……と、子供たち全員が独立してそれぞれの道を歩いている。

本田がベレンの越知宅に招かれたさい、高拓生とは何だったのか、何を残したんだろう――と述懐する越知の言に接した。夕食に同席していた次男、ヘンリッケ・健は、「パパイ（お父さん）、ボク、ボクだよ。ボクを残したじゃないか」と応えた。「健さんは、パラ大学の医学部を卒業したあと、東京の国立がんセンターに留学し、帰国してからは、この地方におけるガン外科の最俊秀として、信望を集めている」とある。

歳月のなか、彼らが残したもっとも確かなものは子供たちであったのかもしれない――。

本田がブラジルを訪れた時期、移民史のはじまりからいえば六十数年を経ている。一世たちは老い、時代は二世・三世へ、さらに日系からブラジル人へと移行しつつあった。

本書の「あとがき」で、本田は「新しいブラジルのたしかなにない手として、日系人が着実に伸びて来ている。かつての『棄民』の暗いかげを、彼らの上に見ることは最早ない。それを知ったのは、これまた大きな収穫であった」と記している。

総じておおらかなラテン気質と書き手の嚙み合わせがよかったのだろう、本書の終章では、若い世代に向けて、狭苦しい日本を飛び出し、新天地での冒険的人生に誘《いざな》う「規格外のすすめ」を書いたりしている。

――本田の著作のなかで、紀行ノンフィクションと呼べるのはこの四作である（続編的な『新・ニューヨークの日本人』『ロサンゼルスの日本人』を加えれば六作）。概して旅行記は読者に退屈を誘うものであるが、面白く読んだ。『ニューヨークの日本人』は再読で、他の三作は初読であったが、引き込まれるものがあった。

細かい観察が行き届いていて、書き手の目線が伝わってくる。登場する人物像が浮かんできて、すーっとストーリーに入っていける。ユーモアの味があって、文明批評的な考察に共感を誘うものがある。あくまで自然な筆致なのだが、やはりプロの芸というべきものなのだろう。

旅は旅人に無形の蓄積を残していく。世界を歩くことは、本田にもう一段の視野の広がりを、気ぜわしい日々を遠ざかることで得るものを、あるいは紀行文に手を染めることで文を磨くことに益するものを――もたらしたのかもしれない。

本田の担当を続けるなかで、本田その人を堀は知っていった。一見、鷹揚《おうよう》でありながらこまやかな神経を使う。筋を重んじ、節《せつ》を曲げることは微塵もない。普段は洒脱《しゃだつ》な人でありつつ、短気で喧嘩ばやい一面もあった。

夜、四谷のスナックのカウンターに並んで座っていた折りのこと。堀と本田の話に割り込んでくる酔客がいて、それがしつこい。

うるせえな、黙れ！――といいながら本田はバンと酔客を殴った。ぶっ飛ばされた客に向かって、本田は「テキサスならば拳銃の弾だぞ！」と叫んだ。迫力に飲まれたのか、酔客はすごすごと引き下がった。

いろんな意味で、すこぶる魅力的な人でしたねぇ……。遠い日の思い出を回想しつつ、堀はそういった。

本田はこ難しい話はあまりしない人であったが、「ノンフィクションのあり方」ということが話題になる日もあった。

『サンパウロからアマゾンへ』が単行本として刊行されたのは一九七六年であるが、この年、アメリカをベトナム戦争の泥沼へと導いた、ホワイトハウスの内幕を描くデイヴィッド・ハルバースタムの『ベスト＆ブライテスト』の邦訳版が出されている。

この前後、ニュージャーナリズムと呼ばれる訳本がいくつか刊行されているが、本田にとってハルバースタムの著がもっとも心動かすものであったようだ。人物群像を書き込みつつ、背後に潜む時代的流れを見詰める視線がある。ノンフィクションはあでなくちゃいけないよね——と、本田がいったことを堀は覚えている。

ニュージャーナリズムの書き手の作風もまたそれぞれであるが、ハルバースタムはもっとも社会性の濃い作家である。あるべきアメリカ、そうであってはならないアメリカ——。ハルバースタムの全著作に通底する視座である。

本田がハルバースタムに感応したのは人と歴史を描く作品性からであろうが、それは、自身がこの世界に本格的に踏み出していかんとする気持の現れでもあったろう。

世界を旅する日々は、本田にとって新たな対象へと向かう助走、あるいは弓を引いて力を溜める時期でもあったのだろう。〝紀行四部作〟の連載の区切りがついてほぼ一年後、本田の代表作の一つ、『誘拐』が刊行される。フリーになって七年目の四十四歳。満を持しての仕事だった。

第六章　事件の全体像を――『誘拐』

1

公園の南のはずれに、このところようやく成木の風格をそなえて来た公孫樹《いちょう》があり、根元を囲んで円型にベンチが配列されている。その中の南向きの一脚が、いつの間にか、里方虎吉の指定席みたいになった。

老妻と二人暮しの虎吉にとって、公孫樹の下の日溜りほどふさわしい場所はない。彼の独り決めだと、公園は自分の屋敷なのであり、用を足すにも、いちいち公園の中の公衆便所へ出向いて行くのである。

その日の夕方も、虎吉はいつものベンチにいて、一服つけていた。終《つい》のすみかになるであろう間口一間半の店舗併用住宅は、六間幅の道路をはさんで、目と鼻の先である。

地下鉄日比谷線の入谷駅から、彼の足だとゆうに十分はかかるこの奥まった小さな靴屋に、注文客どころか修理の客もめったにこない。それでも、虎吉の視線は、自然に店番をする格好になっている。

その中へ一人の男が現れて、一瞬、客かと思わせたが、真っすぐ公園に入って来て、虎吉の前で方向をかえると、築山へと歩いて行った。

六十の声をきいてから、とみに記憶力の薄れた虎吉だが、男の顔かたちは、はっきり脳裡にとどめた。その歩き方に特徴があって、ずっと目で追っていたからである。

日曜日にあたっていた昭和三十八年三月三十一日の夕方五時から六時にかけて、東京都台東区の入谷南公園に足を踏み入れたものは、地取り担当の捜査員が作成したリストによると、学齢前の幼児を除き、三十九人となっている。

どういうものか、他のだれよりも公園を頻繁に利用する虎吉老人の名前が、そこには挙げられていない。この欠落は、何かとつまずきの多い捜査について語ろうとするとき、たいへん暗示的である。

『誘拐』（文藝春秋・一九七七年、引用は文春文庫版による）の書き出しである。

公園側《そば》で工務店を営む村越繁雄・豊子夫妻の長男、吉展《よしのぶ》ちゃん（四歳）が行方不明となった。自宅に、身代金五十万円を要求する男からの電話が入り、誘拐と判明する。身代金の受け渡し現場で犯人を取り逃がし、以降、捜査は難航する。容疑者として小原保が幾たびか浮上するが、灰色のままに時が過ぎる。最終、勾留期限ぎりぎりでアリバイを崩された小原が犯行を自供、お寺の墓地に遺棄されていた吉展ちゃんの遺体が発見されるのは事件発生から二年三ヵ月後のことだった。

「戦後最大の誘拐事件」とも呼ばれた事件の全体像を、被害者側、加害者側、捜査陣、そして世相や社会の動向にも言及して書き込んだノンフィクションが本書である。

アメリカ・カンザス州の片田舎で一家四人が殺害された事件を描いたトルーマン・カポーティの『冷血』が新潮社より邦訳出版されたのは、『誘拐』刊行の十年前である。『冷血』は「ノンフィクション・ノベル」と銘打たれたが、以降、ニュージャーナリズムと呼ばれる作品が相次いで刊行され、日本の出版界に少なからぬ刺激と影響を与えた。

ニュージャーナリズムの特徴のひとつに、目に浮かぶがごとく情景を書き込む、

「シーン」の獲得があった。エッセイ類を含め、本田がニュージャーナリズムの手法について特に言及したものは見当たらないが、『誘拐』冒頭の、静かな書き出しにその影響を垣間見るようにも思う。そして、この作品に込めた、並々ならぬ意気込みも伝わってくるのである。

事件が起きた一九六三(昭和三十八)年、本田は読売社会部の遊軍記者だった。「黄色い血」追放キャンペーンに奔走し、また翌年に迫った東京オリンピック関連の取材に駆り出されていたが、事件発生から間もなく、被害者宅周辺の聞き込みなど応援取材に加わっている。事件の主舞台となった台東・荒川地域は警察《サツ》回り時代から土地勘のある地である。本事件に取り組む動機と予備知識は十分にあった。

本書の「文庫版のためのあとがき」では、記者時代の大半を社会部記者として過ごし、事件取材にも数多くかかわりつつ、「締め切りという時間的制約」や「限りある紙面におさめなければならないというスペースからくる制約」などがあって、報道としては「燃焼し切れない思いがつのる一方であった」とし、こう続けている。

それやこれやで、結局、フリーの道を選ぶのだが、再出発にあたって自分に課した宿題が、時間にとらわれずに納得が行くまで取材を尽くし、そうして得たファクトをたっぷりしたスペースの中で丹念に積み上げて、一つの事件の全体像を描いてみたい、ということであった。

しかし、フリーにはフリーなりの制約があって、私の方法論を実地に移す機会はなかなかやってこなかった。

本田にとって、本作は満を持した仕事であったが、「機会」は、担当編集者との出会いがあって訪れた。文庫版「あとがき」にはこんな一文も見える。

退社から五年を経た昭和五十一年の春に、文藝春秋編集部の中井勝氏との出会いがなかったら、この作品は生まれていない。別の何かはあったとしても。

中井は当時、三十代半ば。『週刊文春』『文學界』『別冊文藝春秋』などを経て、この年『文藝春秋』編集部に移るが、温めていた企画があった。『冷血』に匹敵するような作品を扱いたい……対象は「吉展ちゃん事件」……書き手は本田靖春さん……。情報ルートの蓄積もあった。小原自供時の警視庁捜査一課長をつとめたのは津田武徳であるが、『週刊文春』時代に「この人と一週間」で面識を得、信頼関係をつくっていた。

控訴審で小原保の死刑が確定、刑が執行されて後であるが、国選弁護人をつとめた弁護士より、「何かのお役に立つようでしたら」と、供述調書、参考人調書、実況見分調書などを預かっていた。調書類を積み重ねると、四十センチほどにも達した。

事件の全体像を描いてみたいと思っていた書き手と、準備を図っていた編集者が出会ったのである。

2

スタートするに当たって、中井は二つ、条件をつけた。一つは、取材記者に頼らず、取材の全過程を本田一人が担うこと。もう一つは、この仕事に専心すること、である。後者はフリーランスにとって厳しいが、本田の決意は固く、いずれも承諾した。

取材はじめに、二人がまず訪れたのは、村越宅である。二階の仏間で線香をあげさせてもらい、このような悲劇的事件を二度と起こさないための一助としたいと話を切り出した。二人の申し出を村越家の人々は諒《りょう》としてくれた。

原稿が仕上ったのは一年三ヵ月後である。さまざまに困難はあったが、なんとかゴールへとたどり着いた。執筆の終盤、中井は本田を、熱海にあった文春の社員寮に閉じ込めた。元は二代目社長・佐佐木茂索《もさく》の別荘であったが、社員寮として譲り受け、時に作家たちの〝カンヅメ部屋〟として使っていた。

本田からの連絡を受け、東京駅構内のレストラン・精養軒《せいようけん》で落ち合った。まずはビールで乾杯したのであるが、本田の顔が、首筋からプァーと赤味を帯びて染まっていったことを覚えている。ああ、寮では禁酒されていたんだ……と中井は思った。

本田と別れると、中井は原稿を抱え、タクシーで社に戻った。生原稿が「流れるように」読めていく。期待通りの、いやそれ以上の出来だった。第一章「発端」第一節のラスト、入谷南公園で水鉄砲遊びをしていた吉展ちゃんが小原と出会うシーンに差しかかると、ふっと思い出していた。ここはこう書きたい……と、本田から耳にしていたからである。

そのとき、背後で、吉展に話しかける男の声がした。

「坊や、何してんだい？」

夜鳴きそばの売子、屋台引きの男、ベンチで仰向けに寝そべっていた失業者、そば屋に勤める若い男女……公園に姿をとどめた人々に触れつつ、本田は「一人がひきずる人生を一本の糸として、下町の小公園の一時間が紡ぎ出した人間模様も、当然のこと、時代の色調を織りなしているはずのものである」と書いている。

この時期、日本社会は「一つの変り目」を迎えようとしていた。

急速に払拭《ふっしょく》されて来た「戦後」に、はっきりした線引をつける意味合をこめて、官民の手で東京に誘致されたオリンピック大会の開会式は、翌三十九年十月十日に迫っていた。

他方、工業優先の日陰に取り残されるようになった農村の人たちは、実りの少ない耕作に見切りをつけて、底辺の労働力としての都市集中を始める。田畑を完全に捨て切れない農民は、季節労働を現金収入の道に選んだ。

神宮外苑に輪郭をあらわして来たメインスタジアムを筆頭とするオリンピック関連工事は、主として、これら出稼ぎ農民の手で下から支えられていたのである。

入谷から直線で一キロの距離にある山谷の簡易旅館街は、彼らの主要な生活の拠点となって、憩《いこい》がピースに、焼酎がビールにかわるという、いわゆるオリンピック景気にわいていた。

しかし、郷里に放置された彼らの妻子から見る社会は、まだ冬の季節であった。

本田と小原保は同じ一九三三（昭和八）年の生まれである。少年期に、戦争と戦後の混乱をくぐりぬけた。「育った土地も環境も異にするが、あの暗く異常だった時代を分け合っている」ことが「事件の背景を理解する上でかならず役立つであろう」とも記している。

小原は、福島県石川郡旧母畑《ぼばた》村（現石川町）に狭い田畑をもつ農家の五男である。生家は法昌段と呼ばれる集落にあって、その生家はこのように描写されている。

小原家は急斜面を削りとったわずかばかりのところにうずくまるようにして建ち、屋根を間道の南側に沈みこませている。そして北側が、いまにもそれを押し潰そうとする格好でのしかかる裏山である。そこからの連想は、重い荷を背負って立ち上ろうとしたものの、ついにしゃがみこんでしまった運搬人か何かの姿につながって行く。

文庫版「あとがき」に、こんな一節が見える。

小原保の遺族にはとうとう会えずじまいであった。取材拒否は残されたものの当然の心情であろう。私も人の子であってみれば、拒絶されて帰る何度目かの法昌段の山道で独り行き暮れたときのように、何と因果な仕事を、と思いがちである。

困難な取材行に立ち往生しつつ、小原を知る同級生、担任の教員、村の古老、仕事仲間、関係者らを訪ね歩く。「暗いかげのある」「盗癖のある」「優しいところもあって……」などの証言を得、調書類での記述を織り交ぜつつ人物像を浮き彫りにしていく。

小学四年生時、太平洋戦争がはじまった翌年であるが、小原の人生に負荷を強いる出来事が起きる。右足のあかぎれが悪化し、骨髄炎から股関節炎へと進行し、歩けなくなる。手術とリハビリによって回復はしたものの完治には至らず、歩行障害が残った。以降、長期欠席児童となる。

戦後、身体障害者職業訓練所の時計科で技能を習得した小原は、石川町の、ついで仙台にある時計店の住み込み職人となり、以降、時計修理の仕事に携わっていく。福島県内の時計店で窃盗を働き、有罪判決を受けて服役もしている。「動かぬ証拠となったのは、犯行当夜、彼が雪の上に印した、不規則な足跡である」とある。

東京に出た小原は、上野御徒町《おかちまち》の時計店で修理と販売に携わるが、勤めは長続きしない。

関係者のなかでは、犯行時、小原と半ば同棲関係にあった飲み屋「清香」の女将・成田キヨ子の姿が濃い印象を残す。年齢は小原より十歳上である。

薄幸の身の上で、小学校も満足に行けず、字が読めなかった。ただ一人の肉親だった兄がフィリピンで戦死し、天涯孤独の身の上となる。キヨ子は置屋の芸者となるが、以降、病身ながら水商売の世界で生きていく。流転を経て、ようやく荒川一丁目に飲み屋「清香」を出す。

底辺に生み落された女児が、王子電車の三ノ輪橋《みのわばし》終点に近く、踏切の点綴音《てんていおん》が伝わってくる密集地の路地裏に、間口一間の城を構えるのに、四十年の歳月を要したのである。

事件前、キヨ子は小原に請われて、幾度も金を貸し、あるいは保証人になったりもしている。

小原は同業者などから借金を重ね、返済に迫られていた。故郷・石川町で金策を企図し、自宅周辺をうろつき回るも、成しえないままに断念する。当地では近隣の土蔵や藁《わら》くずに潜り込んで寝泊まりをしていた。東京への帰路の車中、子供を誘拐して身代金を奪おうと思い立つ。ヒントとなったのは、黒澤明監督の映画『天国と地獄』の予告編だった……。

3

捜査の初動時から終結時まで、登場する刑事がいる。捜査一課第三係の部屋長（部長刑事の長、その後警部補）、堀隆次である。愛称・堀長。一九〇八（明治四十一）年生まれ。富山の農家に育ち、警察人生のほとんどを一課で過ごしてきた。吉展ちゃん事件が起きた時期、五十七歳の定年が近づいていた。堀の人物風景を、本田はこんな風に書いている。

この家（村越家）の人々に、もっとも溶けこんでいるのは、殺人専門の部長刑事というより、田舎の小学校教師の方が似合いそうな、温顔の堀である。額に深い横じわを五本ばかり刻み、頭のゴマ塩を丁寧に七三に分け、心持ち背中を丸め、細い目をなおのこと細めて、噛んで含めるような物言いをする彼は、豊子にとっても、心安い相手である。

凶悪犯罪に数多くかかわってきた堀は、ふと重い感慨をもらすこともあった。

畢竟《ひっきょう》、人間というやつは、他のだれかを圧迫しないことには生きられない存在なのであって、犯罪者というのは、社会的に追いつめられてしまった弱者の代名詞ではないのか。

捜査一課で三十年を費して、堀が得たものはといえば、そういう考え方であった。彼には、正直にいって、ちょっとした悔いもある。

「百姓の息子は百姓の息子らしく、おとなしく百姓をやっていた方がよかったのかも知れません。こういう世界に入って、私は人間というものを知った。見なくてもいい面ばかりを通してね」

捜査はつまずく。事件が起きて八日目の四月七日午前一時過ぎ、誘拐犯から村越家に電話があった。五十万円を持参し、自宅からほど近い「品川自動車」横に駐車している前から三台目の車（ライトバン）の荷台に置け、目印に吉展ちゃんの靴を置いておく、というものだった。

それまで同一人からの電話が幾度かあり、新橋の馬券売り場、地下鉄・入谷駅の入口、上野駅前の電話ボックス……と、受け渡し場所を指示してきたが、姿は現わさなかった。今度は本当らしく思われた。

豊子が急いで従業員の運転する車で家を出る。捜査員一人が身を潜めつつ同乗し、残り五人の捜査員が、ばらばらに駆け足で品川自動車へと向かう。が、五人の到着が遅れ、犯人を取り逃がす。指示命令が曖昧で、現場では「空白の三分間」が生じていた。紙幣の番号を控えることも怠っていた。失態であった。この夜、堀は自宅に帰っていて現地捜査陣には加わっていない。

警察は自身の失態を、豊子が指示通りに動かなかったからと、責任転嫁したりもした。堀は豊子の憤《いきどお》りを受け止め、「うん、今度のことは謙虚に反省すべきだな。私も警視庁の一人として、申しわけなく思う」と答えている。

逆探知はされていなかったが、電話の音声は録音されていた。この録音機も、警察ではなく村越家が設置しておいたものだった。

「もしもし、もしもし」

「あの、村越さん？　あのね」

「はい、そうです」

「あのね、いま金持って来てくれねえか」

「えッ？」

「金持って来い」

「ええ持って行きます」

「お母さん一人でね」

「はい」

「あと、よその人は、あの、来ちゃ駄目だからね」

「はい」

「それでね」

「はい」

「場所はね、おたくさんとこ真っすぐくるとね」

「はい」

「ええ、あの、昭和通りの方へ向って来ますね」

「はい、昭和通りを向って行くと——ええ」

「うう、突き当りに品川《すながわ》自動車っていうのがあるからね」

「品川自動車ですか？」

「品川《すながわ》自動車」

「ええ、品川自動車ね、はい」

警察は公開捜査に踏み切り、東北訛《なま》りの「声」はラジオでも流れた。複数の情報が寄せられ、小原が捜査線上に浮かぶ。小原の身内の、弟からの通報もあった。ただ、声の主は四、五十代の男と思われる（小原は当時三十歳）、足が不自由な小原に身代金奪取のさいの敏捷《びんしょう》な立ち回りは無理、一応のアリバイがある……など否定的な見方も強かった。堀の見立ても、途中までは「シロ」に傾いていた。その後、小原は容疑者として再浮上し、別件逮捕されるが、処分保留で釈放されている。「グレー」のままに月日は過ぎていく。最終的に事件の解決に手腕を発揮したのは別の刑事であって堀ではない。ただ、本田は〝ヒーロー刑事〟と同じ比重で、この老刑事を書き込んでいる。そこに、本田の視野と価値観を見るように思う。そのことがまた、作品に深みと奥行きを付与している。

本書において本田は、村越家の人々が蒙《こうむ》った、事件に付随するもろもろの受難についても記している。善意の励ましや慰めの手紙を寄せる人々がいた。同じように、「極限にまで打ちひしがれている人間を、それこそ水に落ちた犬でも叩くようにして、さらに打ちのめそうとするいわれのない憎悪の持主が、社会には少なからず潜んでいる」のであった。

水鉄砲を持った吉展ちゃんが公園の手洗い場から消えたことを知った匿名の手紙は、「公共の水を手前勝手に使うから、そういう目にあうのだ」と結ばれていた。

吉展ちゃんはおれが預かっている、追って連絡するから、百万円用意しておけ

——。

そんないたずら電話の類が、繰り返しかかってきた。事件発生からほどなく、閣議で、脅迫者をつきとめるための逆探知は通信の秘密をおかすことにならないという見解が了承される。「鬱憤《うっぷん》晴らし」ということで、計十一回もの電話をかけてきた二十三歳の男が「逆探知による逮捕第一号」者となっている。

易者、占い師、拝み屋、狂信的な信心家の類も家族を悩ませた。新潟県の十日町に無縁仏があって、これがたたっている——。

吉展の祖母すぎは、そのことを信じたわけではないが、孫の命がかかわっているが故に、放置しておくといつまでも心にひっかかりとなって残る。夜行列車で新潟に向かい、降り積もる雪の中、いわれた無縁仏をたずねて歩いた。

本田は憤りを込めて、次のような文章を綴っている。

この種の脅迫者は、自分を特定されない空間に置き、受動的な立場をしか選べない相手を、思いのままにいたぶる。闇の中の存在である彼は、そういうとき、普段は決してあらわさない奥深くひそめた残忍さを、海中の発光虫のように、隠微に解放させているに違いない。

嗜虐《しぎやく》的な快感を覚える卑劣漢はいつの世にもいる。病んでいるといえばいつの世も病んでいるのだろう。事件はもう半世紀余も前のことであるが、近年の〝ネット社会〟という匿名社会の進行は、〝病みの度合〟をさらに増幅させているように思える。

4

身代金を奪った小原保は、「落ちた容器から床一面に飛び散ったインクを拭きまわる、あのせわしさに似て」、借金返済に歩いている。五十万円はいまに換算すれば五百万円程度であろうから、身代金の要求額とすればさほどの額ではない。密輸品の時計でひと儲けしたというのが周りへの口上であった。鬼畜の行為をさておいていえば、いじましく、切ないような犯人像が浮かんでくる。

「清香」での小原は、以前の陽気な「オーさん」であり、成田キヨ子への寝物語に、小さな店を持つ夢を語ったりもした。けれども、キヨ子は、憂色濃い小原にも接している。店の二階にある部屋で、「畳に仰向けになった保が、その気配にも気づかないように、天井を見つめて物思いにふけっている」のである。また、肉体の交渉もまるで求めなくなっていた。

小原はキヨ子を連れて、故郷の石川町に一時帰郷している。父・末八の病気見舞いとキヨ子の顔見せを兼ねて、である。

保はふせっている末八に、何枚かの一万円札をにぎらせ、鞄から取り出したトランジスタ・ラジオを贈った。

取り巻いた家族たちは、つい一カ月半前、昼間は竹藪に身をひそめ、夜は藁《わら》ぼっちに寝て、ついに彼らのもとに立ち寄ることが出来ず、浮浪者の姿で引き揚げて行った保を知らない。

家族に囲まれていちだんと多弁になった保は、新品のトランジスタ・ラジオのスイッチを入れ、使用法をだれにともなく解説しながら、周波数をさぐっていたが、雑音の中から輪郭のはっきりした音声を拾い上げた瞬間、彼の饒舌はとまった。それは誘拐犯人の声であった。

母親のトヨがいった。

「東京にはわるい人間がいるもんだ」

鬼気迫る記述である。

事件から二年、下谷《したや》北署に置かれていた捜査本部は解散し、捜査は堀ら四人の専従捜査員による「FBI方式」へと移行する。迷宮入りもささやかれはじめた。新しい捜査一課長に津田武徳が就任した。ノンキャリアながら警備畑を歩んできた人物で、本庁の管理官時、東京オリンピックの警備計画も立案している。刑事捜査にはシロウトであるが、「消えない容疑者」小原への三度目の捜査を指示した。

小原への再捜査の情報をキャッチした文化放送は、秘匿していた小原へのインタビューの録音テープを公開する。堀が小原＝クロを確信するのはこの音声を耳にしたときである。堀は文化放送の社報に、「それまで声が似ていないからといっていた刑事さえ『自分たちがいままでいっていたことが、こわくなった』といい出す始末でした」とする一文を寄せている。

津田は、新しい目で事件を見られる捜査員を投入するとし、捜査陣のチーフ、捜査一課長代理に武藤三男を、また捜査員の一人に第六係の部屋長、平塚八兵衛を指名した。

平塚は帝銀事件、小平事件、片岡仁左衛門一家殺し、下山事件、BOACスチュワーデス殺し……など、戦後に起きた数多くの難事件を手掛けた辣腕《らつわん》刑事で、「平塚の前に平塚なく、平塚の後に平塚なし」ともいわれた。別名「落しの八兵衛」。

平塚は小原を「本ボシ」と見込んだ。生来、向う気の強い男である。会議の席で、膨大な捜査書類を横目に、「堀さん、小原はどうしてホシに出来なかったんだい？こんな書類じゃ、おれにはよくわからない。いきさつを、あんたの口からくわしくきかしてもらいましょうか」とまくしたてた。

サツ用語でいう「ケツを洗う」作業、成田キヨ子など関係者への直当《じか》りを行い、小原の石川町でのアリバイを洗い直す。結果、誘拐時、小原が郷里にいたという供述を裏付けるものは前日までしかないこと、身代金が奪われた日の深夜の時間帯に「清香」に不在だったことも突き止めていく。

新しい材料を得て、平塚は強制捜査に踏み切るよう具申するが、合同捜査会議は紛糾した。新材料を得たとはいえ物証ではない。この時期、小原は窃盗罪および執行猶予取り消しで前橋刑務所に服役中だった。

任意の取り調べとなったが、三度目の調べに対し、新聞には「人権問題」という文字も現れはじめた。各紙の見解も分かれ、朝日はシロに、毎日・読売はクロに傾いていた。

もはや別件逮捕はできない、本件逮捕するには小原が所持していた金と身代金を結びつけるかけ橋がほしい、橋がかからないと取り調べの続行は無理だ――。合同捜査会議で〝正論〟を述べる刑事部ナンバーツー、参事官の平瀬敏夫に対し、平塚はこう発言したとある。

かっときた平塚は、語調をかえた。

「折角ここまで来たのに、前橋へ返しちまうとは何事だ。小原の人権、小原の人権というが、吉展ちゃんの人権はどうなるんだい？」

話しているうちに、われを忘れたのであろう、平塚はとんでもない科白を吐いた。

「いいか、耳の穴をかっぽじって、よくきけ」

いわれた平瀬は、顔面を蒼白にした。

「平塚君、いまの言葉は私が預っておく」

と槙野（勇、刑事部長）が中に入らなかったら、会議がどのような展開を見せていたか、予想もつかない。

勾留期限の切れる日、平塚は小原に新材料をぶつけ、勝負に出た。

小原が帰省中、土蔵で食べたというしみ餅などなかった、そもそも土蔵の鍵はかからなくなっていた、姿を見たという腰曲がりの婆さんの腰は曲がっていない、寝床にして潜り込んだという藁《わら》は片付けられていてもうなかった……。

平塚が声をあげるたびに、汗のしずくが床に落ちる。膝の上で握りしめた保の両の拳が、小刻みに震え始めた。

「お前は四月三日まで福島にいたというけど、おれの調べじゃ、三月三十日までしかいねえ。お前がいうのが嘘か、おれのいうのが嘘か、はっきりさせようじゃないか。なあ、小原」

保の震えは、拳から腕を伝って、肩先へと上って行った。望月（晶次、部長刑事）が見ていると、首筋のあたりが、たちまち鳥肌にかわった。

沈黙のあと、保の口が微かに動いた。だが、言葉は聞き取れない。

「なんだ。はっきりいえっ」

「嘘だ」

やっと絞り出した、かすれ声であった。

「どっちが嘘なんだ？」

「おれの方が嘘だ」

その日、小原は全面自供した。翌々日の未明、荒川区南千住にある円通寺の墓地内に、誘拐日当夜に絞殺された吉展ちゃんの、半ば白骨化した遺体が発見される。村越家にそのことを告げる辛い役目は堀にゆだねられた。

これ以前、吉展ちゃんの生存が絶望と見られて以降も、堀は家族から安否を問われるたびに「安心して任せて下さい」と答えてきた。それ以外の見通しを口にすることができなかったからだ。だがもう、目の前に明白なる事実がある。

正直にいって、二年三カ月にもわたる捜査の進展によって、私はすでに村越家のだれかれとも、親戚以上の親しみを持ち合う仲になっていた。

だれが、どんな物のいい方をするか、どんなときに泣くか、どんな考え方を持つか、そのすべてがソラで解るほどである。ことに母親の豊子さんは、なにごとでも私に相談してくれた。もう豊子さんの目の色を見ただけで、なにをいおうとしているかが、解るぐらいになっていた。

それだからこそ、本部は私にこの役目をいいつけたのである。まったく適任である。いや、適任を通り越して、こういうのを残酷というのだろう。

しかし、私も警察官である。この役目は果たさなければならない。いや、私がやらなければ、だれがやるのか。私は思い切ってダイヤルを回した。警視庁を離れた公衆電話からである。雨が降っていて、それがよけいに私の心を暗くした。

（中略）

女の人たちの泣く声が、電話の向うから爆発的に聞えてきた。

5

終章「遺書」では、別人となったごとく、模範囚として過ごした小原の日々が綴られている。獄中で小原は短歌を学び、短歌会の会誌『土偶』に「福島誠一」というペンネームで投稿し、幾度も採用されている。

【朝あさを籠の小鳥と起き競べ誦経しづかに処刑待つ日々】

本書には小原が『土偶』によせた二十首余が紹介されているが、並々ならぬ歌心の持ち主であったことが伝わってくる。「成育期の保に、もし、人並みの条件が与えられていたら、もっと違った人生がひらけていたのではなかったか」という本田の感慨に連なる思いに誘われるのである。

処刑の日、府中で起きた三億円事件特別捜査本部にいた平塚は、宮城刑務所の看守よりの電話で、「真人間になって死んで行きます」という小原の遺言を受け取った。本書のラストを本田はこう締め括っている。

一日、平塚は保の墓参りに出掛けた。生家の裏山に「小原家之墓」はある。だが、保が眠るのは、そのかたわらの、土盛りの下であった。

花と線香を上げて、胸をつかれた平塚は、手を合わせることを忘れていた。そして、短く叫んだ。

「落したのはおれだけど、裁いたのはおれじゃない」

後年、本田が病床にあった時期であるが、訪れた編集者との間で『誘拐』が話題に上ったさい、本田が小原についてこう口にしたことを編集者は覚えている。

——もし、少年期に足を悪くすることがなければ、もし、きちんとした教育を受けることができていたら、あのような事件を起こさずにすんだかもね、と。

『誘拐』以降、事件を扱ったノンフィクション、ノンフィクション・ノベル、小説……は数多く現われた。いくつかの作品を読んできたが、かくもずしりとくる、確かな重量感が残り続けた作品には出会っていない。

書き手の視線は、被害者、加害者、捜査陣、世間のそれぞれに複眼的に注がれている。文中の所々、調書類からの引用がなされているが、可能なかぎり直接取材を重ねた足跡が伝わってくる。全編にわたって文体のゆるみは微塵もない。読後、伝播《でんぱ》してくる量感は、おそらく書き手の〈全体像〉を描くという確固とした意思と、〈人間〉を見詰める柔らかい視線に由来しているのだろう。

雑誌原稿として執筆された元原稿は、一九七七（昭和五十二）年六・七・八月号の『文藝春秋』に掲載され、この年の文藝春秋読者賞が、また刊行された単行本には講談社出版文化賞が贈られている。

中井勝は後年、『別冊文藝春秋』『オール讀物』『文藝春秋』の編集長を歴任したが、一方で戦史の研究家となり、森史朗という筆名で『敷島隊の五人　海軍大尉関行男の生涯』『運命の夜明け　真珠湾攻撃全真相』『勇者の海　空母瑞鶴《ずいかく》の生涯』などを著している。

若き日、本田と取り組んだ仕事の記憶はいまも鮮明だ。

吉村昭、松本清張、城山三郎、井上ひさし、五味川純平、田辺聖子、山崎豊子……交流を深めた作家たちであるが、作家のもつ文体には固有の音色のごときものがある。本田の場合、あくまで事実をきちんと積み上げていくジャーナリストの作法を貫いた人であったが、同時に、行間から自然と情緒的なるものが匂い立ってくる。本来的なものでいえば、天性の作家だったのではないか――本田および『誘拐』にかかわってよぎる思いである。

『誘拐』は、テレビ朝日でドラマ化された（土曜ワイド劇場／戦後最大の誘拐・吉展ちゃん事件）。当初、「内容が暗い」ということで企画は流れかけ、テレビ嫌いの本田は嫌気が差して打ち切りを口にしたりするのであるが、脚本家で作家の向田邦子が、担当者ではなかったものの随分と肩入れし、主演の小原保役にフォーク歌手の泉谷しげるを推薦したりした。

向田が肩入れしたのは、本書に尋常ならざるものを、また書き手の本田に何事かを感じていたからなのだろう。ドラマが放映されたのが一九七九（昭和五十四）年。高視聴率を記録し、ギャラクシー賞・芸術祭優秀賞などを受賞している。監督をつとめたのは本田の中学（旧制）の同級生、恩地日出夫《おんちひでお》である。

「文庫版のためのあとがき」で本田は、放映のあと恩地らが村越家に挨拶に出向いた際、遺族より「『私たちは被害者の憎しみでしか事件を見てこなかったが、これで犯人の側にもかわいそうな事情があったことを理解出来た』という趣旨の感想を述べられたと聞き、原作者としてたいへんありがたく、やっと救われた気持になった」と記している。

向田が『花の名前』などを収めた短編集で直木賞を受賞するのが翌一九八〇（昭和五十五）年、台湾での航空機事故で亡くなるのが翌々年である。

向田が亡くなって間もなく、『別冊文藝春秋』（一九八一年秋季号）に、本田は「向田さんのこと」と題する追悼の一文を寄せている。彼女との短い交流を記し、六本木のジャズの生演奏を聴かせる店で向田からこういわれたと書いている。

「なんですか本田さん。いままで知らなかったけど、あなたは私より三つも弟じゃないですか。姉として申し上げますけどね、あなたそのまま行くと、ただの拗《す》ね者になりますよ。あれがいけない、これがいやだなんていわず、いまは黙ってどんどん書きなさい。そういうことだって大切なんですよ。いいですか。ここで約束をなさい」

夜明けのお説教は身に滲みた。私が生涯で初めて持った姉は、それからどんどん書いて、あっけなく逝ってしまった。

本田は以降、「拗ね者」という言葉を好んで口にするようになった。もちろんそれは、本田流の諧謔的《かいぎゃく》言い回しであって、秘めたる自負と矜持《きょうじ》を込めた、そしていささかのペーソスを含み持つ言葉として、である。テレビドラマ化は、小さな置き土産というべきか、新たな〝本田語録〟を一つ残した。

第Ⅱ部

フリー時代の本田靖春

第七章　負の歴史を問う——『私戦』

1

『私戦』が潮出版社より刊行されたのは一九七八（昭和五十三）年である。月刊『潮』誌上に「ドキュメント　私戦・第一部」が載ったのが七七年十一月号で、以下、「第二部」十二月号、「第三部」七八年一月号、「完結編」二月号と続き、一冊にまとめられた。

単行本とすれば『誘拐』刊行の翌年であり、本田にとっては、もうひとつ、社会を揺り動かした事件をトータルに描き出さんとした意欲作であった。

一九六八（昭和四十三）年二月、静岡・清水市内のキャバレーで、暴力団・稲川組構成員の曾我幸夫、準構成員の大森靖司がライフルで撃ち殺された。撃ったのは、在日韓国人二世の金嬉老。現場から逃れた金は、大井川上流にある峡谷の温泉地、寸又《すまた》峡《きょう》の旅館「ふじみ屋」に立てこもる。大量のライフル弾とダイナマイトで武装した金は、経営者一家と宿泊客を人質に、〈私的な戦い〉を挑む。逮捕されるまでの四日間、警察やマスコミを巻き込んだ攻防と騒動が続いた。

本書の文庫版は講談社より刊行（一九八二年）されているが、「文庫版のためのあとがき」の冒頭で、本田はこう記している。

この事件が持ち上がったとき、私は新聞社の東京本社にいて、現地へ派遣されたいわゆる事件記者たちから電話で送られてくる原稿を受けながら、大いに不満であった。なぜなら、そのどれもが事件原稿の域を一歩も出ていなかったからである。

事件記者の日常は、「夜討ち・朝駆け」が物語っているように、犯人を追う捜査員とのたゆみのない接触の繰り返しである。そのこと自体は取材活動の基本として、当然、認められてよいが、そこから生じる弊害を見落とすわけには行かない。

捜査員との密着は、知らず知らずのうちに、警察との一体感を育てて行く。その結果、時として事件原稿は、警察的な見方の反映として現れるのである。金嬉老事件に関する一連の報道が、まさにそれであった。これを日本の社会が抱え込んでいる差別問題とのからみでとらえないことには、その本質が読者に伝わらない、という私の主張は、殺人犯を擁護するものであるとして、職場でかき消されてしまった。

殺人、監禁、爆発物取締罰則違反等に問われた金は、静岡地裁で無期懲役の判決を下される。控訴・上告は棄却され、刑は確定して金は服役した。罪状は明白であったが、事件をどう受け止め、なにを汲み取るべきなのか……。困惑と戸惑いを伴った特異な事件として波紋はその後も残り続けた。本書は、事件の全貌を描きつつ、その意味するものを探ったノンフィクションである。

『潮』編集部で担当した南晋三によれば、連載の企画は本田の発案であったという。在日の問題は、本田の〈故郷〉にもかかわる「内在的なテーマ」である。事件から九年――。本田のなかで本書は、いつか書かねばならないテーマであったのだろう。

時評コラム「時代を視る眼」(『現代』一九九一年六月号)で、本田は本書に触れているが、「(読売を)辞めるにあたって、はっきりしたテーマを二つ持っていた。その一つが金嬉老事件であった」と書いている。もう一つの具体名はあげていないが、後に『不当逮捕』として結実する仕事であったのだろう。

「文庫版のためのあとがき」では「本稿の執筆にあたって、金嬉老公判対策委員会と弁護団の刊行物に負うところがきわめて大であった」とし、委員会編の『金嬉老の法廷陳述』（三一書房）などが引用されているが、金の家族や周辺、警察官、人質たち、マスコミ人への取材が盛り込まれ、臨場感に満ちたドキュメントとなっている。

第一章「引金」は、清水のネオン街にあるキャバレー「みんくす」での出来事から書きはじめられている（以下、引用は講談社文庫版による）。

事件が起きる以前、「彼」は二度ほど店に現れていて、カネ離れのいい客としてママの淳子は記憶していた。二月二十日夜、「彼は、自分が招待したらしい三人連れと、ロイヤル・ボックスの十四番テーブルにいて、姿を見せない淳子に、二度、催促の伝言を寄越した」とある。八時頃、「彼」はちょっと用事があるといって店の外に出るが、ほどなく戻ってくる。手に、ゴルフ道具のような「布製の長い袋」をさげていた。間もなく、「ロイヤル・ボックスの方角で、何かが爆《は》ぜるように連続音が起こった」……。

それが事件の幕開けであった。

「彼」＝金嬉老は、一九二八（昭和三）年、清水で生まれ、育った。幼年期、父（権命述）は、波止場での積荷下しの作業中、落下物の下敷きになって亡くなる。母（朴得淑）は、極貧のなかで子供たちを育てる。金嬉老六歳のとき、母は再婚するが、母へ寄せる思いが深かった分、継父（金鐘錫）への反発が強く、それが非行へと走らせたとある。

少年期を過ごした昭和十年代、植民地・朝鮮への露《あら》わな蔑視が見られた時代で、金もまた苛《いじ》めや嫌がらせは日常的に受けていた。少年の憧れは、郷里の生んだ侠客、清水次郎長。敗戦時は少年院に入っていて、玉音放送をポロポロと涙を流して聞いていたとある。

警察記録に残る金のはじめての犯罪歴は、戦後間もない十七歳時の詐欺罪で、以降、窃盗、詐欺、横領、脅迫、銃刀法違反、傷害、強盗……と、犯罪歴が重なっている。

強盗とは、「留置場仲間」と横浜で起こしたタクシー強盗である。留置場仲間が旧陸軍の拳銃を運転手に突きつけ、金が車を運転して元箱根の山中に乗り入れ、運転手を縛り上げて所持金四千円を奪ったというもの。強盗罪では八年の刑に服している。

金が学校に通ったのは小学校五年までで、獄中が勉学の場となった。国語・漢和辞典を引きつつ本を読み、文学書や社会科学書にも親しんだ。自動車整備士を目指して数学などを勉強し、国家試験をパスするのであるが、刑務所帰りの在日韓国人を受け入れてくれる職場はなかった。

刑務所暮らしは都合、四たび。塀《へい》の内と外を行き来する、アウトローの見本のような来《こ》し方《かた》であるが、「底辺の人々に対してたいへん涙もろいところがある」「かわいそうな人を見ると自分を抑制出来なくなってしまう」「弱者に対する一見、奇矯なまでの同情」といった一面も持ち合わせていた。

2

金の周辺の人々にもページが割かれているが、ひときわ強い印象を残すのは母《オモニ》の朴得淑である。母から子に受け継がれたものについて、本田はこんな風に書いている。

ごく平均的な日本人の眼からすると、厄介な存在としての「典型的な朝鮮人」にしか映らないであろうと思われる金嬉老の中に、実は、彼を異端視する人々がついぞ持ち合わせたことのない優しさが秘められている。章を追うごとに明らかになるに違いないその優しさは、多分に、この母親に負うところが大きい。

本書の刊行時、オモニは静岡・掛川駅近くで、豚足《とんそく》を売りとする一杯飲み屋を開いていた。七十に手が届く年齢であるが、「女性に対する表現としては、はなはだしく不適当なのだが、赤銅色に日焼けした顔は見るからに健康そのもので、老婆の印象はまったくない」とある。

朴得淑は釜山近郊の農家の生まれ。少女期、日本人の農園主宅に奉公に出る。日本語が多少できるようになり、内地の飯場で朝鮮人労働者を束ねる請負師をしていた権命述に請われ、嫁になる。海峡を渡ったのは大正の末か昭和のはじめ、数えで十七歳だった。

自身の人生を「マムシ」に例えて語ったとある。

七転八起といったのでは、オモニの辛酸をあらわすのにとても足りない。日本人社会には、自分とひきくらべるべき対象が見出せないのであろう。マムシにおのれを擬《ぎ》してみる彼女の発想は、それこそ何十回となく踏みつぶされた苦闘の中で、だれに教わるともなく、自分でつかみとったものであるに違いない。

マムシでさえ、頭を踏みつぶされれば死んで終わる。生きている自分を不思議だというオモニの拙《つたな》い日本語は、どのような雄弁にもまさって、きくものの胸に突き刺さるのである。


夫（権）が事故死し、オモニは四人の子供たち――そのうちの二人は夫と日本人女性の間にできた子であったが――を育てていく。幼児をおぶってリヤカーを引き、魚の行商に出る。あるいは「日中は日がな一日土方に出て、夜は月あかりを頼りに乳母車を引いて、ボロを拾い歩いた」ともある。足もとはいつも地下足袋だった。

夫の死後、姑との折り合いが悪くなり、家を追い出される。小学校の運動場の片隅で暮した日々もあった。「他人の何倍も働きながら、ゆとりが出るたびに、材木を一本、トタンを一枚というふうに、買い集めて行く。そして、かつていた（清水市内の）築地町に、総額四百円のバラックを建てた」ともある。

戦後は、密造酒、イモ飴《あめ》づくり、焼酎づくりなどに携わり、ホルモン焼きの一杯飲み屋を出す。店が流行った時期もあったが、安寧《あんねい》のときはなかった。

二度目の夫、金にとっての継父・金鐘錫は長く神経を病み、金嬉老事件が起きる前年であるが、十二歳になる孫（金嬉老の妹の長男）を出刃包丁で刺し殺し、自身も農薬を飲んで自殺するという悲劇が起きている。

客が入って来て、焼肉の台に火をつけたオモニは、立ちのぼる煙を斜めによけて肉片を返しながら、深刻な事柄を淡々と話す。健康だとはいっても、さすがに、煙にしかめた顔の皺《しわ》は深い。……

「わざわざ来たちゅうから、こうして話しとるだけんども、わし、生きて話してるか、死んで話してるか、あんたらにゃわかりゃせんですよ。ほんとの腹は」

金嬉老事件に際しては、「この剛気なオモニは、寸又峡に立て籠った息子に『立派に死ね』と言葉を送り、生きたまま捕えられたと聞かされて、自殺を図ろうとした」とある。

まことに過酷な人生模様である。

事件を起こす前、金はさまざまに行き詰まり、追い詰められていた。

「和子」は金の二度目の妻で、オモニとともに金の出所を待って飲み屋を維持していたのであるが、出所した金に女性ができ、去っていく。

知人から借りたカネが――金によれば車の譲渡で代物弁済されていたというのであるが――手形となり、曾我幸夫の手に渡る。曾我の追い込みは執拗で、オモニにも脅しをかけた。金は他人名義で購入したライフルを保持していた。返済を迫る曾我に電話をし、「(静岡の景勝地)日本平で決闘しよう」と口走ったりしている。

この時期、金は厭世的《えんせいてき》な気分にあったとある。「行きずりの女性」藤子とともに東北地方に旅しているが、青酸カリを保持し、死に場所を求めての逃避行であったという。

その日、「みんくす」で金が銃口を向けるまでの模様を、本田はこう記している。

「いやあ、曾我さん、今日はどうもお金がまずいらしいよ」

用を足す曾我のかたわらに立って、金には卑屈な思いがあった。

「何をこの野郎、てめえら朝公《あさこう》が、ちょうたれたことこくな!」

朝公とは、「朝鮮野郎」とでもいうべき侮蔑の言葉である。『法廷陳述』によれば、金は当初から曾我に殺意を抱いていたのではなく、その言葉を浴びせられて一線を越えたと陳述している。

黙って手洗いを出た金は、まっすぐ表の駐車場へ向かった。ライフルをケースから抜き出し、三十発の実包を弾倉に詰めて、銃身にはめ込んだ。撃鉄を引いて一発を薬室へ送り込むと、安全装置をはずして、銃口をにぎり、布製の袋の中へ銃把から滑り落とした。

金の逃避行は、その瞬間に終わった。ロイヤル・ボックスへ入って行った金は、ホステスの民子に袋の底を引っ張らせた。

抑圧の三十九年を生きた男性の少年じみた力への熱い憧憬を吸い込んでなお冷たく鈍色《にびいろ》に光る銃身が、明確に意識された武器として曾我に向けられた。

曾我に撃ち込まれた銃弾は六発。「ライフル弾の一発は、(彫り込まれた刺青の)ひょっとこの右頬から入り、別の一発は竜の胴から抜けていた」。ほとんど即死。曾我の隣にいた若い男＝大森靖司には四発。大森は店では脈はあったが、搬送された病院で死亡している。

3

原田誠治は静岡新聞のOBである。長く朝刊コラム「大自在」の執筆を担当し、編集局長、主筆などもつとめた。

金嬉老事件が勃発したときは入社三年目の若手記者で、沼津支局勤務。夜回りで沼津署を訪れ、次長と碁を打っていると、隣の無線室から流れる緊急連絡が聞こえてくる。

「清水市内で猟銃発砲事件が発生……被害者一人は死亡……加害者は静岡市内方面に逃亡した模様……」

やがて、容疑者は金嬉老、寸又峡の「ふじみ屋」で宿泊客を人質にして立てこもっている――という情報も入ってきた。沼津からは遠いから駆り出されることはないだろう……と思っていると、社会部長より電話が入った。

「君、車の運転はできたよな。すぐ現地に入ってくれ。ガソリンは大丈夫か」

車は中古の日産サニー。沼津を発って西へ向かい、静岡から右に折れ、藁科《わらしな》川沿いの道を北上する。もう南アルプスの麓である。夜半、雪が舞っていた。曲がりくねった細い山道は凍てつき、幾度もヒヤリとした。ふと思った。

――谷底に落ちるか、流れ弾に当たるか。まぁ〝鉄砲玉要員〟として選ばれたのだろう……と。

静岡新聞から現地に入ったのは、計八人。報道各社のなかでは最大部隊だった。

ふじみ屋は二階建ての和風旅館。時折、二階窓から、ハンチング帽をかぶり、ジャンパー姿の金が姿を見せ、ライフルを乱射する。人に向けて撃つわけではなかったが、付近に跳弾が飛び散り、「キーン」という音がいまも耳もとに残っている。

〝ライフル魔による人質監禁〟としていえば、事件は奇妙な推移をたどった。

警察にとって金は幾度も事件を起こす厄介者であったが、人としての金を知る、いわゆる苦労人の警察官もいた。金は〝懇意な関係〟にある警察官に再三電話をかけ、自身の思いと要求を伝え、メディア各社にも意図を伝えた。〝選抜〟した警官や報道陣と旅館で面談もしている。やがて旅館の入口付近で、ライフルを手にした金の周りを報道陣が囲む〝記者会見〟が行われていく。個別の会見や写真撮りをめぐってさまざまな報道合戦が続いた。

金が要求したのは、清水署の小泉刑事の謝罪である。

金によれば、清水市内の路上でチンピラたちのいざこざがあったさい、小泉刑事が朝鮮人を侮辱する暴言を吐き、そのことに抗議した一件のもつれである。寸又峡に入る以前に金が記した「手帳」の日記ではこうなっている。

〈清水署の小泉よ！　お前が昨年秋にいった『てめい等《ら》、朝鮮人が日本え《(ママ)》来てろくな事をしない』とか、大きく恥しめる言葉をはいて俺がお前に電話したのを憶えているか。その返礼をする時が遂にやって来たようだ。俺は自分の命に代えてお前の取った態度に答えてやろう〉

金が大量のライフル弾とダイナマイトを保持していたのは、清水署との「戦闘」と自身の自殺に備えてのものであったという。本田はその心理をこのように推し量ってもいる。

名だたる一家の幹部を殺してしまったら、背後の組織がほうってはおかないであろう。かりに、その報復の手からのがれたところで警察の追及は避けられない。

引き金に手をかけるときは、自分の生命も捨てるときである。追いつめられていた金は、そう考えたに違いない。

そこで、どうせ死ぬのであればと、在日朝鮮人としての怒りを、「小泉刑事問題」にかりて、日本人社会へ叩きつけようとしたのである。

この推測に、おそらく、誤りはない。

新聞各紙に金の言い分が一部載り、NHKと静岡放送は、清水署長、県警本部長、小泉刑事の〝謝罪〟録画を流した。ひとまず軟化した金は、一部の人質を解放する。人質になっていたのは、ふじみ屋の経営者家族五人と宿泊客八人の計十三人。武器を手にした犯人が人質を脅して監禁する――というのが人質事件のイメージであるが、旅館内での様子は相当異なっていた。

宿泊客の一人、中日本基礎工業の柴田南海男は、同僚とともにボーリングによる地質調査のために滞在していた。金が侵入してきたさいは、「寝込みを襲われて、深く考えないうちに、催眠術にかけられた」と語っているが、金と時間をともにするうちに、「警察と対決する」という姿勢、「正当な言い分」に共感を覚え、一緒に風呂に入ったりもしている。

県警の方針は当初、金の射殺であったが、説得もしくはスキをみての逮捕に変更していく。説得のため、金が懇意にしていた警察官、また在日本大韓民国居留民団の幹部や韓国人牧師らがふじみ屋を訪れるが、不調に終わる。

事件勃発から五日目の午後、旅館玄関付近で行われていた〝記者会見〟中、記者の腕章を巻いて紛れ込んでいた捜査官たちが金に飛びかかって取り押さえ、〈私戦〉は終わった。

逮捕劇の起きる前、静岡新聞の原田は旅館前の空地で記者たちと焚き火を囲んでいた。このとき、県警が強行逮捕に踏み切ることは予期していない。〝記者会見〟の場に警察官が紛れ込んでいることは薄っすら感じていたが、「下っ端」のこと、各社の了解のもとであったのかどうか、それも承知していない。

事件終了後、原田は事後の関連取材にもたずさわった。金の母・朴得淑に会い、苦難の歩みを聞いた日もあった。「田舎のおばさん」風の、好感を持てる人だった。事件の背後にさまざまな「歴史の禍根」が潜むことに思いをやりつつも、やはり金の行為と主張の間には飛躍があり、複雑な思いが残り続けた。

4

静岡県警本部発行の『芙蓉《ふよう》（金嬉老事件特集号）』に、ある記者（通信社）の「幸い事件は最良の形で解決された」という文言があるのを取り上げつつ、本田は痛烈なマスコミ批判を書いて本書を締め括っている。

この記者は殺人犯に発言の機会を与えたことを強く反省しているようである。声高にも小声にも誇るべき何物も持たないが、かつて殺人をおかしたことのない私が、改めて彼に設問したい。

人間を人間らしく生きさせない不正な社会に対する問題意識は、いったいどこへ行ってしまったのか、と。金嬉老は日本の法律によって裁かれ、現在熊本刑務所に終身刑で服役している。彼に償いを求めた私たちの社会が、その後、いささかでもそれを改めたか。

記者のいう、事件の「最良の形での解決」とは、警察の立場からする結果でしかない。彼の問題意識は、権力と一体化して、金嬉老をひたすら凶悪な人間像に仕立て上げる方向にのみ働いたのであろう。それでなければ、警察の「信頼」と新聞社の「信頼」を同列に置くはずがない。

金嬉老事件の重大さは、在日朝鮮人の懸命の訴えを、権力とマスコミが呼応して葬り去り、差別と抑圧の構造を最悪の形で温存することに成功した点にある。

その裁きは、いったい、だれがつけるのか。

「文庫版のためのあとがき」では、『潮』での連載は不思議な沈黙に包まれて進行した、雑誌連載をすれば、賛否をとりまぜ読者から反響が寄せられるが、『私戦』の場合、まったく反応がなく、担当の編集者は戸惑いを隠さなかったと記し、「この沈黙の意味するものは、いったい何であったのだろうか」と続けている。

沈黙——の由って来たるものは容易に想像できる。読者にとって、金の訴えに耳を傾けるべきものが含まれていることは了解できよう。ただし、殺人を犯し、その上で無関係な人々を人質に取った上での脅迫的な訴えは、そのままうなずくにはなんとも抵抗感を伴うものがある。

本書を精読するのは久々であったが、本田作品のなかでは例外的に、薄っすらとした違和感はこのたびも伴ってあった。一方で、書き手の意図したものは以前より理解が深まってあった。

本書に埋め込まれた主題は、事件の解剖を素材として、その背後に潜むものを見詰めることにあった。アウトローが生まれてくる足跡には、日本社会が向き合うことを避け、遠ざけてきた負の歴史と差別とのかかわりがある。そのことをあぶり出さんとしたことである。

ノンフィクションは、対象との距離が常に問われる。本書については、書き手に、主人公への前のめり感があることはいなめない。けれども本田は、そんなことは十分に承知の上で書いている。金嬉老にひとまず寄り添う以外に本書は成立しなかったのだ。

書き手のスタンスということについて、私との対談において本田がこんな風に語ったことが思い出される。事件にかかわる内外の作品をめぐる流れのなかでの発言であるが、『私戦』を念頭に置いてのものであるように思われた（『漂流世代のメッセージ』収録）。

……一言でいうと、私の書くものは社会的弱者に対して甘いんです。そこが私の作品の欠陥だと思っています。それは正直な気持ちなんですが、ただ、ジャーナリストの延長線上ということともかかわってきますが、では自分はどこに立っているのかというと、強者と弱者がいたとしたら、迷わず弱者の側に立つというのが、私の基本姿勢なんです。見てしまったことについては目をつぶるわけにはいかないけれども、少なくとも私は、弱者を告発したり、非難したり、まして中傷したりすることを目的で書いてるわけではない。書くとすれば、そのペンは強者に向かうべきものだと私は思っている。ですから、強者からすれば、「なんだ、アンフェアじゃないか」といわれるかもしれません。

開きなおるわけではないけれど、それでいいじゃないか、というより、おれはこういうふうにしか書けないんだ、と。

『私戦』は、いかにも本田靖春らしい作品であったとも思う。

刊行から十三年後の一九九一（平成三）年、本書は共同テレビジョンでドラマ化され、フジテレビ系列で『金《キム》の戦争』というタイトルで放映された（監督・小田切正明、脚本・早坂暁、主演・ビートたけし）。そのことを本田は連載コラム「時代を視る眼」（前出）で触れている。

やっていただくのは結構ですがテレビでは難しいんじゃないですか——と、企画段階では消極的であったのだが、高視聴率の番組となった。高齢者から中・高校生まで、広範な層から感想が寄せられ、多くが民族差別の問題をきちんと受け止め、考えていかないといけないという内容のものだったと紹介しつつ、「私にも一つの感慨がある。それは、差別と抑圧の問題について、確かな答えを聞いた、という深い思いである。日本人の一人として、とてもうれしい」と締め括っている。

原作とドラマは別物であるが、読者（視聴者）は「沈黙」に終始したわけではなかったのである。

以下の事も後日談の一つといえようか。

本田早智の記憶では、金嬉老から本田宛に都合三度、葉書が届いている。一度目は獄中からで、『私戦』を読みましたという礼状だった。

事件から三十一年後の一九九九（平成十一）年、千葉刑務所に収監されていた七十歳の金は仮出獄し、母国・韓国へ帰った。二度目の葉書は、これから帰国しますという連絡、三度目は、釜山に落ち着きましたという便りであった。そのつど本田は、これからきちんと生きていってほしいが、暮したことのない母国で果たして大丈夫だろうか……という類の懸念を口にした。結果的にいえば、かんばしいニュースは伝わってこなかった。

帰国した金に対し、韓国では〝差別と戦ったヒーロー〟として迎えるむきもあったというが、帰国して一年後、金は男女関係のもつれから傷害等の事件を起こし、有罪判決を受けている。さらに十年後の二〇一〇（平成二十二）年、釜山の病院で亡くなっている。享年八十一。晩年、母の眠る静岡の地に墓参りするため再入国を希望していたというが、その願いは果たされなかった。

第八章　雑兵への憧憬――『K2に憑《つ》かれた男たち』

1

異色作という言葉がある。書き手の持ち味から外れた、あるいは著者の作品群からして異質と思われる作品を指していわれるが、本田靖春の〝山岳ノンフィクション〟、『K2に憑かれた男たち』（文藝春秋・一九七九年）、『栄光の叛逆者　小西政継の軌跡』（山と渓谷社・一九八〇年）の両著は異色作であろう。本田は山登りにはまるで無縁な人であったから――。

『栄光の叛逆者』の「あとがき」で、本田自身、こう書いている。「私は山に関してまったくの門外漢である。山と名のつくものは、それこそ高尾山くらいしか知らない」と。

そんな本田がなぜに未知の領域に踏み込んでいったのか。『K2に憑かれた男たち』の場合でいえば、「ヒントを与えてくれたのは、社の異なる総合雑誌の編集長」だったとある。編集長――『潮』編集長の西原賢太郎のように思われるが――によれば、K2への遠征の記事を雑誌に載せたところ、いい原稿ではあったが、全体のトーンが登山家の視点で書かれているため、人間臭いエピソードが全部抜け落ちてしまっていた、と。

彼はそのいくつかを披露し、山の話としてではなく、人間の話としてまとめてみてはどうか、と勧めてくれたのである。

飢えと寒さと遭難の危険にさらされる高所登山は、おそらく、またとない人間観察の場であろう。

実験室ともいうべきその極限状況の中で、下界の人々に通じる普遍性を探る作業に私は心を惹かれ、あつかましくも山の世界に足を踏み入れたのである。

ヒマラヤ・カラコルム山系の主峰、K2は標高八六一一メートル、エベレストに次ぐ世界第二の高峰である。戦前から各国の登山隊が幾度となく登頂を試みて敗退してきたが、一九五四（昭和二十九）年、イタリア隊が初登頂を果たす。以降、二十三年ぶりに再登頂したのが日本隊で、一九七七（昭和五十二）年八月のことである。

『Ｋ２に憑かれた男たち』はこの日本隊の物語であるが、通常の登攀記《とうはんき》とは趣を異にする。それまでヒマラヤ遠征といえば、日本山岳会なり日本山岳協会（日山協。現日本山岳・スポーツクライミング協会）の主導・支援のもと、伝統ある大学山岳部が主軸となってきたものが、当日本隊は社会人の「雑兵の群れ」、町の登山家たちであった。本田の食指を動かしたのはまずもってそういう隊の性格にあった。

『Ｋ２に憑かれた男たち』は、『週刊文春』で連載されている（一九七九年一月十一日号〜四月十二日号）。担当編集者は東眞史で、サポートする取材記者を高橋審也が担った。「あとがき」で本田は、「この取材にあたって、立場を同じくする友人、高橋審也君の協力を仰いだ」と記している。

高橋は読売新聞出身で、『週刊文春』の特派記者を長くつとめた。事件に強く、三浦和義事件を扱った「疑惑の銃弾」ではロサンゼルスでの現地取材にも加わっている。

Ｋ２遠征には記録映画班も同行した。取材のスタート時、有楽町の映画館で上映された『白き氷河の果てに』を、本田、東と並んで観たことを高橋は憶えている。

遠征に参加した隊員は計三十九人。全国に散らばり、居所をつかむのにかなり苦労した。高橋が先行して隊員に会い、その後に本田と同行して出向いたケースもあった。

隊員の一人、高塚武由は富山駅裏でスナック「小窓《こまど》」を営んでいた。

高塚の実家の家業は漁師。父の手伝いで、少年期より舟に乗って海に出ていた。富山湾から望む立山連峰は雄大で、山に心惹かれていく。高校卒業後は地元の魚津《うおづ》岳友会に加わり、岳人人生を歩んでいく。勤め人をやめて飲み屋のオヤジになったのは、自身の都合で休暇を決められる職が山行には好都合と思ったからだ。店名「小窓」は立山連峰剣《つるぎ》岳の小窓尾根にあやかってつけたもの。K2では事前の試登隊長もつとめている。

高塚を取材したデータ原稿を本田に手渡すと、店は流行ってました？　カウンターの席は何席ぐらい？　どんな銘柄の酒が並んでました？　……などと、細かいことを訊いてくる。ノンフィクションを書く作業の一端を教えてもらったようにも思った。

取材で印象的だったのは、高塚、若くて陽気な藤沢工業高校の教員・広島三朗《みつお》、福岡在住で登山隊の隊長をつとめた新貝勲《しんかい》などで、本田ともウマが合った人たちだった。

2

新貝は四十代半ば。「サムライ」「野武士」という異名をもつ九州男児であるが、思慮深く、包容力ある人物だった。

元は国家公務員。福岡少年院の法務教官を最後に民間に転職したのは、仕事よりも山行を優先させたからである。一時、事務機器販売会社の社長となるが、両立は無理だった。Ｋ２の準備段階では小さな事務用品会社の営業部長に転職している。

山は独学とある。自身で福岡登高会をつくり、海外遠征も重ねていくが、山岳界を仕切る日本山岳会や日山協から見れば「幕下の下の下」である。そんな片田舎の社会人グループが、垂涎《すいぜん》の的、Ｋ２への登山許可をパキスタン当局から得た。

それには、「女史」こと片倉静江の尽力大である。片倉の勤務先はルフトハンザ航空福岡営業所で、横文字達者な「福岡の山仲間」。Ｋ２以前のことになるが、カラコルム山系の鋭鋒、パスー遠征への登山許可を求めて新貝と片倉はパキスタン入りし、許可を得ている。窓口はパキスタン観光省のお役人であるが、人を動かすのは人間のつながりであることはどの国でも変わらない。

K2もそれまでの蓄積がモノをいった。やっかみの逆風も吹くなか、準備に奔走する新貝たちの姿にページが割かれている。

登山隊のメンバーは各地から寄せ集められ、「二流登山家の集まり」とも揶揄《やゆ》される。本田は当初、「雑兵の群れ」が奔放に活動する様を描くことを意図した。ところが、大きな遠征を具体化するには、やはり既成の秩序と折り合って妥協するしかない。資金集めにも日山協主催という看板が必要だった。文春文庫版に付されたあとがき的なエッセイ「ヒマラヤ登山と日本人」で、本田はこう記している。

新貝氏とは取材の域を超えて時間を重ね、その飾りけのない人柄に強く惹かれるものがあった。好もしい人物であるということにいささかのためらいも持たない。K2隊について、その出発の前、「二流の登山家の集まり」といったような冷ややかな評価がマスコミにあらわれていたことを私も知っている。一流か二流かをいう資格は私にないが、ほとんどの隊員が未知の間柄という混成チームを率いて、世界第二の高峰に第二登を果たした新貝氏のリーダーシップは、認められてしかるべきであろう。ただ、私が彼のために惜しむのは、この遠征が日山協に管理されたかたちで行われなければならなかったということである。

いまの私は、新貝氏の苦しい立場を理解している。大遠征の形式をとるからには、最低一億円からの資金を要する。そして、その大半は財界からの寄付に頼らざるを得ない。そのためには、日山協のお墨つきを不可欠の要件とする。Ｋ２の計画が持ち上がり、その推進者の役割をになわされた瞬間から、新貝氏は囚われの身になったというべきであろう。

資金集めのため、新貝は幾度も上京し、経団連の窓口、花村仁八郎副会長の鎌倉宅も訪れている。財界の〝寄付担当部長〟のお墨つきを得てはじめて、大企業や団体の窓口ルートが開かれる。山男たちは髭《ひげ》を剃り、着慣れぬ背広とネクタイ姿で各所を回るのである。高峰Ｋ２に挑むには、同じほど高く聳《そび》える社会の山を越えねばならないのだった。

3

遠征への準備は野人たちの奔放なる活動――とはほど遠いものであったが、参加者たちの歩みと思考が紹介されるにつれて、本田の意図したものとの焦点が合っていくのがわかる。

「ヒマラヤ登山と日本人」ではこう書いている。

省みて、身の程知らずであったという気がしないでもない。事実、物書き仲間から、なぜお前が山のことを書かなければならないのか、という苦言をちょうだいした。しかし、私が書こうとしたのは、登山そのものではなく、K２遠征に集まった隊員たちが織りなす人間模様だったのである。彼らの中の少なからざる部分が、この遠征に参加するため、職場を捨てたという。私がまず惹かれたのは、そこのところであった。

新貝の山仲間、登攀担当副隊長の原田達也は京都教育大学山岳部ＯＢで、帝人殖産の不動産事業部営業課長をつとめていた。妻の真知子とは職場結婚であるが、独身時代、真知子に映る原田はこんな男だった。

いずれにしても、東大出身者が主流を占める、しかつめらしい帝人の中にあって、サラリーマン臭をまったく持たない原田は、真知子を楽しませてくれた。

昼食をともにするようなとき、この課長の口から語られるのは、知らない国のきいたことのない事柄ばかりであった。

ラワルピンディ（パキスタン）の空港に着いて、タラップを降りて行くと、機内冷房で冷やされた身体を、熱気が一段ごとに爪先から膝、膝から腿と浸し、それが顔まで来たとき、むっと異臭が鼻をつく。その瞬間「ああ、来たな」という感慨に襲われて最高の気分なのだ――といったような話に、真知子は時を忘れた。

二人は都内の社宅を新居としたが、遠征隊員たちの宿泊所ともなって、入れ替わり立ち代わりやって来る。K２隊の全員を真知子は見知っている。彼らが社宅にやって来たのは真知子が山の仲間を歓迎したせいもあったのだろう。

山に入れ込む原田に、真知子が秘書をつとめた部長はこういったとある。

「いいか原田君。山なんかのために仕事を台なしにして、どうするつもりなんだ。もう少し人生を大切にしなければいけないよ。それに君は独りじゃない。山に行く君はそれでいいとして、真知子さんはいったいどうなるんだ。自分の遊びのために真知子さんを不幸にするようなことがあったら、この私が許さん。つまらん考えは、ここできっぱり捨てなさい」

迷った末、遠征を前にして原田は社に辞表を出す。慰留はされなかった。真知子がどこにでもついて行くといったことが後押しした。原田は課長職を捨てると同時に、社宅も失った。パキスタンへの出発を前にして転居先を探す時間がない。そこで、原田が発った後、真知子が適当なところに移り住み、その居所を彼に手紙で知らせる段取りとした、とある。

食糧など総務担当副隊長をつとめた深田泰三は福岡市役所に勤める公務員である。振り出しの職場は市立動物園で、猛獣と爬虫類の飼育係。以降、衛生局などに所属した。上級職で入庁したものの、山行の長期休暇が重なり、出世は遅れた。すでに同期からは局長も生まれていたが、「彼一人だけ下水道管理局普及課の排水指導係長に甘んじている」。ノンキャリアにも追い越されてしまったことになるが、それを恨む気持はさらさらないし、仕事をおろそかにしてきたわけでもない。

だが、深田は仕事を投げたわけではない。山岳部の若い仲間に、彼はいつも口やかましくいう。山に登るからには、日頃は人の倍の仕事をしろ、と。人のいやがる仕事を進んでやれ、と。

ちょっとした登山になると、国内の場合でも、十日か二週間は職場を休まなければならない。普段、だれもが認めるほど働いていれば、そういうとき、周囲が快く送り出してくれる。普通の仕事ぶりしか示していなければ、その理解が得られない。だから、そういう人間は山登りをやめろ、というのが、彼の持論なのである。

本社勤務から下請けへ、さらに孫請け会社へと移り変わったものもいる。

広島山の会に所属する寺西洋治である。県立広島工業高校を卒業して三菱重工の広島精機製作所で設計に従事していたが、（カラコルム山系の）カンピレ・ディオールに遠征のため、十一年間勤めた職場を去らなければならなかった。帰国後、彼の働きぶりを惜しんだ上司が、三菱重工の下請けの菱船エンジニアリングにあっせんしてくれた。しかし、ここもK２のために辞めざるを得なくなる。

後日になるが、K２遠征から帰って来た寺西が職についたのは、菱船エンジニアリングのそのまた下請けの佐伯設計事務所であった、とある。

退職、出世の遅れ、下請け・孫請けへの転職……。もとよりそれらは彼ら自身の選択だった。山の男たちに接して真知子が感じるのは、「ひたむきさ」と「人生哲学の真面目さ」であった。彼らは「人生を大切に」しなかったのではない。より大切に生きようとしたのである。一面で、「社会の階段をずり落ちて行く」としても。

人生、何が大切か——。普遍的な正しい答えはあるまいが、世に、一般的な価値基準とはずれた志向をもつ人々がいる。それ故に失い、またそれ故に味わう果実もあろう。山男たちと本田は一見、遠く隔たりつつ、〈もう一つの生き方〉を受容する、あるいは希求することにおいてどこかで通じ合っている。それがまた、縁薄き領域への執筆を促したものだったのだろう。

4

遠征には大小さまざまなトラブルがつきまとうが、K2もそうだった。最たるものが高所登攀用の酸素ボンベで、軽量・高気圧のフランス製を選び、代金も納入したのであるが、製造会社の都合で納入が遅れた。最終、国産品との併用で間に合わせるのであるが、ボンベ調達担当の広島三朗が何度も大汗をかく様が記されている。

山積する問題をなんとかクリアし、登山隊の一行はカラコルム山系の玄関口、スカルドへ集結する。

四隊に編成されたキャラバン隊は、山道を歩き、川を渡り、氷河を踏みしめ、ベースキャンプ設営地へ接近して行く。優れたノンフィクションは、脇道であれ、ああそうなのか、と立ち止まる箇所があるが、本書も随所にそんなところがある。私は「ポーター」にかかわる箇所で立ち止まった。

ポーター一人が背負う荷の重量は二十五キロ。彼らの食糧を運ぶポーターも合算して、総勢九百五十人という大部隊である。

日当は七十ルピー（二千百円）。一日五ルピーあれば一家族が生活できるこの地方ではめったにない現金収入だ。警察署の庭で行われた〝選考会〟には大勢が詰めかけ、奥地から五日かけて出てきたものもいる。「ストロング」といって誇らし気に筋力を見せるもの、隊員に握手を求めて取り入ろうとするものがいて、そのたびに列が崩れ、警官が棍棒を振るって列を戻す。当地の貧しい暮しぶりが浮かんでくる。

登山史上、ポーターの背反によって遠征が頓挫した事例は数多い。K２登山隊の成功の一因として、ポーターとの友好関係をあげる隊員が少なくなかった。新貝は「使ってやっていると思うな。かついでいただいていると思え」を口癖に、キャラバンの一日の行程が終ると、率先してポーターの中へ入って行き、一人一人の労をねぎらった、とある。

本田はこうも書いている。

一日長ければその分だけ余計に労賃を得られるという好運に、最後の最後まで恵まれた三百三十一人の本隊のポーターは、その割に浮いた様子も見せず、最終行程を黙々と歩いた。彼らの大半が高度障害に冒されるか、風邪に見舞われるかしていて、K2が見えようと、見えまいと、関心はまるでないようであった。

新貝は、自分たちに向ける彼らの気持を忖度《そんたく》してみる。一文にもならないどころか、大枚を散じるだけの、長く、辛い旅に、なぜ好きこのんでくるのだろうか。彼らは、そう思っているに違いない。

そこまで考えて、新貝は、それが自分の気持であることに気づく。キャラバンは吉沢に次ぐ〝年長者〟の新貝にとって、いかにも長く、辛かった。いまはただ、ここから解放されることだけが救いである。

なぜK２へ、なのか……。登山隊長には自明のことであるはずなのに、ふとそんな自問自答をしてしまう。それが人というものなのだろうと思う。

吉沢一郎は、隊員たちから「ジイチャン」と呼ばれていた「総指揮」。一橋大山岳部OBで日本ヒンズークシュ・カラコルム会議議長をつとめてきたが、そもそもK２への遠征は吉沢のロマンと執念からスタートしている。七十三歳。総指揮を〝葬式〟と茶化され、隊員たちのサポートを得ながらではあったが、標高五二〇〇メートルのベースキャンプまで足を運んだ。

道中、高塚武由がいつも吉沢の側にいる「介護役」を受け持った。脂っこい現地食の苦手な吉沢用に、当地の小麦粉を練って即席の「手打ちうどん」をつくったりもした。スナックの厨房で磨いた調理力が生かされたわけである。

スカルドを出発して二十日後にベースキャンプ着。彼方の一角に、K２の頂が眺望できる。吉沢は「私の生涯の最良の年で、最良の日」という言葉を残して下山して行った。

ベースキャンプからC１、C２、C３、C４、C５、C６と小キャンプを伸ばし、最終、頂上へとアタックする。極地法と呼ばれる登山法である。

かつてイタリア隊は南東稜よりの登頂を果たしている。計画段階ではバリエーションルートとしてより困難な北東稜も検討されたが、南東稜に落ち着く。同じルートからの「第二登」となるが、登頂を最優先するというのが日山協の方針であり、ここでも新貝チームは〝諸般の制約〟から自由ではなかったのである。

誰もが、頂上を目指すアタック隊員に選ばれたい。個人負担額百万円を捻出し、勤めや仕事を犠牲にして当地にやって来た。食事では人より早く手を出して腹におさめ、荷上げ作業でもこれ見よがしに自身の強さをアピールする。赤裸々な人間模様が記されている。

アイガーやエベレストを体験している森田勝《まさる》は、重広恒夫とともに最強と見なされた隊員で、一番乗りを広言していた。

新貝は第一次アタック隊に五人の若手を、第二次に森田、重広などリーダー格の四人を選び、副隊長の原田達也を介して彼らに通知した。新貝の方針と隊員選択を不満とした森田は――体調不良を言い訳としたが――土壇場で下山してしまう。

本書の執筆時、森田は欧州在で、人を介した間接インタビューになったが、本田は「ヒマラヤ登山と日本人」で、「私は会ったことのない森田氏に、いちばん人間的な魅力を感じていた」と記している。〝造反者〟であれ、タテ社会の秩序をはみ出す「反逆者」の匂いを嗅ぎ、本書のモチーフの体現者の影を見ていたからである。

結果的に第一次隊は猛吹雪で進めず、頂上に立ったのは、第二次・三次隊の重広、高塚、広島らの七人。さらに二桁の登頂者を目指して第四次隊が組まれたが、酸素ボンベの欠乏等で断念する。キャンプ撤収の日、第一次隊の若手で「だれからも愛された好漢」馬場口隆一は、「雪面を叩いて」悔しがったとある。馬場口は鹿児島の農家の出身。農業高校を卒業後、実家で農業にたずさわっていたが、愛知・豊田のトヨタ自工に就職し、組立工となる。寮仲間に碧稜《へきりょう》山岳会のメンバーがいて、登山へのめり込む。「自分というものを全部出せる」「惚れて惚れて惚れ抜くような」対象を求めていたと口にする。

一人の組立工が、生涯を仕事に賭けたとして、たどりつけることの出来る地位は、知れているであろう。クラフトマンシップ（手仕事的技）も要求されなくなったラインについていて、彼は何でもいい、没入することの出来る対象を必要としたのである。

ヨーロッパアルプスやカラコルムで実績を積み、馬場口はK２のメンバーに選ばれる。度重なる長期休暇はトヨタでも認められず、愛知・刈谷《かりや》のスポーツ店の店員となる。

社会人にとって共通の難問はトレーニング時間の捻出だ。職場の同僚が通勤用に自転車を譲ってくれたので、馬場口は下宿と職場の行き帰り、自転車を肩に担いで往復した。近所では「妙な人」となっていた。通勤途中、石垣を高く築いた豪邸があって、人目のない夜半、石垣をよじ登ってトレーニングの場とした。パトロール中の警官に見つかり、厳重注意を受けたこともあったとか。

本書に登場する山男たちは、個性も人となりもそれぞれであるが、自身が没入しうる無償の対象を求めた、その一点において括られる、そんな人々の物語である。

遠征中、ときに反目し、ぎくしゃくし合った隊員たちであったが、一同、号泣して喜びを分かち合ったのは、C5付近で、一時、行方不明となった荷上げ担当の隊員の生還が確認されたときだった。

三人までは殺していい——。出発前、日山協の幹部が新貝に向けて口にした言葉であったが、全員が無事、帰国した。所期の目的を達成し、また避けなければならない出来事を避け得た遠征だった。

5

本田は本書「あとがき」で「正直に告白すると、書き終った私に、物足りなさが残った。それは、当初、K２隊の面々に反逆者のにおいを、勝手にかいでいたからである」とし、「ヒマラヤ登山と日本人」では「門外漢の勝手な言い草とお叱りを受けるかも知れないが、私が登山家に切に望むのは、俗界では見られない真に自由な人間の魂の輝きであり、非妥協的な自己主張なのである」と書いている。

その「物足りなさ」は、翌一九八〇年に刊行された『栄光の叛逆者』において埋められたといえるだろう。先鋭的な登山家、小西政継の足跡をたどるノンフィクションである。

本書は、山と渓谷社の「山渓ノンフィクション・ブックス」シリーズの一冊として刊行されている。話が持ち込まれたさい、本田は「山は素人」とひたすら固辞したものの、担当者は素人がいいのですといって譲らず、書く羽目に追い込まれたとある。「あとがき」ではこう述べている。

いまとなっては、彼に感謝するほかない。人には生涯に何度か、貴重な出会いがある。小西政継氏との場合が、私にとってまさにそれであった。

私はたまたま大学を出て、企業に入った。それで得たものもある。だが、そのために失ったものも決して少なくない。そして、独立の道を選んだ。

小西氏の行動の軌跡は、私に生きることの意味を教え、勇気と励ましを与えてくれる。

小西は一九三八（昭和十三）年、東京生まれ。戦時中、疎開先の千葉で父が病死する。小学校の通知簿にはいつも「内向的」と記されていた。

戦後、家族は東京に戻り、生計は母の和裁で支えられていく。千代田区の麴町《こうじまち》中学校に在学時、母が病に伏し、「かあちゃん、おれ高校やめて働くよ」といって高校進学を断念する。

数寄屋橋に近い細川活版所に勤めた。イガグリ頭の「小僧さん」の初任給は、日給制で月千五百円。活字を運び、クワタ（鉛の薄板）を切り、先輩職人の昼のおかずを買いに銀座通りを走る。その姿を同窓生に見られることが嫌だった。社に山岳部があって、山登りに親しんでいく。岩登りを習得したいと、山岳雑誌の募集広告欄から

「山学同志会」を選ぶ。『男子のみ』とある最後の一行が、しまりを感じさせたから」とある。そのことが、小西の生涯を決めた。

心の底に中卒であるコンプレックスがわだかまっていたことを、小西は否定しない。

「それはたしかにありましたね。かわりに何かやってやろう。いま考えれば、そういう気持が山に向かわせたのだと思いますよ」

山学同志会に入会してからまる五年というもの、小西は山行に明け暮れた。気がついてみると、もう二十三歳である。彼はふと考えた。金も時間もすべて山に注ぎ込んで来た。このまま行くと、精神的カタワになりはしないか――と。

ごくふつうの若者がするようなことを、小西は片っぱしからためしてみた。麻雀、キャバレー通い、後楽園競輪……一年間、山をやめて遊んでみたが、熱中するに足る対象はなかった。以降、山ひと筋となる。

山学同志会は、関東配電（東京電力の前身）に勤める斎藤一男がつくった下町の登山クラブである。会の目的を、高度な登山技術を習得することに置いた。会員はほとんどブルーカラーで、事務所は江戸川区平井の斎藤宅。

岩登り、沢登り、ボッカ（歩荷）、雪渓《せっけい》技術、合宿などが義務づけられ、単位を修得して正会員となる。もともと素質豊かであったのだろう、小西は、冬山の縦走や谷川岳の岩場の登攀で抜群の耐久力と強さを発揮した。岩場での困難な冬季の未踏ルートをいくつか開拓し、同志会の有力メンバーとなっていく。

同志会は多数のメンバーを擁するようになり、黒のユニフォームを着、大挙して谷川岳の岩場を登るというような、集団主義的匂いがあった。厳しさは歓迎しつつ、その点で個人志向派の小西は肌が合わない。やがて小西たち若手が「クーデター」を起こす。

二十代半ば、小西は十二指腸潰瘍で胃を手術し、さらに腰のヘルニアでしばらく山から遠ざかる。「いちばん辛かった時期」であったが、この間、辞書を片手にヒマラヤの文献を読みふけり、『山学同志会論叢《ろんそう》』に「エベレスト登攀史」を連載したりしている。目を海外に向ける契機ともなった。

その実績によって、同志会は屈指の社会人クラブとなるが、平均すると遭難者が毎年一人は生まれ、〝遭難同志会〟と揶揄《やゆ》もされる。赤石沢の氷壁で三人が遭難する事故もあった。この際、年輩者たちが自粛を唱えたのであるが、小西ら若手グループはこれに同調せず、会として自粛はしなかった。仲間の死を深く悼みつつも、岩場での転落などはあくまでクライマーの技量に起因する個人責任の範疇《はんちゅう》にあるもの、としたからである。

小西が会を主導するようになって、単位制は点数制となる。岩登りのランクでいえば「三級＝夏期五点、冬期二十五点」「四級＝夏期七点、冬期＝三十五点」「五級＝夏期九点、冬期四十五点」……のごとくに難度を数値化し、百五十点以上得たものを正会員とした。

小西は会員たちに「個の強さ」を求めた。そのことを通して事故を防ごうとしたのである。「自由」という言葉を好んだ小西は、物事に合理性を求める「近代的思想の持主」であった。

そして自身は、登れるか登れないか、ぎりぎりの境界にあって挑戦することを好んだ。生きるか死ぬかの瀬戸際で、自分の弱さに打ち克つ喜びが登山の基本だという気がするんです――。そんな言葉も残している。

同志会に入って十二年目の一九六七（昭和四十二）年、小西は会の同僚、遠藤二郎、星野隆男とともにアルプスの高峰、マッターホルン北壁に挑む。途中、小西がアイゼンを失うアクシデントがあったものの、三人は登頂を果たした。冬期登攀は世界で三番目、日本人では初である。

振り返って、小西は自身の「最高の山登り」にマッターホルンをあげている。「無償の行為として、純粋に山に賭けられた」故である。本田は、小西を「好運者」と書く。

そこで私は、中卒に終わった小西の好運を思わないわけには行かない。

かりに卒業の年に母親の病がなく、彼が人並に高校、大学と進学して社会に出たと仮定しよう。その彼に、マッターホルンの頂の十字架を握りしめた感激にまさる精神の完全燃焼の場面があったか。あるいは、一つの世界のあらたな時代のとばくちに立つ機会があったか。

ともあれ、彼は登山界の新しい潮流の波先にちょうど居合わせた。山に入ったのが早過ぎても、逆に遅過ぎても、たぶん、いまの小西政継はない。やはり好運の人である。

6

新しい潮流――とは、山岳界のあり様が変容する過渡期にあったことを指している。日本山岳会―日山協主導の大遠征・極地法から少人数・速攻方式へ、バリエーションルートの開拓へ、大学山岳部から社会人クライマーへ、という流れである。新旧二つの流れの接点に小西がいた。

本田の意図したものではなかったが、二つの山岳ノンフィクションは、結果として日本山岳史の揺れ動く一時代を描いている。

一九六九年秋から七〇年春にかけて、日本山岳会は、東南稜および南西壁からのエベレスト遠征を企図した。高所の岩壁に立ち向かえる人材が大学には乏しい。難関の南西壁に偵察隊を派遣するとし、小西に白羽の矢を立て、大御所の槙有恒《まきゆうこう》（慶大OB）自らが出向いて協力を求めた。

小西は第二次偵察隊に加わるが、社会人グループ出身は彼一人だった。南西壁でザイルを結んだのが植村直己で、以降、二人は信頼し合う間柄となる。南西壁は難関で、偵察隊および本隊双方ともに敗退している。本隊においては、植村は東南稜から挑み、登頂を果たしている。

小西には「じじころがし」という異名があった。山については頑固であったが、別段、我を張る偏屈ものではなく、年配層の山岳人に可愛がられた。遠征の企画や資金集めにも手腕を発揮した。

小西と山学同志会の挑戦的な登山行が続いていく。

一九七一（昭和四十六）年、アルプスの三大北壁のひとつ、グランドジョラス北壁の冬期登攀に挑む。植村と同志会の四人とともに頂に立つが、欧州は二十数年ぶりの大寒波、小西は凍傷で両足指十本と左手小指を失っている。

夫人の郁子《いくこ》は細川活版所の山岳部で小西と出会った。小西が凍傷で入院を強いられた時期、毎日、病院に通い、小西を背負ってトイレにも運んだ。退院の近づいた日、二人は婚姻届を区役所に出した。小西が細川を退社した時期とも重なっていて、「失業者で身体障害者」であった。どん底にあって、だからこそ二人の絆《きずな》は深まったのだろう。

なんとか歩けるようになったころ、小西を「政《まさ》、政《まさ》」と呼んで可愛がっていた慶大OBの老クライマー、佐藤久一朗よりヒマラヤ旅行の誘いがあった。これ以前、二人はアイガーにも登っている。佐藤は登山用品メーカー「キャラバン」の創業者で、小西を槙に引き合わせた人でもある。旅から帰って後、小西を商品部次長に迎え入れている。

空白の日々を経て、小西はより困難な山へと回帰していく。一九七六（昭和五十一）年、ヒマラヤでも屈指の難峰、ジャヌー北壁（七七一〇メートル）に同志会の精鋭を率いて挑み、隊員十二人が無酸素で頂上に立つ快挙を成し遂げている。マッターホルンから十年目に刻んだエポックだった。

さらに四年後の一九八〇（昭和五十五）年、八五〇〇メートル級のカンチェンジュンガ北壁の未踏ルートに無酸素で挑み、隊員六人とシェルパ三人が頂上に立った。ただ、隊長の小西は体調不良で登頂を断念する。四十過ぎたら無酸素は無理だよな──とも口にしている。

隊、帰還す──の知らせを受け、郁子は二人の子供たちと一緒に、ネパールのカトマンズに向かった。家庭での小西は「やさしいだけのお父さん」であった。同じ便で本田もカトマンズ入りしている。

シェルパへの労賃の支払いなど、残務を片付けつつ、小西はひどく疲れていた。自身は登頂を果たせなかったけれども隊として目的を完遂し、全員が無事帰還できた。

満足と安堵と悔しさのミックスした、そんな小西の姿を描いて、本田は筆を置いている。

――『栄光の叛逆者』『K２に憑かれた男たち』に登場するクライマーたちのその後をいえば、小西政継は一九九六年、マナスルに登頂後、消息を絶った。馬場口隆一は七八年、ガッシャブルムⅤ峰近辺で、寺西洋治は七九年、ラトックⅢ峰で、森田勝は八〇年、グランドジョラスで、広島三朗は九七年、スキルブルムで遭難死した。新貝勲は八九年、交通事故によって亡くなっている……。

人とは個別的《インディビジュアル》なるものであるが、彼らに通底するものを抽出すれば、〈夢見る人〉であったことだろう。世にある秩序と組織体に収まって生きることから遠ざかり、〈自分が自分である時〉を求めて生きた。そのせいで失ったものもあろうが、それ故に多くを得た〈贅沢《ぜいたく》な人々〉であったとも思う。

そのことに本田は共鳴を覚える人であった。両著は本田が宿す〈思想〉がよく出ていると思う。本田もまた、いったんは組織体の中で生き、やがてそこから外れ、より〈自身の時〉を求めて別路を選んだ一人である。彼らの足跡を追いつつ、どこかで自らの歩みを重ねていたに違いない。

「ヒマラヤ登山と日本人」にこんな一節も見られる。

実をいうとこの私も、ほぼ一〇年前に一六年間身を置いた新聞社を辞めた。そのわけを限られた紙幅で正確に述べることはできない。ごく大ざっぱにいえば、言論機関といえども例外ではない管理体制の進行に対する反発、ということになろうか。

ともかく、私は生活の安定を捨てた。高度経済成長期以降の日本は、いわゆるアフルーエント・ソサエティ（裕福な社会）である。敗戦直後ならいざ知らず、食べていくだけならどうにでもなる。私はたとえ収入が半減しようとも、人間として自由である途を選んだのである。

本田にとって山の世界は、誘われて踏み込んだ縁遠い土俵ではあったが、人間が織《お》りなす世界には変わりはなかった。彼らに接し、感受するものがあった。自身の来《こ》し方《かた》に密かにうなずき、ふっと背中を押してもらうような、そんな仕事ともなったように思える。〝異色作〟は〝自己確認の書〟でもあった。

第九章　国家を信ぜず──『村が消えた』

1

バス停で二時間待っていてもバスが来ないんだ。凍え死ぬかと思ったよ──。

青森県上北郡にある六ヶ所村（むつ小川原）の取材から帰ってきた本田靖春が夫人の早智にそういった日がある。

本州の北端、下北半島はマサカリの形をしている。柄《え》の根もとに位置する三沢市から北方のむつ市まで、太平洋岸に沿って一本道の国道が伸びている。バス便は少なく、一日四、五便。冬場、吹雪になると視界不良となって定時運行は乱れる。そんな日であったのだろう。

だいたい本田は、取材先から帰ってきても、誰に会ってどうだったか、ということを口にしない男だった。いつか早智にこういったことがある。あちらこちらへ行って、随分と人に会ってきたが、お前さんから一度も、どうでしたかと訊かれたことがない。それはとてもありがたいことだったよ――と。

取材先の出来事は、夫がふっと漏らす、ひと言ふた言から思い浮かべるのがせいぜいであったが、このときは随分きつかったのだろうなと思ったものだった。

『村が消えた　むつ小川原　農民と国家』が潮出版社から刊行されたのは一九八〇（昭和五十五）年のこと。初出は、「国家」というタイトルで『文藝春秋』一九七九年四月・五月号に発表されている。雑誌掲載と単行本の版元が別になったのには事情があった。

『現代の理論』（一九八五年四月号）のインタビューで、本田が語っているところでは、テーマが『文藝春秋』にはなじまないということで紆余曲折があり、長期連載の予定が二回となって分量も随分と短くなったとのこと。このこともあって、以降、本田と文春との関係は疎遠になっていく。

潮出版社の南晋三によれば、雑誌原稿が宙に浮いていると耳にし、単行本はうちでやりましょうと申し出た。テーマとすれば地味ではあるが、無名の農民たちの、戦中・戦後にまたがる苦闘の物語は日本の近・現代史を底から問い直すものだと思えたからである。

本田がはじめて六ヶ所村に足を運んだのは一九七〇年代はじめで、当時の雑誌原稿にその跡が残っている。単行本にまとめるまでおよそ十年を要している。本書を本田作品の代表作として挙げる人は少なかろうが、〈時代〉〈歳月〉〈運命〉……といった言葉が浮かんできて、遠くを見詰めることに誘《いざな》われるものがある。そして、著者の痛切な問題意識がじんわりと伝わってくるのである（引用は講談社文庫版による）。

六ケ所村の新緑の盛りは六月初旬で、東京あたりにくらべると、ほぼひと月遅い。

晴れた日、肌を染める若葉の照り返しを抜けて、村はずれの高みに立つと、東へ展望がひらける。この時季、目路《めじ》をわずかでも遮るものがあるとすれば、一番刈りを終えてそこここに積み上げられた、牧草の堆積くらいのものである。

足もとから始まる斜面は、なだらかな起伏のたびごと、緑の濃淡を微妙に描き分けながら、やがて沢へ下り、その先の灌木群を渡り、いったんは葦《あし》の茂みに消えて、遥かな湖面へと落ち込んで行く。

野鳥の囀《さえず》りに包まれるであろう訪問者に何の予備知識もなければ、こののどかな田園風景の中から、そこに住みついた人々を近年まで苦しめて来た貧のにおいをかぎ出すことは、おそらく出来ないに違いない。

第一部「地の果て」の書き出しは、北国の牧歌的風景の点描からはじめられている。けれども当地は、暮らしを維持するにはまことに厳しい地で、「不毛の地」「陸の孤島」とも呼ばれてきた。

原野が広がる国有地に、開拓の鍬《くわ》が本格的に入るのは戦後になってからで、満洲（中国東北部）からの引き揚げ者や復員軍人たちが主力を担った。食糧難解消を掲げる国策であったが、寒冷地に加え、特有のヤマセ（偏東風）が作物の生育を妨げる。専業農家が成り立つのは困難で、県内でも出稼ぎ率がとりわけ高い地域であり続けた。

「場当り農政」にも振り回された。一時期、砂糖の自給率を高める名目でビート栽培が奨励されたが、輸入自由化とともに製糖工場は閉鎖される。せっかく切り開かれた田畑であったが、やがて減反政策がはじまる。酪農に転換する農家も増えていくが、設備や飼料購入費の返済に追われて収益は残せない。農家の共通項は借財を抱えていることだった。

ふだんは馬車、冬には馬橇《ばそり》が長いこと代表的な移動の手段であった六ヶ所村の村内で、見慣れない東京ナンバーのセダンを見掛けるようになったのは、昭和四十四年の初めころからである。白一色のスロープを、ジープででもあればともかく、華奢《きやしや》な車体でのぼりおりする遠来のセダンの出現は、いかにも時季はずれで、話題に乏しい冬ごもりの村民に一つのなぞを提供した。

この年、均衡ある国土形成をお題目に新全総（新全国総合開発計画）が閣議決定される。県の熱心な誘致もあって、大規模コンビナートの適地として「むつ小川原」が有力候補地となる。セダンに乗っていたのは視察に訪れた経済界のお偉方で、やがて不動産業者が土地の買い占めに入ってくる。

土地取得の計画は大規模なもので、六ヶ所村の村民たちのおよそ半分の世帯の立ち退きを強いるものだった。農地の代替地も一応提示はされたが、より生産性の低い未開の地でしかない。

一度は満洲へ、もう一度は六ヶ所村へ、さらに離農へ――。本書は、幾たびか国策に翻弄《ほんろう》された人々の足跡を、六ヶ所村に点在した開拓部落のひとつ、上弥栄《かみいやさか》の人々に焦点を当てて綴られている。

2

いま上弥栄に、その七十九戸は、跡形もない。……

最期を迎えようとしている患者に施される一本のカンフル注射のように、解散が決定した上弥栄に一戸だけとどまって、終りの日を一日のばしにして来たのは、清野《せいの》光栄《みつえ》であった。

冬の朝、自宅から上弥栄小学校まで直線にして五百メートルを、黙々とカンジキで踏み続ける彼の姿を他所者《よそもの》が見掛けたとしたら、その目に六十代半ばのこの農夫は、常人と映らなかったかも知れない。

だが、その懸念は無用であった。除雪車も入ってこなくなった清野家ただ一戸の上弥栄に、訪れる人のあろうはずもなかったからである。

清野が上弥栄に踏みとどまっているのは、廃校になった小学校の校舎の管理人を村役場から委嘱されているためだったが、もちろんそれだけではない。カンジキで踏みしめる道が「自分の土地の感触を」伝えてくれるように感じられるからだった。「紙切れの上の所有権」は失われていようとも——。

清野がこの地に入植したのは敗戦から四年後のこと。「開墾鍬《くわ》一本」で松林と熊笹の茂る地に挑み、「三角小屋」を建て、地に大豆と小豆の種を蒔いた。日中はもとより、月明りがあれば鍬を振るったとある。この時点で、満洲で別れた親族の幾人かは「消息不明」であった。

関東軍の武力を背景に、開拓農民たちが満洲の地に足を踏み入れたのは満洲事変二年後の一九三三（昭和八）年。「五族協和」が謳《うた》われたが、〝匪賊《ひぞく》〟に備え、有事には自ら対応する「屯墾兵《とんこんへい》」であった。入植者のほとんどは小作農たちで、広い大地に自前の農地を持てるという魅力にひかれての入植であった。

一九三九（昭和十四）年、山形出身の清野は第八次太平山開拓団の一員として渡満、三江省（現黒竜江省）通河県に入植地を得る。やがて妻子、両親、きょうだいたち、その家族もやって来た。同郷出身者たちが入植したエリアは弥栄村と命名されたが、六ケ所村の上弥栄はその名残である。

一九四五（昭和二十）年——。終戦の三ヵ月前、清野は召集されてソ満国境の守備隊につくが、関東軍はもう無力と化していた。八月九日、ソ連軍は一斉に国境を越えて侵入、戦車隊は満洲の地を縦横に突き抜けた。生き残った守備隊の兵士たちは武装解除され、シベリアへと送られる。

入植地に残された高齢者と婦女子は逃避行を続けるが、早期に帰国できたものは幸運者だった。略奪、暴行、飢え、凍傷、衰弱死、病死、「満妻」、「満妾」……。流転が待ち構えていた。

シベリアから帰国した清野は上弥栄に入植する。この時期、三角小屋のランプの灯りの下で親族たちの「その後」を記したノートを残していた。それを本田は本書に書き写しているが、満洲に在った親族は計十八人。ノート記入時点で、満洲から引き揚げてきたもの六人、病死五人（母、妹、妹、弟の長男・次女）、残り七人は空白で、すなわち消息不明。メモ書き一枚から、満洲入植者たちを襲った過酷な運命がひしひしと伝わってくる。

清野光栄は十一人きょうだいの長男。妹の一人、四女タケヨもノートでは「消息不明」であったが、それは長く長く続いた。

タケヨが家族とともに渡満したのは数え年で十七歳。開拓団に付属する診療所で見習い看護婦となる。獣医を目指してハルピンの学校に入る男性と結ばれ、長女ひろみを授かる。十九歳の若妻であったが、「彼女のしあわせはそこまでで、束の間のものであった」。夫は召集され、敗戦期の混乱のなか、二人は生き別れになってしまう。

終戦前日の八月十四日、太平山開拓団に通河県公署から避難命令が届く。人々は身の回り品と食糧を馬車に積み込み、ハルピンを目指した。ソ連兵や中国人の武装集団に脅かされながら草原に野営し、転々としつつ旧開拓村の一つにたどり着く。夜になると周りを狼が取り囲んだ。

やがて、酷寒の冬が到来する。食糧の欠乏、栄養失調、発疹チフス……。ばたばたと人が死んでいく。一粒種のひろみもその一人となった。生きていくすべは現地の中国人の家に入るよりなかった。

「あたしな、その夜、だまって出たもんだから、うちの母は、何か食物でも拾いに行ったと思ったの。

でも帰らねえもんだから、うちのお父さん教えたんだ。米のご飯おめえ食いたいっていうもんだから、おめえの娘が中国の家さ行ってもらってくるうって行ったんだあって。

教えたら母が頭にカーッときて、その夜亡くなれたんだ、は。まだ五十五だったかしんねえなあ。
だからって、悲しいこともあったけど、やっぱりね、まだお父さんだの妹だのいたんだしよう、どうしようもなかったのよ。だからあたしがこうして犠牲になって」

中国人の夫、王振江は、開拓部落の空家を改造してオンドルをつけ、清野の家族を住まわせ、食糧を届けてくれた。
敗戦から二年――。内地への引き揚げがはじまったが、タケヨは当地に留まった。夫から日本は焼野が原でとても生活ができないといわれたこと、さらに王家にはもう一人、幼い日本人の「満妻」がいて、彼女を残して去ることができなかったからである。それでも望郷の念にかられ、幾度も家出をしている。
時はめぐる――。夫とタケヨの間には七人の子供が生まれた。「夫が昭和四十年に世を去って、帰国の道がひらけ」「成人した長男と長女を中国に残し、五人の子供を連れてタケヨが郷里に帰り着いたのは、四十九年八月二十三日であった」と記されている。

渡満からいえば三十三年ぶりの、敗戦からいえば二十九年後の帰郷であった。

3

どんな壁でもぶつかったら破らなければなんないと思って、その気持ばかりで来たの。私、絶対まいんないの。やり通す方だもんで——。上弥栄の婦人会長をつとめてきた林登志子の言である。

本田ノンフィクションの特徴は、ディテールを丁寧《ていねい》に書き込むことによって人物や情景を伝えていくことであるが、登志子の逞《たくま》しき人となりも細部の記述によって浮かび上がってくる。

上弥栄部落に入植して間もない時期、米も現金もない。麹《こうじ》とドブロク造りで糧を得たとある——。

山形の郷里に帰ったさい、いとこから一握りの麹菌をもらって帰る。隣家から五合の米を借りる。米をふかし、ムシロにあけ、麹菌をまぜてねかせ、発酵させる。やがて白い花が咲き、一升の麹ができる。それを持ってドブロクを造っている農家を訪ね、二升の米と交換する。隣家に五合を返し、五合を一家で食べ、残り一升で再び麹をつくる。登志子の麹はいいドブロクができると評判になり、室《むろ》をつくって〝麹屋〟をはじめていく……。

子供たちに自家製の「短靴」をつくったという記述もある。打ち捨てられたゴム長の廃品を拾ってきて、傷んでいない部分を切り取る。松材で足型をこしらえ、ゴム長の切れ端を張り合わせる。乾燥ゴムで接着し、焼ゴテをあて、溶けたものを伸ばして仕上げる。不格好でも子供は喜んだ。雨降りになると、下駄をもったいながって、両腕に抱えて走ってくる子供には、うれしい雨靴となった、とある。

貧しくもまた慎ましい、往時の開拓村の暮らしの様子が伝わってくる。

林登志子もまた満洲帰りの一人である。見合いをしてすぐ満洲に渡った「大陸の花嫁」だった。二十一歳。当地での暮らし向きについて、「奥様の身分」で「何一つ不自由のない生活」と語っている。

家には「満人」の使用人がいて作男もいた。土地は肥え、作物はよく実る。除草期には、林家の大豆畑やトウキビ畑に十数人の「苦力《クーリー》」が入ったが、登志子の役割は農作業のリーダーに大まかな指示を行えば事済んだ。

小作にこそ出さなかったが、弥栄村の農業は、中国人の労働力で成り立っていた。視察者のあいだで弥栄村の団員を「殿様百姓」と陰口するものがあった。だが、人生のバランスシートは、そのしめくくりで見なければならない。

敗戦後の逃避行のなか、登志子もまた、小学校三年生の次女、幼児の双子の長男・次男を病と衰弱死で失っている。苦しむ幼児を抱きかかえながら「早く死んで、親孝行してくれ」という思いに駆られるような、切ない看取りであった。

戦後、登志子は、三男、四女、五女と、三人の子をもうけた。

「私、子供五人欲しかったの。三人亡くしたでしょ。だから、また三人つくったの」

と、この東北女性は、何でもないことのようにいう。

5から3を引いて、また3を足して――。算術であれば、それで計算が合う。だが、登志子の人生から差し引かれたものは、他の何を足してみても戻らない。

上弥栄で自立した農業を営む――それが開拓農民たちの共通の思いだった。略農業を軌道に乗せていった農民も登場するが、多くは将来展望を開けず、巨大開発の話が持ち上がる以前から離農者が生まれていた。

開発反対の運動も存在はしたが、大きなうねりにはならなかった。「これら巨大企業が名を連ねる『むつ小川原開発株式会社』を連合艦隊にたとえるなら、その目標に据えられた六ヶ所村は、演習に引き出された標的艦のごときものであった。初めから戦いにはならない。そして、沈むことだけを要求されたのである」。借金を抱える農家が、鞄に札束を詰めてやって来る不動産会社に抗するのは困難である。一軒、また一軒と土地の売買契約書にハンコを押していった。

六ヶ所村の一部地域では「にわか分限者」が生まれた。新・改築ラッシュを迎え、お定まりのカラートタンで屋根をふき、家々の応接間にはシャンデリアがきらめいた。

一過性の、そんな風景の出現を、本田は「全体を一点の絵にたとえるなら、その制作者は長い歳月である。人々はそこへ向かって安手な色彩を投げつけることにより、不如意だけを強いて来た歳月に、いささかの復讐を果たそうとしているかのようであった」とも書いている。

一九七三（昭和四十八）年四月、上弥栄部落は清算のための組合総会を開き、二十七年にわたる歴史を閉じた。新天地を求めて南米へ渡る農民も生まれたが、多くは東北各地に転居して行った。

高橋正由は、見知らぬ地、青森県上北郡百石《ももいし》町に家を建て、移り住んだ。国道に面する部分にガソリンスタンドをつくり、息子夫婦が切り盛りしている。隠居の高橋には、冬季、高校に通う孫を駅に送り迎えするほか、これといってすることがない。

福島、満洲、上弥栄、百石町と、幾度か転居を余儀なくされた。六ヶ所村の地つきの人たちは、上弥栄の連中は先祖代々の土地ではないから思い切りよく出ていくのだといったが、それは違うと高橋は思う。

しかし、四半世紀を費してわがものにした土地を捨てるには、「一口に声に出せない」さびしさがあった。お互い農民はそういうものではないのか、といいたい気持がいまも彼に残る。

農家に生まれついて、作物が伸びる楽しみ、仔牛が成長する喜びが彼の生甲斐であった。

お互いに喧嘩もしたが、裸同士の同じ境遇から出発して、上弥栄の仲間には兄弟以上のものがあった。見知らぬ人たちの好奇の視線にわが身をさらしながら、孤独感をもてあますとき、何とか同志でかたまって生きられる方法があったのではないかと悔い、一個の生き方として自分の選択は誤っていたのではないか、とおのれを責めた。

「国家というやつ」には、えらく迷惑を掛けられたという思いが深い。

「変転きわまりないという言葉があるが、われわれの場合、まさにその通りで、時代が時代だから、どうもこうも仕様がないでしょう。最後に行きつくのは、やっぱり経済問題ですからねえ」

いま高橋を両面からとらえているのは、生活の安定からくる安堵感と、人生の目的を失った無力感である。

農民から土地を奪う罪深さを、あらためて思うのである。第五部「巨大開発」の結びで、本田はこう書いている。

無人となった上弥栄は、冬枯れの中にある。旧上弥栄小学校のあたりに立つと、積雪がかつての営みの跡を一面に覆いかくして、目にする変化は、ゆるやかな高低と光と影が描き分ける白の濃淡と、その先に取り残された防風林の薄墨色くらいのものである。

広がる風景は、まさに地の果てのそれであって、小学校の廃屋は、荒地に挑んで空しく終った七十九戸の墓標と映る。

ここには一本の幟《のぼり》も立たなかった。まして砦《とりで》が築かれることもなかった。従順な「国民」たちは、またしても、「国家的事業」に殉じたのである。……上弥栄の人びとの大多数は、農民としては滅んだ。それを仕向けたのが「国家」だとして、いったい「国民」とは何であるのだろう。

4

『村が消えた』の文庫版（講談社・一九八五年）の解説を鎌田慧が書いている。これ以上ない適任者であろう。鎌田は取材から刊行まで二十年を要した大部のノンフィクション、『六ヶ所村の記録』（岩波書店・一九九一年、講談社文庫・一九九七年）を著している。

本田著が満洲―上弥栄をめぐる人々の歳月を追うことに力点が置かれているのに対

し、鎌田著は六ヶ所村全域にまたがり、巨大開発に抗する運動史という色彩が濃い。国策に翻弄された人々への思いは重なり、登場人物の重なりもある。評価の異なる運動家も含まれてはいるが――。

『村が消えた』をめぐって、鎌田に雑談してもらう機会を得た。

鎌田は青森・弘前の出身である。だからであろう、「僕にとって六ヶ所村は隣町へ行くという感覚であったわけですが、本田さんにとっては話し言葉の理解ひとつとっても大変だったと思いますね」という。そして、『村が消えた』で特筆すべきは、被害者でありまた加害者でもあった開拓民たちの両面を見据えていることだと指摘した。

「上弥栄の農民に会ったさい、僕も満洲と六ヶ所村、どちらが大変でしたかと訊いているわけです。するとほとんどの人々が六ヶ所村のほうがきつかったという。満洲では『満人』や『鮮人』を使っていたから楽だったと。その発言はとても衝撃的でしたね」

開拓民たちの、満洲の現地人にかかわる証言はシンプルで、そこに〈罪〉の意識はない。それがこの時代を生きた日本人の大多数の意識だった。そのことを十分に承知しつつ、その点での違和や齟齬《そご》感も本田は記している。視線は複眼的である。

顧みて、移民の一人一人は、わが国の満洲政策に進んで加担した尖兵というより、破綻に終った国策の被害者として位置づけられるのであろう。しかし、現地中国人からすると、彼らの土地を奪う加害者集団ということにならざるを得ない。

満洲への開拓史に触れた章での一文であるが、同じ言い回しをしている箇所がある。満洲及び上弥栄の両地で小学校の教員をつとめた教育者、江口秀が登場するページである。

秀を「明治女性の心根」をもった「誠心誠意の人である」と本田は記す。山形の出身。満洲の開拓団が子弟の教育に困り、教員募集をしているとのニュースを耳にし、渡満する。中国人子弟にも日本語と算数を教えた。満洲は「憧れの地」であり、「五族協和」を心から信じていたという。

六ヶ所村の学校へも「就職希望者は皆無」のなかでの赴任で、やがて上弥栄小学校の教員兼校長を、夫は上弥栄開拓農協の初代組合長をつとめていく。

山形に十六年、満洲に十二年、六ヶ所村に二十三年。骨を埋めるつもりだった上弥栄の土地を失って後は、青森・十和田に移り住み、和装学院を開いているとのことである。

秀の歩みへの敬意の念が伝わってくる記述であるが、一点、満洲国という〝仮構の国〟への価値観について、本田とは意見の相違があった。

信じる徳目に忠実に生き続けて来たと自負する秀は、満洲開拓の全否定は、自己の営為のそれにつながるように思えて、承服しがたいもののようである。

個人の善意は認めても、そこからは国策の犠牲者としての満洲開拓者が浮かび上ってこない。また、土地を奪われた中国人の苦悩や怒りも聞えてこない。

彼らは被害者であり、半面、加害者でもあった。

被害と加害がまだらに織《お》り成す。戦争というものが引き起こす普遍的な構図であろう。

本田は鎌田慧という書き手を、ノンフィクション界にあって「別格」と記している（『我、拗ね者として生涯を閉ず』）。

鎌田は本田を、「向う気は強いけれども気は優しい。戦後が生んだもっとも良き社会部記者の一人」と評した。交流はごく淡いものであったというが、互いに認め合う間柄であったのだろう。

後年、本田は重い病に侵されつつも書くことをやめなかった。世のありように対する批判の精神を、世を去るまで失わなかった。そういう本田の晩年の処し方について、鎌田はこうも評した。

「もの書きの根性というものを見せてもらった。これはちょっと例のないものであって、そのことだけをもってしても残る人ですよね」

六ヶ所村の当地に、石油精製、石油化学、火力発電など大規模コンビナートをつくる計画は、オイル・ショック以降の経済環境の変化で頓挫した。「文庫版のためのあとがき」では、本田はこう書いている。

ほとんど手つかずのまま十数年間にわたって放置されている開発予定地に立つと、満蒙開拓の国策の下、満洲（中国東北部）に移植されて、そのために流浪の悲惨を味わい、故国に文字通り命からがらたどり着いて、下北半島の一劃《いっかく》にふたたび開拓の鍬をふるうが、結局、農民としては滅びることを余儀なくされた人びとのあわれが胸に迫るのである。

本田は朝鮮で生まれ育った。環境も意味合いも異なるが、その視線には、ともに外地からの引揚者というルーツが投影している。

その後、当初計画は土台から変更され、旧上弥栄周辺の一帯には、備蓄用の石油タンク群が立ち並んだ。またその後、「高レベル放射性廃棄物（核のゴミ）」関連の施設がつくられていく。時々の事情で、国策はいくらでも融通無碍《ゆうずうむげ》に変容するのである。そのようなものを望んで農民たちは土地を手放したのか――。

本田は、念を押すようにもう一度、「上弥栄の人びとの大多数は、農民としては滅んだ。それを仕向けたのが『国家』だとして、いったい『国民』とは何であるのだろう」という言葉でこの「あとがき」を締め括っている。

〈国家〉とは何か、〈国民〉とは何か――。本田のなかで、多分に疑念をともなった想念が芽生えはじめたのは、ずっと以前、おそらく少年期までさかのぼることになるのだろう。『村が消えた』の取材と執筆は、その問いを、いま一度切実に問い返さざるを得ないものだった。この後に続く言葉を読者に委《ゆだ》ねているかのようにも思える。私によぎった言葉を記してみるなら――。

だれも、いつの時代も、〈国〉の埒外《らちがい》で生きることはできない。時々の趨勢《すうせい》に押し流される寄る辺なき存在ではあるが、そうであってもなお一個の自立した〈民《たみ》〉として生きていきたいものだ、というような——。

第十章　スクープ記者の陥穽《かんせい》――『不当逮捕』

1

雨には不吉の臭いがする、などと、気のきいた風なことをいってみたところで、しょせん後からのこじつけでしかない。

だが、降られると無性に気が滅入る。そのうち、何かよからぬことが持ち上がっても不思議でない、といった投げやりな気分にさせられる。ことに長い雨はいけない。

昭和三十二年十月二十四日も、たまたまそういう一日であった。

東京地方はこの季節につきものの不連続線の影響で、夜に入ってからも断続的な雨が止まず、本所警察署に設けられた警視庁第七方面の記者クラブに一人居残っていた私は、木製の長椅子を二つ並べてその上に仰向けになり、身の振り方を決めかねていた。

『不当逮捕』（講談社・一九八三年。引用は講談社文庫版による）の書き出しである。本田が読売新聞の記者になって二年半、警察《サツ》回りの駆け出し時代である。帰るべきか泊まるべきか、ぐずぐず迷っていた深夜、懇意にしてきた丸の内署詰めの「N紙」の記者・平岩正昭より電話が入る——。「そんなばかな」と声を上げるような、驚くべきニュースであった。

〝私淑《ししゆく》〟してきた社会部の先輩記者・立松和博が名誉棄損容疑で逮捕され、署に留置されているという。異例の事態であり、しかも立松を逮捕したのは東京高検（高等検察庁）というのである。

平岩にいわれて、吹き降りの中をタクシーで急ぎながら、私には何から何まで解せないことばかりであった。

それもそのはずである。

検察部内の奥深く、その最高権力の座をめぐって対立して来た二派の一方が、立松逮捕を突破口に相手方の勢力を一気に突き崩そうとして仕組んだ暗闘劇の筋書など、記者経験の浅い私に見抜ける道理がない。

皆目見当のつかないまま丸の内警察署に乗り着けると、ちょうど靖子《せいこ》（立松の妻）が正面玄関の庇《ひさし》の下に細い身体を寄せて、皇居の堀端から横殴りに吹きつける風雨を避けながら、畳んだ蛇の目の雫《しずく》を払っているところであった。

この六日前、読売新聞の社会面トップに「売春汚職／U、F両代議士（紙面では実名）／収賄容疑で召喚必至／近く政界工作の業者を逮捕」という見出しの記事が載った。

当時、売春防止法の制定をめぐって赤線業者の政界工作が進行し、東京地検が捜査に乗り出していた。両代議士の召喚間近という〝スクープ〟を放った立松であったが、名誉棄損の訴えを受け、高検により逮捕される。

立松は司法担当のエース記者だった。

芦田均内閣を瓦解させた昭和電工疑獄事件では「抜いて抜いて抜きまくった」。大蔵省主計局長（福田赳夫）、経済安定本部総務長官（栗栖《くるす》赳夫）の召喚をすっぱ抜き、さらには検察庁舎の通路を挟んで建つ倉庫の壁に穴をあけ、望遠レンズを潜ませ、先日まで宰相の座にあった芦田の取り調べ中の写真まで撮って載せた。

その後、立松は肺結核と胃潰瘍で三度の手術を受け、二年余の休職を強いられる。社会部の「大遊軍」に復帰して間もなく、売春汚職でトップ記事をものにする。

不当な逮捕、取材源秘匿は当然、言論弾圧……と、新聞各紙は一斉に反発、検察批判が強まるが、二ヵ月後、読売は「両代議士、事件には全く無関係」という取り消し記事を掲載、全面屈服する。立松は重大な過失で社の名誉を傷つけたとして懲戒休職、〝堕ちた偶像〟となっていく。


本書の元原稿は『小説現代』で執筆されている（一九八二年九月号〜八三年八月号）。本田がフリーになって十二年目、事件からいえば二十六年目である。

蛇の目の雫を払っていた――というシーンは、四半世紀、本田の脳裡に留まっていた情景だった。

本作はずっとあたためていたテーマだったように思える。なぜ年月を経ての執筆になったのか。関係者への配慮であったのか、あるいは素材を寝かせ、発酵させるべき時間が必要であったのか……。本田に訊いた日がある。

お尋ねの前段の部分は、たしかにあったんです。でも、主たる理由は後段の部分ですね。自分のことに関してこういう言葉を使うのは気恥ずかしいんですけど、後藤さんがおっしゃってくだすったからそのまま使わせていただきますと、発酵する、お酒でいうと寝かせる、そういう時間はやはり必要だった。それは書いてみてなお強く感じましたね。……

もちろん立松さんに対する私の思い、親愛の情というものは終始全体を流れているわけですけれど、しかし、これはやはり立松さんの落ち度ではないかというところは落ち度としてちゃんと書いている。一例をあげますと、立松さんがおかした大きな誤報の原因がそうです。ニュース・ソースは河井信太郎《のぶたろう》という検事だったのですが、そこから情報をもらってきて、裏をとらず、検証もきちっとやらないでそのまま書いてしまったというのは、やはり新聞記者として重大な落ち度です。そのために立松さんは自殺に等しい亡くなり方をされた。そういう悲劇的な結末に自分を追い込んでいったということがあるわけですね。

そういうことも含め、もちろん故人に対する気持ちは変わらないんだけども、やっぱりあるスタンスをきちんと保つ必要が絶対にある。そのスタンスはなによって得られたかというと、やはり一つには時間の経過です。（拙著『漂流世代のメッセージ』)

樽の中でゆっくりと熟成することによって古酒の名品が生まれるように、名作は時を経ることによって生まれた。

2

本文にある最高権力の座——とは検事総長を、二派——とは馬場義続《よしつぐ》(法務事務次官)が率いる「馬場派」と岸本義広(東京高検検事長)が率いる「岸本派」を指している。

本田は本書で、戦前から戦後に連なる検察人脈の解剖にかなりのページを費やしているが、事件の理解に不可欠という判断があったからだろう。検察ピラミッドの序列をいえば、検事総長—東京高検検事長—大阪高検検事長—最高検次長—法務事務次官—名古屋、福岡、広島、札幌、仙台、高松の各高検検事長……である。

両派の流れをさかのぼれば、馬場派は戦前、司法大臣をつとめた小原直《おばらなおし》へ、岸本派は同じく司法大臣をつとめた塩野季彦《すえひこ》へたどり着く。小原は「自由主義者」、塩野は特高を束ねる「思想検事」の頭目とされた。

敗戦により司法界の勢力図は一変する。ＧＨＱに睨《にら》まれた思想検事閥は後退し、代わって、逼塞《ひっそく》していた小原系の木内曾益《つねのり》が最高検次長のポストに就いて実権を振るう。塩野系も巻き返しに転じ、第三次吉田茂内閣で「古めかしい反共主義者」大橋武夫が法務総裁に就任すると、木内を切り、広島高検検事長に飛ばされていた岸本を後釜に据える。この時期、取材に当たっていた司法記者は「二つの権力が鬩《せめ》ぎ合う凄絶《せいぜつ》さに、肌が粟立つ思いであった」という言葉を残している。

馬場は木内の衣鉢《いはつ》を継いだ検事だった。ＧＨＱの統治時代、「経済検事」として実績を上げ、昭電疑獄では次席検事、造船疑獄では検事正として――犬養健《たける》法相の指揮権発動により頓挫はするが――現場指揮に当たった。立松事件のキーマン、河井信太郎は馬場の配下にあって辣腕《らつわん》ぶりを発揮した主任検事である（後に大阪高検検事長）。立松事件時のポストは法務省刑事課長。

立松は馬場―河井ラインに深く食い込んでいた。留置した立松の調べの陣頭指揮に当たったのが岸本だった。〝スクープ〟のネタ元を吐かせ、馬場派を一気に追い詰める……。

魑魅魍魎《ちみもうりょう》たる検察の内部世界を、鋭利なメスで解体腑《ふ》分《わ》けするごとく、本田は精緻によどみなく書き込んでいる。

さらに新聞世界を書き込んでいる。この時期、読売の「社会部王国」は陰《かげ》りを見せていたが、余熱はまだ十分に残っていた。編集局長、編集局総務、社会部長、社会部次長、前社会部長、元社会部長、社会部主任、司法記者、遊軍記者、警視庁二課担……たちが登場する。「サムライ」「狷介孤高《けんかいここう》」「苦労人」「仏」……など、人物評はそれぞれであるが、海千山千の面々である。事件発生前後の、記者たちの動きの詳細を記すことによって、生々しい臨場感を与えている。

本書は、失脚した社会部記者の物語であるのだが、彩り豊かな物語となっているのは主人公の魅力によるものであろう。読点を続けた文章で立松像をこのように記している箇所がある。

そうすることによって、いつも埒外《らちがい》に飛び出しそうな危うさを身に漂わせながら、風変わりで奇矯ともとれる言動を好み、それが地であるのかと思えば、周囲を楽しませるための計算されたサービスのようでもあり、では計算高い男かというと、知己、友人のために自ら失うことを厭《いと》わず、持てる限り散じ、その点において善意の人間であるのは疑いもないのだが、人に虚飾を見ると異常な情熱を以て引き剝がしにかかり、驕《おご》るものがいればちょっとした奸計を仕掛けて笑い物にする意地の悪さもけっこう持ち合わせていて、そのくせそうした相手からも恨みをかわず、つねに人気の中心にいるという、なんとも襞《ひだ》の多い立松和博の人となりに迫る手掛かりが、いくらかでも得られはしないか、と考えるからである。

立松は一九二二（大正十一）年生まれ。祖父・平《たいら》、父・懐清《かねきよ》とも判事をつとめた司法官の一家である。大正末、懐清は大逆罪に問われた無政府主義者、朴烈《ぼくれつ》と内縁の妻・金子文子の予審判事となるが、両被告に同情的で、予審廷で仲睦まじい二人の写真を撮る。これが外部に流れ（「怪写真事件」）、引責辞職する。「型破り」ぶりは息子へと受け継がれた。

立松の少年期、父は弁護士を開業し、母・房子は著名な声楽家。麻布本村町の広い屋敷で何不自由なく育つ。母は次男の立松を「猫かわいがり」したとある。いたずら好きと無類の気前の良さをもった、一風変わった不良少年ぶりが紹介されている。中学時代。出入りのハイヤーで日本橋の三越百貨店に向かい、文房具売場で、一般には手の届きにくい舶来の万年筆を五十本購入する。勘定書は後日、親のもとへ届いた。さすがに父は驚き、三越に引き取らせようとしたが、無理だとわかる。すでに五十本はクラス全員にばらまかれていて、立松はこうのたもうたとある。

「だって、ぼくの欲しいものは、みんなだって欲しいだろうと思ってさ」

立松は戦中世代である。海軍予備学生となり、通信員として重巡「那智《なち》」に乗り組む。レイテ沖海戦直後、那智はマニラ湾で爆沈する。立松も海に投げ出されるが、命は助かった。

終戦後、父・懐清と正力松太郎のつながりから読売に入社する。持ち前の機転と機略、さらに信義の厚さがあって、飛び抜けた特ダネ記者となっていく。口の堅い検事たちが、どういうわけか立松には内部情報をもらすのである。司法界への食い込みには家系もプラスした。

本田の視線は、複雑な内面を宿した人間・立松和博を見詰めている。筆致は〈文学的〉でもある。

現役時代の記者立松和博は、つねにステージの中央でライトを浴びているような存在であり、私生活の面においても、突飛な言動で話題を提供し続けて、一際《ひときわ》目立っていたが、それは彼が周囲の目を意識した場合に限られており、人前を退いた後はめっきり口数が少なく、むしろ陰気にさえ見えた。

彼がそうしたときにのぞかせる心の翳りは、生まれつきからくるものなのか、あるいは、育った環境に由来するのか、それとも、戦争体験が落とした影であるのか、私にはいずれともいえない。ただ、職場で称賛や驚嘆や憧憬を以て語られる立松和博は、多分に本人自身によって演出されたものであり、彼のたぐいまれな人づき合いのよさは、むしろ、深い人間不信から出ているのではないかと思うときがあった。

本田にとって立松は、ひと回り近く上の大先輩だが、記者活動はともにしていない。「まったく個人的な付き合いに終始した」間柄だった。

本田が警察回りで知り合ったN紙の平岩記者は、親子二代にわたって立松家とかかわりがあり、「和ちゃん」を紹介するといって、手術後の療養中だった立松のもとへ本田を連れて行く。新宿御苑にある前田外科分院の個室で、それが初対面だった。

奇妙な暗さ――を感じたとある。

彼は見るからに高価な大島をさりげなく着こなし、左から七三に分けた長髪の先端を広い額の右の部分に垂らしていた。私は頰のこけたその風貌に、少年の一時期人並に熱中した津軽出身の作家を無意識のうちに重ね合わせていた。

立松が付添婦に耳打ちするとすぐ、テーブルを埋めつくすほどの中華料理が運び込まれ、冷えたビールの栓が抜かれ、ジョニ黒の封が切られる。「まだ陽の高いうちから始まった三人の宴会は、面会時間におかまいなく、延々と続いた」とある。退院後も三人はつるんで遊んだ。立松の運転するクラウン・デラックスで山中湖畔の別荘に行ったりもした。本田の呼び名は「ポン公」となっていく。立松が明かす取材の手口や裏話はいつも本田を飽きさせなかった。

狙った女は外したことがない――というように、女性の出入りが絶えない立松であったが、世にいう漁色家とは異なっていた。

いまかりに、女性と交渉に入ろうとしている立松の姿を想定してみて、そこにぎらついた欲望とか淫らさとかは浮かんでこない。見えてくるのは、冷めたさとないまぜになった倦怠である。

どの時期からとはいえないが、少なくとも私が立松を知ったころ、すでにして彼はそう思わせる雰囲気を漂わせていた。それでいてなお彼が女性遍歴をやめなかったのは、相手の着衣と一緒に虚飾を引き剝がして、その下に隠されている人間（この場合は女性）の本性をあらわにすることに、情熱と呼ぶには暗く冷ややかに過ぎるが、それと一脈相通じる屈折したよろこびを見ていたからではなかったか。そうなってからの立松にとって、相手とのあいだの性行為はつけ足しであり、別になくてもそれはそれでよかったはずである。

立松のもつ固有の〈磁場〉が伝わってくる。それに引き込まれて本田は立松との交流を深めていく。

和博はあなたがお気に入りでしたから――亡くなった立松の枕元で、母の房子が本田にいった言葉である。

立松がなぜ本田を〝可愛がった〟のか。人と人には、短時間のうちに互いを見抜き、深いところで了解し合う関係性が生ずる場合がある。「立松は二十三歳の私から、いずれは組織の枠組をはみ出して行くアウトサイダーの臭いを嗅ぎ取っていたのであろう。それ以外に、彼が私を身辺に近付けた理由が思い当たらない」と記している。

立松との関係を「一方的に与えられるだけの関係」とも記しているが、立松もまた本田の宿す磁場を感じていたのだろう。もとより二人の磁場の質は異なるが、どこかで交差するものがあったのだろう。本書で本田は、立松を描きつつまた自身をも語っている。

3

三日間、丸の内署に勾留された立松であるが、もとよりネタ元は明かさない。釈放され、一時、ヒーロー扱いもされるが、読売の腰は据わっていなかった。

本来、立松逮捕の時点で即、猛反発すべきところ、翌日の朝・夕刊ともに沈黙し、各紙の模様を眺めつつ立松擁護の論陣に加わった。そのことに本田は釈然とせず、強い憤りを覚えたと書いている。

立松は微熱が続き、周りからの〝隔離〟も兼ねて前田外科分院に入院するが、本田は入り浸るように訪れていた。ネタ元が、立松のいう「デブ信」、河井信太郎であったことも耳にする。

おれの射ったミサイルは、必ず標的に命中したんだがなあ……と、立松は口にしたとある。命中の精度が落ちたのは、時代の変化もあったろう。

昭電疑獄時、占領下の日本社会を塗り変えていたのはGHQの改革者たち、民政局だった。やがて冷戦時代のはじまりとともに仕切り役はGII（参謀第二部）へと移り、いわゆる「逆コース」の時代を迎えていく。立松が病と手術で休職していた時期、政界では保守合同―五五年体制が確立し、より安定的な保守政権の時代が到来していた。

「立松さんが休んでいたあいだに、舞台が変わっていたということですね」

私はそれだけをいうのがやっとであった。

現職の閣僚から前総理、副総理まで下獄させた検察による昭電疑獄の徹底追及も、その動きを的確にフォローしてスクープを放ち続けた立松の活躍も、GHQという超権力の内部分裂がもたらした時代の気まぐれでしかない。

造船疑獄捜査の頓挫は、GHQに代わった保守支配体制が検察を圧倒する権力を確立していたことを意味する。時代という舞台が暗転して検察の出番が封じられると同時に、立松が光芒を放つ場も失われていたのである。

立松はその認識を欠いたまま舞台に復帰しようとして陥穽《かんせい》にはまり、奈落の底へ転げ落ちた。しかし、いかに親しい間柄とはいえ、私はその状況確認を本人に迫ることは出来なかった。立松にとっての幸福な時代は、まさに一場の夢だったのである。

U・F両代議士の容疑を裏付ける事実は出てこない。分院で本田が目撃したのは、守勢に立たされたさいの立松の弱さと脆《もろ》さだった。鬱か躁、あるいは朦朧《もうろう》状態のときもあって、このまま帰って彼を一人にして大丈夫か、と思う日もあった。

看護婦と同衾《どうきん》している現場にも本田は出くわすが、彼女を手なずけて「オピアト」(阿片剤)を入手し、中毒症状に陥っている様子も目撃する。過度の睡眠薬を常用し、科は神経科へと移って行く。

「懲戒休職」後、立松は社に復帰するが、飼い殺し的な部署に配属される。さらにその後、城南支局長をつとめるが、もはや抜け殻だった。睡眠薬中毒で病院に運ばれる際、「運ちゃん、読売はひどい会社だぞ。おれを助けてくれなかった」という言葉も吐いている。

本書の「あとがき」ではこんな一文も見える。

立松が放った数々のスクープは、「言論の自由」とか「知る権利」とかといった、ジャーナリストの建前から生まれたものではなかったように、私は思う。彼における取材活動は、周囲に次々といたずらを仕掛け、あるいは、あまたの女性に身も心も開かせようとする、あまり一般的とはいえないパースナルな満足の追求と同じ次元にあった。

それらを成功させるために、立松は異才を傾け、あまつさえ、時間も労力も費用も惜しまなかった。職業人としての新聞記者にはおのずから限界があって、職業意識というより「業《ごう》」に動かされて突き進む立松に、取材競争で太刀打ち出来る道理がない。その意味で、立松は稀有の存在であった。

本文の中で書いたことであるが、そういう立松の「実」は、ただ一筋、紙面につながっていた。その絆を断たれたとき、彼には空しさだけが残った。

立松の晩年、本田は自身の結婚の仲人を依頼するなど、関係は続くが、あえて遠ざかった時期もあった。会えば深酒となり、深夜の〝暴走ドライブ〟となる。付き合うのは命がけだった。そして、事件から五年後の秋、訃報に接するのである。

「暗闘」の勝者は馬場だった。

事件から三年後の一九六〇（昭和三十五）年、岸本は東京高検検事長のまま定年となる。同年秋、大阪五区から衆議院議員選挙に出馬して当選するが、大量の選挙違反者を出し、自身も買収容疑で起訴される。意趣返しであったのか、馬場派が制した大阪地検の摘発は仮借《かしやく》ないもので、二百余人が検挙されている。さらに三年後、岸本は再出馬するが、「選挙史上最大」の折り紙をつけられた前回の違反が祟《たた》り、落選する。

さらに事件から七年後の一九六四（昭和三十九）年、東京高検検事長にあった馬場は検事総長に上り詰め、岸本には有罪判決（禁固一年三ヵ月、執行猶予三年、公民権停止三年）が下った。本田は「片や検察の最高位をきわめ、敗者は法務大臣どころか、社会的にも葬り去られたのである。明暗を分けるというが、この懸隔《けんかく》を表すにはそれでは足りない」という言葉を添えている。

岸本の退官や選挙出馬が伝えられる日があったが、立松が話題にすることはなく、恨みつらみを口にすることもなかった。「彼は岸本を一個の人間として、別に好きでも嫌いでもなかった」。馬場や河井に対してもそうだった。立松が取材源秘匿を守り通したのは、職業上の倫理からそうしたのであって、彼らに対する好悪の感情とは無関係だった。

　しかし、社との関係は違う。立松は仕事に関してノンシャランを装い、「虚」を生きているように振る舞っていたが、彼の「実」はただ一つ新聞記者の誇りにつながっていた。家庭をまったくといってよいほど顧みず、酒と薬と女に明け暮れた彼の私生活は、「虚」そのものであったかも知れない。それであればなおのこと、彼の唯一の「実」が重みを持ってくる。そこにつながる綱を社の側に断ち切られて、立松にどのような生きる術があったか――。

　一九六二（昭和三十七）年の秋、本田は社会部で最年少の遊軍になっていた。社で、城南支局からの一報を受けた本田は、「自殺か」と大きな声を出した。周りのデスクたちはかぶりを振る。ただ、「立松の最期が、世にいう自殺によるものであろうとなかろうと、私にはもうどちらでもよいことであった」。事件以降、立松がたどったのは、だれにも止めようのない、「緩慢な自殺」であることは明らかだったからである。

　通夜の席で、本田は妻の靖子から立松がかなりの額が打ち込まれた銀行通帳を残していたと耳にする。〝浪費王〟の立松からして意外なことであったが、そのわけを本田は知っていた。

「だれにもいうなよ。おれ、飛行機を買うことに決めたんだ」

立松のいうことにはたいてい驚かないが、このときは耳を疑った。

「えっ、飛行機ですか」

「うん、単発のセスナ。中古だと五、六百万で買えるらしい」

「そんなもの買って、どうするんです？」

「飛ぶのよ」

「飛行機っていうくらいのものだから飛ぶでしょうけど――」

立松はそこでにやりと笑った。得意なときに見せる表情である。……

「いいか、そのときが来たら、君に時間を知らせるから、社会部の連中を屋上に集めろ。おれさ、鳩小屋の屋根をかすめて、野郎どもに手を振ってみせるんだ」

ラスト、「私は靖子のそばをそっと離れて、立松の枕元に戻った。おのれをこの世につなぎとめようとした、かつてない壮大ないたずらも、しょせん立松の生きるよすがにはなり得なかった――。そう思うと、初めて悲しみがこみ上げて来た」と記して、本文を閉じている。

4

講談社のPR誌『本』（一九八四年八月号）に、本田は「『不当逮捕』その前夜」と題するエッセイを寄せている。

――（一九八〇年）五月の連休、『小説現代』編集部のO氏に、半ば拉致される格好で神楽坂の旅館Wにカンヅメにされる。一階奥の、薄暗い八畳の部屋だった。段ボール三杯の資料を持ち込み、執筆に専念するのであるがはかどらない。

O氏とは小田島雅和である。入社後間もなく『現代』に所属し、ここで本田と面識ができた。その後、小田島は『小説現代』、文芸図書第二出版部、第三出版部など、文芸畑を歩いていくが、本田が亡くなるその日まで親交を続けた編集者である。

鉛筆が遅々として進まないときの書き手は、担当の編集者に対して、サラ金の取り立てに遇っているような卑屈な気持ちでいるものだが、旅館の払いが編集部持ちのカンヅメになると、いよいよもって、何とかしなければならないという心境に追い込まれる。脱稿が一日遅れれば、その分だけ余計な負担を編集部にかけるのだから、自宅もしくは自分の仕事場にいるときより、いやでも執筆のスピードを上げざるを得ない。編集部サイドからすると、そこが付け目なのである。私の場合も、心組みとしてはそのように運ぶはずであった。

執筆上の制約と困難性が筆先を重くしていた。主人公・立松和博への個人的な思いはいいとしても、主人公に肩入れする余り、公正な眼をくもらせてはいけない。私情を抑制してどこにスタンスを置くか……。検察の二大派閥を昭和初期までさかのぼって書き込むことが必要だが、読者の興味を減じさせるものとならないか……。登場人物の多くは現存しており、書き手が名誉棄損の告訴を受ける可能性だってある。かといって、筆を抑えることはできない……。

さらに翌六月、ネパール・カトマンズへの取材予定が以前から組み込まれていた。これは第八章で触れた『栄光の叛逆者　小西政継の軌跡』にかかわるもので、その準備もある。

さらに加えて、体調の不良である。ネパールから帰国するとついにダウンし、床についてしまう。下痢、発熱、悪寒、発汗が続く。体重はがくんと減った。一週間ほど自宅で静養し、再度、旅館にこもるが、体調は元に戻らない。肝炎が進行していたことが後に判明する。

秋が行き、冬が来て、年の瀬も押しつまった十二月二十八日、Wの滞在を切り上げて自宅へ戻った。O氏は奥さんのヘソ繰りと称して、私的に越年資金を届けてくれた。それは筋道が違う。いったんは辞退したのだが、結局、彼の好意を受けることにした。原稿は予定の半分にも達していなかった。「カンヅメに穴があいて、空気が入っちゃった」と冗談をいいながら、私の心は惨めであった。

『不当逮捕』にはこれからも、暗い八畳間の思い出がつきまとうのであろう。

本田の年齢でいえば、『不当逮捕』の執筆時は四十代後半である。書き盛りであるが、この作品が文字通り、身を削って書かれていたことを知って感慨を覚えるものがある。また、随分と仕事を抱え込んで、同時並行的にそれらをこなしていたことに対しても。

原稿の仕上げにはさらに時間を要し、区切りがついたとき、小田島は『小説現代』

から文芸図書第二出版部副部長に異動していた。単行本は担当したものの、『小説現代』での連載は藤岡啓司へバトンタッチされた。彼も純文学系の『群像』などに在籍した文芸畑の編集者である。

連載開始を前にして、藤岡は本田宅を訪れた。和机を前に座布団にどっかと座る姿は、「かつて存在したであろう文士」を想起させた。本田はメモ用紙にタイトル案を書いていて、(1)「不当逮捕」(2)「陥穽」(3)……とあった。内容的には「陥穽」が一番ふさわしいが、タイトルとしては少々抽象的だ。本田と話し合って「不当逮捕」に決めた。

密度濃い内容、彫琢《ちょうたく》された文体、構成の妙、人間存在への洞察と表現力……。生原稿を一読し、「この編集部にいたかいがあったと思えるような」原稿だった。

『小説現代』はエンターテイメント系の文芸雑誌である。これ以前、このような硬派の本格的ノンフィクションが連載されたことは記憶にない。本田原稿は他の掲載作品とは明らかに異質であり、毎号、そのページ分だけ、硬質の紙が挟まっているような、そんな感触を受けた。

物語の終盤、立松が亡くなった日の朝方であるが、就寝中の本田の枕元に、和服姿の立松が立ち現われるシーンがある。「夢枕」である。

一面の闇である。その奥に、なぜか、立松の和服姿だけが、ぼんやり浮かび上がって見える。

はて、と考える間に、動いた気配もなく、彼は私をのぞき込む位置に来ていた。

戸外か、屋内か、それさえも定かでないのだが、どうやら私は仰向けに寝ているらしい。

彼はひどく黒ずんだ顔色をしており、抑揚のないくぐもった声で、ぼそっといった。

「最近、冷たいぞ」

責める口ぶりではないが、元気だったころのからかう調子がない。

いわれて私には気が咎めるところがあった。

何と受け答えしたものだろうか。

そんなことを考えながら言葉をさがすうち、彼の姿はかき消えていた。

小説において「夢枕」は折々に使われるが、この場面での挿入はいかにもふさわしい。巧みな小説的構成と思えて本田に尋ねてみた。「いや、実際その通りだったのでね」というのが答えだった。

『群像』時代、藤岡は本田にエッセイを依頼したことがある。受け取った原稿の表題は「禁じ手」となっていた（一九八八年三月号）。

あるノンフィクション作品の心理描写を素材に、どこまで想像力を駆使することが許されるか、を論じている。

作品化の過程でノンフィクションもまた想像することを伴う。一切合切、そのことを杓子定規に封じるとなれば、これはもう作品化は困難だ。ただ、ノンフィクションには「許容範囲」があって、背後にしかるべき根拠がなくてはならず、自由に想像世界を羽ばたいていいというものではない——。

ノンフィクションを、手を使うことを禁じられたサッカーに例えたもので——このことを本田は他の場所でも書き、語っているが——、書き手の自制を促す禁欲的な論考である。このことにおいても本田は「硬派の人」であった。

その書きもの、姿勢、風情……「文士」という言葉がよぎる人が本田であった。

5

『不当逮捕』が刊行されて五年後ということになる。異例なことに、検察の内部から事件の深層をほのめかす著が出た。〝ミスター検察〟とも呼ばれた元検事総長、伊藤栄樹の『秋霜烈日《しゅうそうれつじつ》』（朝日新聞社・一九八八年）である。

売春汚職で収賄起訴された代議士は三人（U・F代議士とは別人）で、二人が有罪判決を受けている。事件当時、伊藤は若手の「応援検事」の一人だったが、立松逮捕の顚末について、こんなふうに記しているくだりがある。

話を元へ戻すと、売春汚職の捜査においては、初期からしばしば重要な事項が読売新聞に抜け、捜査員一同は、上司から疑われているような気がして、重苦しい空気であった。

そのうち、読売新聞に抜ける情報は、どうも赤煉瓦《あかれんが》（法務本省）へ報告したものであることがわかってきた。だんだんしぼっていくと、抜けた情報全部にタッチした人は、赤煉瓦にも一人しかいない。そこで、思い切ってガセネタを一件、赤煉瓦へ渡してみた。たちまちそれが抜けたのが、例の記事だったのである。事の反響の大きさにあわてはしたが、犯人がわかってホッとした気分がしたのも正直なところであった。

あれから三十年余、赤煉瓦にいた男の名前も、捜査員の中でガセネタを仕掛けた男の名前も、すっかり忘れてしまった。ただ、数年前に出版された本田靖春氏著『不当逮捕』のT記者をめぐる客観的記述部分は、比較的正確だなと思いながら読んだ記憶がある。

人物名について伊藤は「すっかり忘れてしまった」ととぼけているが、「赤煉瓦にいた男」とは河井信太郎である。「ガセネタを仕掛けた男」とはだれであったのか――。

『秋霜烈日』には本田のコメントも見られる。すなわち、「これを書いた時、私は問題の記事はおそらく誤報だろうと思っていたが、T記者のネタ元とみられた法務省の幹部がなぜ、ガセネタをもたらしたのか、がわからなかった。しかし、今回の『秋霜烈日』で、馬場次官の右腕だったこの幹部をあぶりだすためにガセネタ流しが仕組まれたことを初めて知った。仕組んだ人間は、岸本派とはいえぬまでも非馬場の立場ではないか。検察内部にもあった権力闘争の恐ろしさを改めて感じた」、という談を寄せている。

細部において不明な部分は残してはいるが、事件の筋は『不当逮捕』で書き示された通りであったことがわかる。

「あとがき」で、本田は本書を「個人的な立松和博のレクイエムに終わらせたくなかった」とし、執筆中、「ロッキード事件が私の意識を片時も離れなかった。私は、検察の公正、新聞の自由を心からねがう一人である」と記している。本書の底流にある主題はジャーナリズムの復権である。

U・F両代議士に容疑なし、とされた以上、立松に着せられた汚名は仕方がない。新聞記者であった一人として、私自身にも苦い悔恨と反省がある。

戦い取ったわけでもない「言論の自由」を、いったい、だれが、何によって保障するというのだろう。それを、まるで固有の権利のように錯覚して、その血肉化を怠り、「第四権力」の特権に酔っている間に、「知る権利」は狭められて行ったのではなかったか――。

立松事件以降、事件記事はあたりさわりのないものとなり、社会部の士気は落ちた。た。事件取材に身をすり減らしたところで、いったん失敗すれば、見捨てられ、骨は拾ってもらえない。事なかれ主義がはびこり、立松のような埒外《らちがい》的な記者を包み込む上司もいなくなっていく。

立松は戦後間もない時代なればこそ出現した、特異な才をもつ記者だった。あるべきジャーナリズムを体現していたわけではあるまいが、その破天荒な活動ぶりに、潑《はつ》溂《らつ》としていた往時の新聞界の一端がしのばれる。

新聞記者のサラリーマン化がしきりにいわれている今日、第二の立松が出てくるはずがない。万が一、出て来たとしても、組織がかならず排除するであろう。

私は、貧しくはあったがとらわれの少なかった「戦後」の時代に、与えられた言論の自由に有頂天になり過ぎたきらいはあるが生々としていた読売社会部に、そして、一個の人間としてもジャーナリストとしても欠けるところは多々あったがすぐれて魅力的であった先輩立松和博に、年が経つにつれますます心惹かれる。そして、失ったものの大きさを思わないわけにはいかない。

いろいろとあって、私はこの重い宿題を果たすまで、前田外科分院いらい二十五年を要した。もし、もっと早くに書いていたら、故人に寄せる心情ばかりが浮き立っていたであろう。歳月は、書き手としての私を故人から剥離させるためにも必要であったと考えている。

あるいは、故人の名誉を傷つける箇所があり、ご遺族に不快な思いを与えたかも知れない。他の登場人物に関しても同じおそれを抱いている。そうだとすれば、たいへん心苦しい。

段落の後半部、ふと連想されることがなくはないが、ともあれ、十分過ぎるほどの歳月を濾過《ろか》することによってこの作品は生まれた。すぐれたノンフィクションの要件はさまざまにあろう。物語としての豊かさ、主人公の魅力、時代の息吹きを伝えるもの、執筆の根拠……などであろうが、すべてを備えている。

本書は一九八四（昭和五十九）年講談社ノンフィクション賞の受賞作であるが、辛口の選者たちも一様に、高い評価の言葉を寄せている。

……検察内部の対立によって、不当に逮捕され、はなやかな歴史の舞台から淋しく消えていったシテの近くにいて、シテの内面をつぶさに観察するワキとして作者は存在するのであるが、ワキは能同様、いつの間にか観察者から鎮魂者に変ってゆく。私はこのノンフィクションに、よい能を見た時のような感動をおぼえた（梅原猛）。

……ノンフィクションのいい作品は、プロが取材して書いたものと、アマチュアが自分の実体験をもとに書いたものとから生まれることが多い。ところがこの作品は、プロ中のプロが自分の実体験を素材としてその上に取材をつみ上げて書いたものである。しかも、素材に人間的魅力が満ちあふれている。社会的にスケールの大きな事件が背景となっている。これで傑作が生まれないはずはない（立花隆）。

……『不当逮捕』は、主人公の先輩記者および新聞ジャーナリズムへの本田さんの主体的かかわり合いが、表味・隠し味の両面から濃密に投影されている。著者が書きたいと温めてきた事柄を十分に出し切った熱気のある作品であり、段違いの出来ばえである（柳田邦男）。

……なかでも本田氏の『不当逮捕』は、素材にたいする筆者の特別の情熱が光り、書かうとする動機が迫力をもつて浮かびあがる傑作であつた。主人公にたいする筆者の私的な愛情と、それにもかかはらず客観的な人間観察との均衡が、生きた魅力的人間像を浮彫りするのに成功してゐた（山崎正和）。

本田の全著作を眺望すると、高峰の連なる山脈が浮かぶ。いまだ山道を登る途上にあるが、初期作品の前方から眺めても、後期作品の後方から眺めても、やはりひときわ高く聳《そび》え立つのが本書である。『不当逮捕』は本田作品の頂点を成すものだった。

第十一章　アウトローの挽歌——『疵《きず》』

1

　語り継がれてきた「荒くれ」がいた。花形敬という。敗戦後の混乱と混迷の時代を、おのれの肉体と胆力を頼りに渡り歩いた。弱いものいじめはしない。「ステゴロ」（素手の喧嘩）をもって立ち向かうことを流儀とし、刃物や拳銃を使うことは一度もなかった。プロレスラー力道山さえも気迫で圧倒し、ストリート・ファイターとしては最強ではなかったかという伝説が残っている……。

『疵《きず》　花形敬とその時代』（文藝春秋・一九八三年）は、花形の短い生涯を描きつつ、かつて日本社会に確かに存在し、やがて薄れ、消えていった〈濃い戦後〉を描き出している。

『疵』の初出は『オール讀物』（一九七七年十一月号）だが、担当したのは東眞史である。

東の記憶では、本田と雑談していて、「中学の二年先輩なんだけれど、とんでもなく強い奴がいてねぇ、あの時代だからこそ生まれたアウトローだな……」という話を耳にし、「それ、是非やりましょうよ」ということでスタートしたという。『オール讀物』は伝統ある文芸誌であるが、この時期、ノンフィクション作品も扱いはじめていた。同号での『疵』のサブタイトルは「男の生きざまを描くドキュメンタリー・ノベル」となっている。

雑誌の編集部は各界にさまざまな取材ルートをもつが、さすがに組関係は乏しい。花形が属した安藤組（東興業）はとっくに解散していた。ようやく見つけたルートは、スナックの経営者で、彼はすでに堅気になっていたが、かつて安藤組にあって花形を慕い、亡くなるまで深いつきあいをしていたという。この人物がさまざまな〝業界人〟を紹介し、渡りをつけてくれた。

長い編集者生活であれほどその筋の人に集中的に会ったことはありませんねぇ――と東は苦笑まじりに振り返る。

困惑することも起きた。スナック経営者より、取材先には「お車代」を手渡すようにといわれていた。取材経費で賄《まかな》える額であったが、「領収書をもらうのはダメだ」という。社の経理を通すのにやや手間取った。

未知なる体験を強いるテーマではあったが、やがて百数十枚の原稿がまとまった。本田花形には顔に傷があった。東がひねり出したタイトルは「向《むこ》う傷」であったが、本田と話し合い、彼が生きた時代も込めて「疵」とした。

雑誌掲載から単行本になるまで六年ほどかかっているが、本田が追加取材と執筆に時間を費やしたこと、加えて、本書の内容ではなかったが、調整すべき事柄が持ち上ったりして時間を置いたことによる。

取材はじめに、本田と東は、世田谷区経堂《きょうどう》にあった花形の実家を訪れている。母の美以《みい》は高齢ながら健在であったが、視力を失っていた。

私が美以を取材の目的で訪ねたのは、夏の暑い盛りであった。八十歳をとうに越える彼女は、家政婦の案内で通された私を自室に迎え入れると、それまで寝ていた敷き蒲団を家政婦の手助けで二つに折り、畳の上に端座して、私がいくらすすめても横になろうとしなかった。

美以は老人性白内障で失明しており、家政婦が運んで来た麦茶のグラスをさぐる手元こそあぶなげであったが、背筋をきちんと伸ばした姿勢に、いかにも士族の生まれ育ちと思わせるものがあった。

ごく品のいい老婦人──という印象を東にも残している。

花形敬は一九三〇（昭和五）年生まれ。少年期から思春期にかけて、戦争と敗戦に翻弄《ほんろう》された世代であるが、旧家の資産家の坊ちゃん育ちをしている。

花形家のルーツは甲斐《かい》・武田家の武将に辿り着くとのこと。明治の後半、父・正三は渡米、西海岸にある名門ハイスクールを卒業、ワシントン州立大学に進むが、結核に罹患《りかん》する。病の回復後、「キャディラック・ディーラー」に勤める。母・美以は長州の士族の出。縁あって正三と結ばれて渡米する。やがて正三の結核が再発し、帰国する。関東大震災の翌年とある。敬は六人きょうだいの末っ子で、日本で生まれている。

経堂小学校に進んだ花形は、「勉強も一番、スポーツも一番」。級長をつとめ、体格の良さは図抜けていた。千歳《ちとせ》中学（旧制）は、東京府の人口急増に対応するため世田谷に新設された府立中学の一つで、第十二中学とも呼ばれた。ここに花形はトップクラスの成績で入学している。

本書では、小・中の同級生たちが幾人も登場する。度胸があって、腕力に優れ、喧嘩の強い花形を記憶するが、この頃の花形にはだれも「不良性は認めていない」。

中学入学が一九四三（昭和十八）年。太平洋戦争たけなわである。「鬼瓦《おにがわら》」という綽名《あだな》の校長は筋金入りの「国粋主義者」。スパルタ教育を掲げ、生徒たちのズボンのポケットは手を入れないよう縫い潰された。登下校時、生徒が教師の姿を見かけると、リーダーが「〇〇教官殿に敬礼、頭《かしら》、右ッ」と号令する。下級生が怠ると上級生から鉄拳制裁が下る。「誠忠行軍」を名物行事とし、「教練の千歳」は都内でつとに有名だった。

戦況は悪化の一途をたどり、中学生たちにも勤労動員がかかる。千歳の生徒たちが出向いたのは銃器工場であったが、ここでは絶対服従すべき教員や上級生はいない。花形は生徒を理不尽にいじめる工員たちと五分で渡り合った。少年とはいえ体軀では負けていない。本田は「花形の不幸は、この動員先に始まっているように思われてならない」と書いている。

それまでは、喧嘩といっても、子供の世界のことである。しかし、相手が不良工員となると、簡単にはゆかない。彼らを向こうに回してわたり合っているうち、花形は下世話でいう腕と度胸を磨いていった。

その方面での資質に彼ほど恵まれていた男も少ない。のちのことになるが、東京における暴力の世界で彼に勝てる喧嘩相手は一人も出なかった。

「教育」と翻訳された「education」の元となる動詞「educate」には「引き出す」という意味があるのだそうである。殺伐とした時代が花形から引き出したのは、たぐいまれな喧嘩の資質であった。

2

他の著書でも触れているが、本書『疵』で本田は、引き揚げ後の日々をより詳しく書いている。

終戦後、朝鮮から引き揚げてきた本田の一家（母、兄、本田、弟）は、長崎・島原の在所、母方の縁者の家にとりあえず落ち着く。軍需会社、日本高周波重工業の会計課長などをつとめた父は、残務整理のため京城の本社にとどまったがやがて帰国し、一家は調布の社宅へと移る。旧「某宮家」が建てたという広い家であったが、次々と社員とその家族たちがやって来て、「難民収容所」の感があったと記している。

父は結核に病んでいて、社宅で寝込む日々が続く。社は戦後、特殊鋼製錬を生かしてカミソリ製造などを手がけていくが、休職中の社員宅に届けられる給料はわずかなもので、家を包む空気は暗かったとある。

社宅の近隣にあったのが千歳中学で、一九四七（昭和二十二）年一月、本田は二年生として転入している。最寄り駅は京王線・千歳烏山《ちとせからすやま》。当時の世田谷は畑と雑木林が点在する農村地帯で、校舎も殺風景な風景の中にぽつんと建っていた。学校内にも、住む家のない先生が居ついていて、学校もまた「難民収容所の趣」があった。

本田が転入した翌年、中学は戦後の学制改革によって都立千歳高校となる。本田は七期生であるが、二歳上の兄は花形と――面識はなかったというが――同期の五期生である。

敗戦は日本社会に大混乱をもたらしたが、教育界もまたその極みにあった。

新しい教科書が出揃うまでの間、戦時中の教科書が暫定的に使われたが、日本史が問題視され、GHQの担当官は、皇国史観的な記述箇所の抹消を命じた。授業時間に教師が問題の箇所を指摘し、生徒たちは帰宅後、それに相当する部分を墨で塗り潰すのである。

それまでサーベルを手に皇国史観を説いていた教師が、黒板に、慣れない手つきで

「三権分立」と書き、にわかに立ち現れた新理念「民主主義」を説く――。

本書で本田は、同級生で後に映画監督になった恩地日出夫が十七歳の日、「千歳ペンクラブ」の機関誌に寄せた一文を引用している。共感を呼ぶ文であったからであろう。

〈……比喩的にいえば、昨日までミソ汁とタクワンを唯一の食物であるとして、我々に食べることをしいていた教師というコックが、八月十五日からは一転して、昨日までのミソ汁には毒が入っていたから、今日からはこのデモクラシーという西洋料理を食べなさい、といって、食卓にそれを出してきたようなものである。

これは教育の背景となる思想が、軍国主義からデモクラシーへと変っただけで、いぜんとして、天降り式の〝かくあるべし〟、〝かくあるべからず〟の教育の再現に他ならない。昨日まで毒物をくわされて来たわれわれには、とてもコックの言を信用する気にはなれないのである。

生まれ落ちてから十数年間、心の中につくり上げられて来た価値基準が、すべて、いとも簡単に崩されてしまったいま、我々の世代の拠りどころとして求めら

れるのは、現在という瞬間と、おのれの生命と肉体、それだけしかない〉

恩地はさらに、「自己の知性と感性、そして肉体のすべてによって、つかみとって行く以外には、我々の〝かくある〟を認識するための方法は見出し得ないのである」と続けているが、同世代の少年たちの気分をよく抽出しているように思える。とりわけ、「自己の肉体」に拠りかかって生きたのが花形であったのだろう。

敗戦の翌年、千歳中学にラグビー部が創設される。花形三年生であるが、長身で頑健な体軀を見込まれて勧誘される。ポジションはフォワードのロック。強烈無比の夕ックラーだった。創部から二年、ラグビー部は全国大会に出場しているが、退部・退学していた花形の名前は見当たらない。

ラグビー部のOBたちは、毎年五月に「ラグビー祭」を開く。その席で、物故者の名を読み上げ、黙禱《もくとう》するのが習わしとなっているが、花形もその一人となっている。「同時代を生きたかつての仲間たちの変わらない友情の証なのである」とある。

花形と交友のあった同級生で、いま大会社の幹部となっている一人は、花形の思い出を語りつつ、「私には、悪くなるだけのゆとりさえなかったのです」と回想している。敗戦から間もない日、両親が列車の脱線転覆事故で亡くなり、「孤児の境遇」となる。

早朝は新聞配達、放課後は古新聞の回収、夜は各種のアルバイト、夏休みは工事現場の土木作業員……と働き続け、残された祖母と弟妹の一家の生計を支えた。肺結核にもなっている。

旧制五年生修了で一橋大学に進めたのは、試験に合格したことに加え、「貧困学生につき学費免除」になったおかげという。卒業後の選択もまた、一にも二にも生活の確保であった。

入社試験を受けるとき、彼に人生設計といえるものはなく、大学への求人申込がもっとも早かったその会社を選んだ。生活費稼ぎに忙しかった彼は、一日も早く定職につきたかったのである。

いまの時代では、一流企業の幹部と暴力団の幹部は、まったく別の世界に住んでおり、両者に共通点を見つけるのはきわめて難しい。

しかし、彼は中学校四年生のとき、「ヤサグレしたんだ。面倒見てくれないか」といって来た花形を泊めてやったことがある。一つ蒲団に寝た二人を大きく分けたものは、いったい何であったのだろう。

本田一家の暮す社宅には、日本高周波重工業の城津工場長をつとめた元重役の一家も転がり込んできた。工場長は東京帝大出のエリートであったが、侵入してきたソ連軍に施設もろとも連れ去られ、戻らなかった。

本田は自身を「中間管理職の小倅《こせがれ》」と書いているが、元工場長の長男は、言葉遣いもていねいな、いかにも良家の子弟だった。やがて本田の兄と中央大学の同窓になるのだが、兄に、新宿で賭け麻雀の手ほどきをした人物ともなる。

もともと本田兄弟に麻雀を教えたのは父だった。裏庭に生えていた竹を切り出し、細かく切って手製の麻雀牌《パイ》をつくった。「息子たちが荒《すさ》んだ世相に刺激を受けて悪い遊びに走るのを心配し、その予防策として家庭麻雀を思いついた」。結果は裏目に出たようである。

その方面の素養があった兄は腕を磨き、夜な夜な新宿界隈にたむろするようになる。本田も兄に連れられ、「和田組のマーケット」で「丼に山盛りの白い飯を食べさせてもらった」日もあった。元工場長の長男からは、ハジキを手に「賭場荒らし」までやったという一件を聞いて驚くのであるが、彼はやがて暴力団の世界で生きていったとある。

幾人もの〈花形敬〉がいたのだ。遵法者《じゅんぽう》とそうでないものは「襖《ふすま》一枚分の隔たり」に過ぎず、だれもが花形になりえた……。そういう視線でもって、本田は若き日々を追想している。

本田一家のその後に触れておけば、父は新薬のおかげで病から回復し、やがて経営陣の一員にも加わった。兄は「紆余曲折こそあったものの大学を卒業、……正業を営んで現在に到っている」とのことである。


敗戦は資産家の暮らしも一変させた。預貯金は封鎖され、物価は暴騰、カネの価値は急落した。花形家では、結核が進行する夫は病床についたままであり、生計を担うのは美以しかいない。

英会話のできた美以は、仕事を求め、お濠端《ほりばた》のGHQを訪ねた。紹介されたのは、旧子爵邸を宿舎とした、単身赴任中の大佐のコック職だった。以降、働き先は変わったが、美以のコック生活は数年、続いている。

この時期、自宅裏庭の柿の木に、手製のサンドバッグをぶら下げ、パンチと蹴りの練習に熱中していた花形の姿を級友たちは目撃している。

花形の喧嘩には流儀があって、中学の同級生や下級生には手を出さず、相手はもっぱら日大や明大など年上の大学生たち。同窓生の一人は、千歳での花形を「孤高の人」と評している。

花形には複数、顔に傷があった。喧嘩によるものだが、なかに自身が傷つける自傷行為によるものもあった。彼は自身の内部に鬱屈したものを抱えた若者だった。

本田は自身の少年期も想起しつつであろう、花形の日々をこんな風に考察し、描写している。

静まった住宅街の中にあって、裏庭に立つ少年に聞こえてくるのは、遠く弱々しい父親の咳の音だけである。サンドバッグへ向かって発散される力とは逆方向に、彼の内側に忍び込んできてわだかまる何かがあったに違いない。……

「強く、強く、という時代だったから――」

息子を失った美以の嘆きは、強くあれ、と教えた時代に向けられるのである。

それでも戦時中には、国家が設定した方向しか許さない拘束力が、社会全体をしばり上げていた。ところが、敗戦でその枠組が壊れ、人びとは一斉に解き放たれた。そのとき、飼い慣らされるべき時期を迎えていた花形の内なる虎は、彼ごと野に放たれたのである。

人はだれも思春期に、前触れもなく内側から突き上げてくる衝動を抑えかねた経験を持つ。そこで思うのだが、われとわが顔面を切り裂いた花形の刃は、いつの間にか強大に育ち上がり、暴力を指向して猛り狂う、内なる虎に向けられていたのではなかったか——。

花形敬という人物の根幹にあるものと触れ合っているように思える。花形家を訪れた本田に、別れ際、母の美以は長く残る言葉を残した。

話し終えて美以は、見えない両眼を廊下越しに遠くへ向けた。いまは寝たきりだと聞く年老いた母が、しばしの沈黙のあと、半ば独り言のように漏らした言葉が、私の耳の底に残っている。

「あんな殺され方をしちゃって——。時代が悪かったからねえ」

3

復員軍人、特攻隊帰り、予科練崩れ、外地引揚者、浮浪者、戦災孤児、朝鮮人・台湾人徴用工、かつぎ屋、闇屋《やみや》、故買商、娼婦、シケモク売りの少年、ヤクザ、すり、かっ払い、追い剝《は》ぎ、強盗……それら流民、窮民がその日の糧を求めてごった返す焼け跡・闇市の時代に、東京の盛り場渋谷を足場にして暴力の世界でのし上がった彼は、その時代を表徴する「花形」であり、周囲に畏「敬」される存在であった。

彼の名前は、非業の死をとげてから満二十年になるいまもなお、極道者のあいだで、喧嘩の強さにかけて花形の右に出るものは、過去にいなかったしこれから先もたぶん現れない、といったふうに、感慨をこめて語られている。

千歳中学を中退した花形は、国士舘中学へ、さらに明大予科にも在籍するが、喧嘩三昧《ざんまい》に明け暮れ、やがて本格的なアウトローの世界へと踏み込んでいく。

国士舘の番長は石井福造（のち安藤組の幹部、住吉連合会常任相談役）であったが、花形には「貫禄負け」したとある。

あるとき、渋谷の盛り場で、石井がトラブルを起こし、ツルハシやハンマーを手にした「十人を越えようかという、土方の一団」に囲まれた。そこへ出合わせた花形は、リーダー格の男を一発でぶっ飛ばし、周りの一団を次々と片付けていった。

「さあ、行こうか」

息も乱れていない。

「そういうとき、花形は恰好つけないんですね。何事もなかったような顔してる。強いのも強かったけど、度胸が凄い。十人くらいいたって、平気なんだから。負けるなんて、全然、考えたことないんじゃないですか」

花形を安藤組に誘い入れたのは石井であるが、桁違いの武勇伝をいくつか語っている。中には、石井との間で起きた一件のもつれであったが、花形が拳銃の弾を身に受けてなお、報復を期して巷《ちまた》を徘徊《はいかい》した「不死身」ぶりもある。

やがて花形は、塀の内と外を行き来する身となる。刑務所内の同じ棟で、一時、二人が同時期に収監されていたが、静かに本を読んでいる花形の姿も石井は目撃している。「いったいどちらが彼の素顔であるのか、いまもってわからない」とも語っている。

本書において本田は、『東京闇市興亡史』（猪野健治編）などを引用しつつ、〝解放区〟闇市の世界にかなりのページを割いている。
新宿、新橋、渋谷……など焼野が原となった都心には「マーケット」が林立した。食べもの、古着、石鹸、酒、煙草、日用雑貨……などなど。進駐軍の横流し品から怪しげな物資まで、なんでもあった。新宿マーケットの値段表示では「ご飯茶碗一円二〇銭」「下駄二円八〇銭」「素焼七輪四円三〇銭」……だったとある。マーケットを仕切るのは、テキヤ・露店商・香具師の親方であり、組組織の親分だった。警察はなきに等しかった。

一億総犯罪人の時代――という言葉も見える。だれもが生きるためにヤミ物資を手にした。本田は「遵法者を良民だというのであれば、厳密な意味でその名に値するのは、ヤミ物資を拒否して餓死した山口（良忠・東京地裁）判事一人だったのではないか」とも書いている。

たとえ世の中がひっくり返ろうとも、人はまた明くる日からしたたかに生きていく。需要のあるところ供給あり、だ。飢え、貧、欲、暴……たっぷりと負の出来事に満ちた戦後史であるが、天井板がぽっかり抜けて青空がのぞいているような、そんな解放感も漂っている。

渋谷一帯に勢力を張ったのが、安藤昇（のち俳優）率いる「愚連隊」である。安藤は一九二六（大正十五）年生まれ。予科練の世代である。「最後の特攻隊」ともいわれた人間機雷「伏竜隊」の基地、横須賀で終戦を迎えている。

闇市の利権をめぐって、組組織といわゆる〝第三国人〟――敗戦国民でも戦勝国民でもないという意味で、あるいは台湾・中国・朝鮮人を指して使われた言葉――が幾度も衝突した。「新橋事件」はその一つ。事件が起きた時期、安藤は法政大予科の学生だったが、彼の著書『やくざと抗争』からの引用文は、半ば無法状態の、アナーキーな時代の空気を存分に伝えている。

〈当時、警察官の武装は棍棒だけであり、武力的にはまったく無力にひとしかったから、猟銃、拳銃などで武装した三国人に抗すべくもない。そこで、警察側は背に腹はかえられないということで、日ごろくされ縁の博徒・テキヤの親分衆に援軍を依頼するといったことが多かった。……

新橋事件のとき、私たちも学校帰りに五、六人で、松田組に助っ人にかけつけた。

「今日の喧嘩は、GHQも警視庁も公認ですから、思う存分、やってください」

鳶《とび》足袋にニッカズボン、白鉢巻の若い衆が握り飯をくばりながら、

「ご苦労さんです、ご苦労さんです」

事務所には、東京中から駆けつけたやくざ者があふれ、だれもかれもフトコロから物騒なものをとり出して点検したり、日本刀のツカにすべり止めのホータイをまいたりしていた。

そのうちに、屋根上の物干台に備えつけた旋回機銃が「ダダ……」と威勢のいい音を立てた。

「いまのは試射ですから……。敵はいま、新橋方面から裏道を抜けてやって来るようです」

「よーし」

と、みんながいきごむ間もなく「ウーウー」と、MPのサイレンが聞こえてきた。

「みなさん、事情が変わりました。手入れですから、おそれ入りますがズラかっ

てください」

私たちはなにがなんだかわけもわからず、すばやく裏口から西桜小学校裏の石炭山にハジキや日本刀をうめこみ、一目散にズラかった〉

安藤もまた不良から伸《の》し上がったが、進駐軍物資の横流しや賭場の開帳など裏稼業をビジネス化していく才覚があり、バーや旅館の経営にも携わった。花形をこう語っている。

「強いったらどうしようもないね。いたずらっぽい悪いことはやるけど、道にはずれたことはしないし、正義感が強いんだね。

あれで、柄に似合わない繊細な字を書く。丁寧で正確で印刷されたようなうまい字だよ。こまかい神経があるんだろうな。

太い神経と繊細さが交錯していて、そのバランスがときどき崩れるんだけど──。……

おれたちはいろんなことやったけど、悪いことやってる意識はないわけよ。そのころはね。相手にしているのはヤクザ者だから、悪い奴をやっつけてる意識ですね。いつの間にか、こっちが悪い奴になっちゃったけど」

安藤は自著で、力道山と花形の対決模様も記している。初対面、渋谷にあるキャバレーの「用心棒料」をめぐって睨みあった二人であったが、気で圧倒されたのか、先に折れてきたのは力道山だった。以降、力道山は花形を「敬さん」と呼んで一目置いたとある。

4

ヤクザとしての花形のスタイルをこんな風に本田は書いている。

花形は無法がまかり通る宇田川町界隈を遊弋《ゆうよく》しながら、地元と外部から流れ込んでくるヤクザに目を光らせていたが、安藤のようには商売に興味を示さず、かといって、他の幹部のようには業者からカスリを取ることもしなかった。

そのために、花形はいつも金に不自由していた。仲間や若い衆で彼の住まいを教えられたものはほとんどいない。見せられるようなアパートに住んでいないからだろう、という噂がもっぱらであった。……

　花形は金を持たなくても、飲み食いには困らなかった。渋谷の街を歩いていれば、「寄って行きませんか」といったふうに、店々から誘いがかかったからである。


　安藤組はヤクザ世界の秩序をはみ出すアウトローであったが、「なかでも、花形のアウトサイダーぶりは際立っていた。彼には安藤組の構成メンバーという意識さえ希薄で、『花形敬』を一枚看板に世の中を押し渡っていた」とある。

　横井英樹・東洋郵船社長襲撃事件を引き起こした安藤は殺人未遂の罪で収監され、以降、安藤組は弱体化し、瓦解していく。敗戦から十余年、混乱期を脱した日本社会で愚連隊が闊歩《かっぽ》する余地はなくなりつつあった。花形が組長代理となるが、組織を維持する「経営マインド」はまるでなかった。

　深夜の路上。対立組織の組員二人が突き出した柳葉包丁を脇腹に受け、「花形はアパートの方へ二百メートルほど走って逃げたが、力尽きて昏倒し、その場で絶命した。生涯で初めて敵に背中を向けたとき、彼の三十三年の人生は終わったのである」。一九六三（昭和三十八）年九月のこと。翌年、東京オリンピックが開かれ、日本は経済成長への道を歩んでいく。〈戦後〉が終わろうとしていた時期だった。

本書では割愛されているのだが、『オール讀物』では、ラスト近く、花形を比喩《ひゆ》する言葉として、千歳中学の同窓が「西部劇のガンマン」という言葉を使っているのは暗示的である。己の腕だけを頼りに一匹狼が荒野を渡り歩く。ただし、西部開拓史のなかでもガンマンが生きられたのはわずかの期間であったという……。

冒頭近くで、本田は本書の意味づけについてこんな風に記している。


暴力が忌むべき反社会的行為であることは論をまたないが、体制が崩壊して法と秩序が形骸化し、国家権力の行方さえ定かではなかった虚脱と混迷の時代を背景にした暴力を、国民の八割までが中流意識を表明する今日の感覚で捉えたのでは、何も見えてこない。

東京の闇市にひしめいていたのは、ひとしく飢えていた人びとであり、焼け跡には良民とアウトローを分ける明確な境界線は引かれていなかった。

したがって、暴力団幹部といえども、彼を時代から抹殺するいわれはない。むしろ、花形敬を採り上げることにより、「戦後」に至る昭和史の一つの側面が浮かび上がってくるはずである。

私にとっての花形は、千歳中学校における二年先輩であった。彼を暴力の世界に、私を遵法の枠組内に吹き分けたのは、いわば風のいたずらのようなものであった。

ごく短い期間であったにせよ、花形と私は一つ屋根の下にいて、時代を分け合った。彼について語るとき、私が抱き続けている、飢えてこそいたが、人間臭さが立ちこめ、解放感に満ち溢れていた「戦後」への郷愁と無縁ではあり得ないのである。

風のいたずらのようなもの——という形容にうなずくものがある。『疵』は、戦後の残影を色濃く曳《ひ》いた同世代人とその時代への、愛惜を込めた挽歌だった。

畢竟《ひっきょう》、だれもがたまたま生まれ落ちた時代のなかで時代的に生きる。人というものがそういう存在であることは時代のあり様にかかわらず普遍なのだろう。本書を読了してよぎる思いである。

——東眞史にとって『疵』は、本田と取り組んだまとまった仕事としては、『私のなかの朝鮮人』『K２に憑かれた男たち』に次いで三作目ということになる。

本田靖春という書き手について真っ先に浮かぶのは「文体」である。文は人なりといわれるが、文体は書き手の芯にあるものを伝えてくる。

「あれほど生き生きとした文章を書ける人はちょっと浮かびませんね。常に自身の生活感に照らし合わせて、内面をぐらせるなかで書いていく。体内に湧き出づる言葉の泉があって、あくまで自分が納得できることだけを選んで言葉化されていた。だからあのような文が書けたのではないでしょうか」

本田の全著書を当たりながら私も改めて気付いていったのであるが、本田の文体はあくまで自然体である。湧いてくる思念と意識の流れを、作為を施すのではなく、そのまま言葉に置き換えていく——。言葉を綴る作業において自身に正直な人であったとも思う。

固有の文体は、ジャーナリストとしての体験やノンフィクションへの研鑽や人生の織《お》り成す歳月が形づくっていったのであろうが、やはり天性持ち合わせていたものなのだろう。

『戦艦武蔵』『深海の使者』『破獄』『零式戦闘機』『高熱隧道』……など、吉村昭の作品群はもちろん小説であるが、優れた記録文学であり、ノンフィクション的要素も多分にもっている。吉村と本田は大宅壮一ノンフィクション賞の選考委員をつとめた時期の重なりがあるが、吉村の本田評として、「上質の小説を書ける人」と語っていたことを東は覚えている。このことは別の編集者やジャーナリストからも私は耳にした。

ジャーナリストとは川井龍介で、旬報社から刊行された『本田靖春集』全五巻の企画と編集の手助けをした。このことは後章で触れたいが、本田の意向もあって、その一冊の解説文を吉村に依頼した。

吉村の返事は、どなたの作品であれ解説文はすべてお断りするという原則を決めてしまっていて、まことに申し訳ない。ただ、常々本田さんの文章には敬服することが多く、優れた作家と思ってきた。くれぐれもよしなに伝えてほしい――というものだった。

読売時代、本田はごく近しい人々に「小説を書いてみたい」と口にすることがあった。あるいはその道にすすむこともあり得たかもしれない。密かに宿す〈夢〉のままに時は過ぎ行きたが、胸底に〈文学〉を秘めた人であったがゆえに、秀でた新聞記者に、また優れたノンフィクションライターになり得たのだと私は思う。

第十二章　わが青春記──『警察《サツ》回り』

1

「バアさんが死んだ」──。

『警察《サツ》回り』（新潮社・一九八六年）は、こんな一行からはじまっている。

バアさんとは、上野署近くの裏通りにあったトリスバー「素娥《そが》」のママさん、呉素娥（新井素子）である。本田靖春が読売社会部の若手記者だったころに出入りした店であるが、やがて各社の記者たちの溜まり場となり、署内の記者クラブと並ぶ、裏のクラブともなっていく。

素娥という店があったのは昭和三十年代前半から後半にかけてであるが、人々の交流はその後も継続し、バアさんや記者仲間が集う「素娥の会」が続いていく。バアさんのいう「これも何かの因縁」であったのだろう、終盤の章では、〝遺言授かり人〟として、本田がバアさん没後の後始末をしたことも記されている。

本書はいわば私史的ノンフィクションであるのだが、味わい深い。まずは本田が自身の若き日々を書き込んでいる。さらに、バアさんやバーに出入りした面々の姿を点描しつつ、この時代の匂いと息吹を生き生きと伝えていて、〈ある時代の物語〉といった感もある。

本書の元原稿は、『小説新潮』で連載されている（一九八六年四月号～七月号）。担当したのは横山正治である。

新潮社は担当部署を動かさない社として知られるが、横山もまた、出版部担当役員などをつとめた後年を除けば、『小説新潮』ひと筋の編集者生活を送った。近年、名を成した作家のほとんどを見知ってきたことになる。

──編集者は自身の好みを口にはしないものですが、好みはあるもので、時代小説でいえば藤沢周平さんの『用心棒日月抄』や池波正太郎さんの『剣客商売』はゲラを読むことが楽しみだったですね、という。

『小説新潮』の巻頭で、「往復写簡」というカラーグラビアの連載があった。作家の横顔を伝える短文を別の作家が寄せるという趣向で、顔写真の撮影者は篠山紀信。連載された五年間、横山が担当を続けた。

本田が登場しているのは一九八四（昭和五十九）年四月号で、沢木耕太郎が「伝法《でんぽう》な口調に含まれている無頼のにおいには深い魅力があった」と書いている。沢木の登場する号では本田が「たぐいまれな資質」という一文を寄せている。

このシリーズ、作家たちの撮影場所はほとんど自宅や仕事場であるが、本田は異なる。本田らしいというべきか、場所は品川区にある地方競馬、大井競馬場のスタンドだ。競馬場が仕事場みたいなものでして――という本田の言を横山は覚えている。

それが本田との初仕事であったが、『誘拐』や『不当逮捕』を読んでいて、いつか登場してほしいと思い続けていた。

「優れたノンフィクションであると同時に、文芸作品でもあるなとも思いましたね。文章に血が流れているといいますか、文学的なんです。ご本人に会うと、なんともいえない男の色気があって、モテル男は文章もうまいという言葉を想起させるものがあった。何度か酒席もともにしましたが、文も生身の本田さんも魅力的でしたね」

本田と交流を重ねるなか、出版を前提に『警察《サツ》回り』の連載をはじめたが、打ち合わせは大雑把《おおざっぱ》なものだった。バアさんはじめ主要登場人物の断片的な話は耳にしていたが、全体的なストーリーは原稿を受け取ってはじめて知った。こりゃいい、いただきだ──と、ピンとくるものがあった。

『警察回《サツ》り』は、目の肥えた、生粋の文芸編集者のお眼鏡にかなう作品だった。

2

社会部所属となった本田は、警視庁第七方面、甲府支局、第三方面などを経て、上野・浅草・荒川・足立を管轄する第六方面担当となる。入社四年目の一九五八（昭和三十三）年、二十五歳である。

拠点署は上野署で、界隈を同僚とぶらついていた夕、たまたまドアを開けた店が素娥だった。「カギ型のカウンターにスツールが七つ、八つ」という小さなバーで、「肉付きのよい身体《からだ》をチャイナ・ドレスに包んで」いたママがバアさんである。まだ三十代半ばであったのだが、本田たちには「かなりの年増《としま》」に見え、故に「バアさん」となった。父方が台湾、母方が日本の日台混血と知る。後にそうではないことも知るのであるが──。

『警察回《サツ》り』はまずもって新聞記者の青春記である。

第一章第一節の締めは、「深代が逝き、バアさんが逝って、私に宿題が残された。

その宿題とは、二人とともに生きたあの時代をここに再現することである。この際、あえて、手放しでいうとしよう。いい時代であった。私たち警察《サツ》回りにとっては、とくにそうであった」となっている。

深代とは、素娥の常連の一人、朝日の深代惇郎《じゅんろう》である。後に朝刊コラム「天声人語」を担当し、洛陽の紙価を高からしめる名文家となったが、急性骨髄性白血病で急逝する。

バアさんは素娥の思い出を記した「ノート」五冊を残した。本書の縦糸として引用されているが、そもそもは深代がバアさんに、「昭和三十年代の記者達の青春がいっぱい詰まっていて」「見たままを書き留めておけばいい」「当方には本田という専門家がいるから、彼にまとめてもらえばいい」とすすめたおかげであった。

本書で本田は、敬意と親愛を込めて「畏友・深代惇郎」を幾度も書き綴っている。本田は〝無頼派〟、深代は〝紳士然〟と、持ち味の異なる両人であったが、二人はいい仲だった。交友は、訣《わか》れのときまで続いた。本書のかなりのページが深代に割かれているが、彼と記者仲間にかかわる部分は、拙著『天人　深代惇郎と新聞の時代』（講談社文庫）に譲りたく思う。

記者にとっていい時代――というのは、確かにそうだったのだろうなと思わせる。

本田の入社時、読売の給料は額面一万三千円で、当時の大卒初任給ではトップクラス。「遊軍乞食《こじき》・サツ貴族」という言葉があって、警察《サツ》回りには記者手当、張り込み代、泊まり代……などが支給され、「給料を含めて一カ月に十三回も現金入りの封筒をもらっていた」。月収は「ゆうに三万円を越え」「若造には過ぎた場所で」酒も飲めたとある。「理想の恋人」のトップに新聞記者が挙げられたころでもあった。

本田は喧嘩早い記者だった。

第一方面担当時、丸の内署での出来事。当時、記者クラブには一般加入電話は引かれておらず、通話はすべて署の交換台を経由しなければならない。日頃、電話の交換業務でいやがらせをする警務係官がいて、売り言葉に買い言葉、本田は手を出してぶっ飛ばした。暴行罪で告訴云々という騒ぎになりかけるのであるが、記者クラブとの和解を優先する署長が丸くおさめた。「新聞記者という特権的立場にいて驕《おご》りたかぶっていた若い日の自分の姿を思い浮かべると、まさに冷汗ものである」と書いている。

痛切な失敗にも触れている。

顔写真の入手にかかわる一件である。当時、カメラのない家庭は珍しくなく、比例して各家庭が保持する家族写真も少なかった。

ある日、交通事故の現場に出くわした。大型トラックが暴走、道路下の農家に突っ込み、トラックの下敷きとなって五歳の男児が亡くなった。放心状態の母親から顔写真を借り受ける。社に上がって原稿を書き、「要返却」として社内処理をしたのであるが、後日、母親から返してもらっていないという連絡が入った。我が子のたった一枚の顔写真だったという。「血の気の引いていく」なか、八方探し回るが見つからない。「心から詫びたが、詫びて済む問題ではない。こうして書いていて、いまなお慚《ざん》愧《き》の念に堪えない」と記している。

警察《サツ》回りの時代を本田は「放牧期」とも表現している。

夏のボーナスが出ると休みを取り、川崎競馬場へ、次いで浦和の競馬場に居続ける。資金が切れて帰京するとバアさんの住むアパートに転がり込み、下着とシャツを買いに行ってもらって……などとある。

バアさんのノートに、「ポンちゃん（本田の愛称）は、付き合っている女性がしつこくなると、『素娥』に連れてくる……」とあって、銀座の女性とやって来た日があり、連れ立って店を出て行ったのであるが、間もなくポンちゃんが一人で戻ってきた。「すっかりその気にさせておいて、やめたあ……はないでせう。女性を馬鹿にして失礼じゃないの」と書かれているのを受けて、本田は弁解気味に（?）こう記している。

いろいろな女性を「素娥」へ連れて行ったのは事実だが、後段の部分はまったく記憶にない。実際にあったことだとすれば、バアさんの言葉は正しい。若い男がそういうかわいげのない振る舞いをしてはいけない。だいいち、もったいないではないか。

3

かようにユーモアタッチの記述が随所にあるが、もちろん青年記者・本田靖春は遊びほうけていたばかりではない。放牧期は、一人前の記者へと巣立つ訓練期でもあった。

上野署詰めのころ、区版と警察《サツ》回りを統括する警察《サツ》デスクに加藤祥二が就いた。東大法学部出身の加藤は、戦後第一回目の読売の採用試験合格者の一人であったが、読売争議最中の混乱期で、いったん決まった採用が取り消される。ただ、「あまりにも成績が優秀だったため、手放すのは惜しい、という声が上がり、彼一人が採用された」とある。

警察《サツ》回りの若手記者たちを集めた場で、加藤はこんな提案を行った。

「題材は一切問わない。何を書いてもかまわない。文章も問わない。極端なことをいえば、英語やフランス語で書いてもかまわない。

君たちも警察で漫然と事件を待っているだけでは退屈だろう。区版で続き物をやろうじゃないか。改めて取材しなくても、ふだん見聞きしているだけで、十分材料はあるはずだ。それをみんなで自由に楽しく書こう」

警察《サツ》会議の席で加藤デスクがそう提案したときの興奮を、私はいまでもありありと覚えている。うそも誇張もなく、身体《からだ》が震えた。

続き物は「東京の素顔」という通しのタイトルがつけられた。本田が取り上げたのは、浅草のストリップ劇場「カジノ座」にまつわる人々の物語――。

〈五分前を知らせるブザーが鳴るまで、幕間《まくあい》は踊り子たちにとって限られた自由な時間である。

「あっ、失敗した」

楽屋の隅で大きな声を上げたのがいる。本を読んでいたローザ・ユキ。だが仲間のだれもが〝ガッチリ・ローザ〟としかいわない。

そのローザ、三日ほど前に百五十円出して本を買ってきた。この本がちょうど百五十ページある。一日に十ページずつ読んでいけば、一日十円で十五日間のお楽しみ。こう計算が出来てスタートしたのだが、マが悪く面白いところへやってきたので、ついつい今日の予定量を三ページ突破してしまった。それに気づいて、思わず「あっ、失敗した」と叫んでしまったのである。……〉

慎ましくもまたしっかりものの踊り子、ローザを取り上げた編の書き出しである。北海道・室蘭で育ち、歌手を目指して上京したローザであるが、まずはドサ回りのダンシング・チームの一員となる。低賃金でこき使われるが、色白ですらりとした肢体をもつ彼女はカジノ座の人気者となり、さらに銀座の一流キャバレーでもソロで踊るようになっていく……。

本田担当の連載は二十八回続くが、毎回、原稿を書いて社に上がると、加藤デスクが添削《てんさく》してくれた。「少なくともその回数だけ加藤氏によって個人レッスンを授けられたことになる。これがなかったとしたら、今日、私が物書きのはしくれにつらなっていたかどうかわからない」と記している。

「加藤学校」から社会部の精鋭が数多く育った。加藤は後年、朝刊コラム「編集手帳」の書き手となり、編集局長もつとめた。ノンフィクションライター・本田靖春が生まれる、遠い日のルーツの一つに数えてもいいのだろう。

一九六〇年代、遊軍時代に取り組んだ「黄色い血」追放キャンペーンは、本田にとって記念碑的な仕事だった。

これ以前、輸血用の保存血液のほとんどが「売血」によってまかなわれ、献血の占める割合はわずか〇・五パーセント程度に過ぎなかった。提供者の多くはドヤ街で暮す売血者である。採血は月一回以内という法規制は有名無実。一袋十円で売られている「鉄粉」を飲んで血液の比重検査をクリアし、毎日のように売血しているものもいた。「供血者貧血」による事故死も発生していた。こういう血液売買の仕組みを支えているのは営利業者であり、血液産業であり、黙認してきたのは厚生省である。

一九六二（昭和三十七）年秋、本田は山谷のドヤ街に住み込み、自身が売血者の一人ともなって「ケツバイ」の実態を調べ上げる。三回にわたるルポを書いたが、反響は乏しかった。「献血一〇〇パーセント」など「夢物語」であり、売買血をやめれば輸血を要する外科手術がストップしてしまうというのが厚生省の見解であり、世の通念であったからである。

けれども、売血の実態を知った本田はもう後には引けない。何年かかろうとも、このテーマに取り組んでいこうと決める。普段の仕事の合間を見ては山谷をのぞいたり、血液関係の専門書を読んだり、専門家の意見を求めたりしつつ再度のキャンペーンの機会をうかがっていた。

一九六四(昭和三十九)年三月、エドウィン・ライシャワー駐日米大使が、精神を病んだ少年にナイフで太ももを刺される事件が起きた。さらに大使が輸血によって血清肝炎に罹患《りかん》するニュースが伝えられ、自分たちにも起こりうる、身近な問題として売血問題への関心が高まった。

この年の秋に開かれた東京オリンピック。本田は開・閉会式の「雑感」を担当する社会部のエース記者になっていたが、五輪取材の合間を縫って、キャンペーンの第二弾「〝黄色い血〟追放・献血一〇〇パーセント」を張る。五月から七月にかけて朝・夕刊合わせて七十二本の原稿を書いた。朝日でも連載がはじまっていた。新聞のキャンペーンに連動したのは大学生たちの献血運動で、保存血液に占める献血の割合は、六パーセント台へ（五月）、九パーセント台へ（七月）と急上昇し、十月には一〇パーセントを突破する。

事態は動いた。さらにひと押し――。都道府県に一台、移動採血車を配置する予備費の計上が焦点となり、本田は渋る大蔵省に乗り込み、主計局次長を相手に、これを認めなければ大蔵批判のキャンペーンを張ると脅し上げ、予備費を認めさせる。この一幕は第二章でとりあげた『日本ネオ官僚論』でも記しているが、本書ではキャンペーンの動きをより詳細に書き込んでいる。

献血率は上昇し続け、二年後の一九六六（昭和四十一）年は五〇パーセントに迫った。この年、本田は五年間にわたるキャンペーンの総括「血といのち」を連載する。やがて売血は姿を消し、献血一〇〇パーセントの時代が到来する。

私は「黄色い血追放」のキャンペーンを進めながら、「献血一〇〇パーセント」のゴールが見えて来たところで社を辞めよう、とひそかに決心していた。そのわけは短い言葉で言い尽くせない。社会部記者にとっての良き時代である「戦後」がいよいよ暗転する中で、私は東京オリンピックの開会式と閉会式が自分にとっての最後の舞台だった、と思わずにはいられなかった。

キャンペーンは、社と訣別《けつべつ》するにあたって、何か一つ社会部記者であった確かな証《あかし》が欲しい、というあがきの産物であった。

輸血という医療行為が続くかぎり、献血制度は残る。街で移動採血車を見掛けるたび、私は社会部記者であったことを誇りに思う。キャンペーンによってだれよりも救われたのは、私自身だったのである。

4

バアさんは戦後間もなく台湾から来日し、熊本・八代で暮して後、上京してきた。苦労を重ねて店をもつが、立ち退き問題が生じて素娥を閉める。その後、バアさんは中華料理店のマネージャーなどをつとめていく。本田も読売を退社し、二人の環境は変わるが付き合いはずっと続いていった。

バアさんは「常識の埒外《らちがい》」にある人で、夜間でもお構いなしに、しばしば長電話をかけてくる。執筆に追われる日の本田は、そうそうお相手はしておれない。受話器を早智夫人に手渡して一時退避をするのだが、その時間が延々三時間半に及んだときもあったとか。

バアさんの人となりをいえば、「動物的嗅覚」と「たぐいまれな親和力」の持ち主で、他人の家庭にも私事にも「無遠慮に」入り込んでくるのであるが、一方で、美質も持ち合わせていた。本田はこんな風に書いている。

バアさんには、図々しく、押しつけがましい面があった。彼女は、お喋《しゃべ》りで、出しゃばりで、自己顕示欲の強い女性であった。計算高く、ややずるくもあった。

それらの欠点が度を越して現れるとき、私は正直なところ辟易《へきえき》させられた。しかし、バアさんとの付き合いを絶とうとは、ただの一度も思わなかった。なぜなら、彼女は陽気で、大らかで、基本的に並はずれた善人だったからである。

時は流れる——。バアさんは老い、病を得て入院する。親族が台湾にいたが、日本では孤独の身の上だ。素娥時代に、またその後に培《つちか》った人脈がバアさんを支えた。旧満洲育ちで中国語の堪能な「東先生」、「節ちゃん」こと高木夫人、かつて素娥を手伝っていた「艶子《つやこ》さん」などの婦人たちが身の回りの世話をしていく。交渉事や保証人など、男手を要する事柄は本田が担っていく。

亡くなる前、バアさんは葬儀その他の処理を頼むとする遺書を本田宛に書き残していたが、いわれるまでもなく覚悟してきたことだった。


恥を告白するが、バアさんの入院が決まったとき、私の頭を真っ先に横切ったのは、どの出版社に前借りを頼もうか、ということであった。バアさんの最期を引き受けるのは、私しかいない。その覚悟はあった。しかし、浪費家の私に蓄えはまったくなかったからである。

結果的に、バアさんの入院費用は、彼女の預金と友人、知人からの見舞金で賄うことができ、福祉の世話にならずに済んだ。

葬儀と四十九日に代わる金の支払いは、彼女が掛けていた生命保険で十分間に合った。


ということであるのだが、海外取材や原稿書きの合間を縫いつつ、病院の転院や持ち上がったトラブルに応対し、ときに「よれよれ」になりつつ本田はつとめを果たしていく。本書の終盤は、人が、この世で結んだ縁《えにし》に対して果たすべき心得を教えてもらっているような、そんな趣もある。

バアさんが逝き、来日中の親族から母方も台湾の出であると耳にする。そのこと自体は本田にはどうでもいいことだった。「日台混血児であろうが、純粋台湾人であろうが、バアさんはバアさん以外の何者でもなく、私はそのバアさんと付き合ってきた」のだから――。

ただ、本田の胸を衝いたのは、「生涯うそをつき通さなければならなかった、バアさんの哀れさ」であり、そのことに無知だった自身の「不実」についてであった。

四十九日の会を済ませて後、迷いつつもそうすべきだと定め、本田は遺骨を台湾の地に持ち運ぶ。納骨し、親族から感謝と謝辞を受けつつ、本田の耳はなお、遠くから届くバアさんの声を聞いていた。

ポンちゃん、バアさんをこんなところに押しこめて、どうして自分だけ帰るの――。

ラストは、帰路の機中、胸中によぎる思いを記して締め括られている。

十二月一日（一九八五年）、羽田へ向かう機中、私はずっと耳鳴りに悩まされた。台湾での三日間、バアさんの弟たち、その家族、従兄弟《いとこ》、徐家の人々との連夜の乾杯《カンペェ》で、東京を出るときの睡眠不足がついに解消されずに終わったからである。

日本側を代表した恰好で受け切れないほどの謝辞を浴びた私に、安堵感《あんどかん》がなかったわけではない。しかし、耳鳴りのその奥から、バアさんの叫び声は消えなかった。

私のしたことの意味は、バアさんと分かち合った「戦後」に照らして何であったのか。その答えを出すには、自分の胸の中の不実の点検から始めなければならない。それには疲れすぎていた。ともかく眠ろう、と思った。

確かなこと、それは、バアさんとともに、私たちの「戦後」は完全に過去のものになった、ということだけであった。

本田にとって、バアさん及び素娥は、〈戦後〉と自身の青春を象徴的に共有していた存在だった。それ故に、バアさんの死はイコール、〈戦後〉の終焉《しゅうえん》と思えたのだろう。

5

『話の特集』を創刊し、編集長を長くつとめた矢崎泰久は、本田が上野署詰めにあった時期、夕刊紙『内外タイムス』の記者だった。持ち場は第一方面（丸の内署）であったのだが、上野署にはしばしば出向いていた。麻雀仲間からの誘いで、その一人が本田であった。やがて「ポンちゃん」「ヤーさん」と呼び合う間柄となった。

競馬場でもよく顔を合わせた。本田の買い方は一点張りが多く、気風《きっぷ》のいい競馬だった。麻雀でも、差しの勝負を挑まれて引くことはなかった。「勝ちっぷりもいいが、負けっぷりもいい」のが本田であった。

本田と取材現場で鉢合わせしたのが、一九六二（昭和三十七）年五月三日夜、常磐《じょうばん》線三河島駅構内で発生した列車脱線多重衝突事故である。貨物列車が脱線して普通電車と衝突、乗客たちは線路に逃れ出るが、そこへ反対方向から電車が走り込んで来て──。死者百六十人を数える大惨事となった。本田の遊軍時代である。

暗闇の中、混乱が続いていた。死傷者が運ばれた病院に駆けつけると、玄関脇の公衆電話から送稿している本田と出くわした。

「ポンちゃん、いつから現場に？」

「ヤーさんか、その顔ではすぐわからなかった。ほとんど何もつかめていない……」

言葉をかわしてから気がついた。現場を歩き回った二人は、足もとから頭まで血を浴びて赤く染まっていた。

矢崎は『話の特集』の座談会で本田に登場してもらったこともある。本田作品はほとんど目を通してきたが、『警察《サツ》回り』は特に印象深いという。

「互いに悪ガキだった時代の思い出がたっぷり書かれていて、まずはひたすら懐かしい。酒もギャンブルもたっぷりやりつつ、社会部記者の魂を人一倍もっていたのが本田さんだった。戦後のさまざまな混乱が残る時代でしたが、あっけらかんと空が抜けているような時代でもあった。そんな時代に縦横に生きた新聞記者の青春記ですよね」

愚かさや勇み足、表裏にある正義感や純粋性。青春記が魅力に富んだジャンルであるのは、人の季節に付着する普遍性からであろう。『警察《サツ》回り』が幅広い読者を得てきたのは、そういう要素をたっぷり含んでいるからなのだろう。

作家はどこかで、昔日《せきじつ》の心事を作品のなかで〈消化〉していく。本田は少年期を『私のなかの朝鮮人』で、思春期を『疵』で、青年期を『不当逮捕』と『警察《サツ》回り』

で、そのような内なる作業を果たしていったようにも思える。

『警察回《サツ》り』以降も『小説新潮』ではいくつか本田作品が載っている。『私たちのオモニ』(新潮社・一九九二年)もそうである。

横山正治に会った際、『警察回《サツ》り』掲載当時の手帳を持参してもらっていた。一九八六（昭和六十一）年二月から五月では、「本田氏、クラブに入るはずがキャンセル／ペラで114枚／ペラ6枚しか書けず／ペラ91枚／ペラ73枚／ペラ118枚／上野の焼肉屋で打ち上げ……」というような、原稿の受け取りにかかわるメモが残されている。

クラブとは新潮社近くにある一軒家で、作家たちのカンヅメ部屋として使われていた。メモからは、丁々発止、催促をして原稿を受け取っていたようにも映るが、別段、そうではなかったという。本田は原稿がはやいという人ではなかったが、約束は固く、面倒をかける人ではなかった。

前年の十一月二十八日付では「本田氏　台湾へ　羽田　8・50　CAL19便」とあり、この日に本田はバアさんの遺骨を手に台湾に向かっていることがわかる。

——いま思い出したのですが、台湾への取材費を用意していたのですが、これは私事だからといってどうしても受け取られなかった。そういう人でもありましたよね……。

担当者のメモから立ち上がってくる、人・本田靖春の一面である。

第十三章　大スターの物語
──『「戦後」美空ひばりとその時代』

1

元木昌彦の講談社入社は一九七〇（昭和四十五）年で『現代』に配属された。デスクの佐藤洋一から、何か得意なものがあるだろう、それをプラン化してもってこいといわれるのであるが、思いつかない。早大時代は「軟派学生」。平日はネオン街でバーテンダーをしつつ週末はバイト代を競馬につぎ込んでいた。

得意なもの──。競馬がらみの企画を数本揃えて出すがボツ。再度、出すがボツ。

「あのなぁお前さん、うちの雑誌は競馬雑誌じゃないんだ。他のものを考えてみろ」

といわれた。新入社員だった日のひとこまである。

この翌年、フリーになったばかりの本田靖春と出会っている。依頼した仕事は原稿のリライトであったが、原稿を本田に預けてから断りの電話が入った。

「いったん引き受けてからというのは申し訳ないんだが、読売を辞めて、辞めたらやらないと決めたことがいくつかあって、そのうちの一つが読売巨人軍にかかわることでね……」

そこから先の記憶は薄れているが、そこをなんとか……と頼むと引き受けてくれたように思う。それが本田との出会いであったが、以降、佐藤の差配で何本か、アンカー的な仕事を本田にしてもらった。三人で幾度か酒席もともにした。朗らかで、実に座持ちのいいのが本田の酒で、酒の飲み方を教えてもらったという記憶が残っている。

本田と本格的な仕事をともにするのは十数年後、元木が『週刊現代』『婦人倶楽部』などを経て『現代』に再所属してからである。本田はもう「大ライター」になっていた。

人物を通して戦後を描く――という企画は本田の志向と価値観を勘案してのもので、元木原案にあったのは、美空ひばり、長嶋茂雄、石原裕次郎の三人。「うーん……」というのが本田の返事で、「フランク永井ではどうかな」という。本田がフランクのファンであることを元木は承知していたが、雑誌的なインパクトとしては少々弱い。

やがて本田は、ひばりならやってみよう——といった。二人が目黒区青葉台の「ひばり邸」を訪れたのは一九八六（昭和六十一）年夏である。

これ以前、本田は雑誌で美空ひばりを取り上げたことがある。

一つは——第一章で触れているが——『文藝春秋』の連載の一編で、『現代家系論』に収録された。ここでのレポートは、ひばりの育ての親、「一卵性母娘」「ゴッドマザー」ともいわれた加藤喜美枝《きみえ》を主人公格としている。もう一つは後述するように『週刊現代』の「委細《いさい》面談」で、『戦後の巨星　二十四の物語』に収録された。

本田があらためて腰を上げたのは、すでに予備知識としては十分なものがあり、ひばりとの面識もあったこと。そしてなにより、美空ひばりが〈戦後〉を体現しているという思いがあった故であろう。

『「戦後」美空ひばりとその時代』は、『現代』誌上で連載され（一九八七年五月号〜八月号）、同年秋、講談社より刊行された。書き出しの近くで、本田は簡略に自身の歩みに触れ、ひばりと石原裕次郎の対比も行いつつ本書で意図したものについて述べている。

敗戦の年、京城の中学二年生だった本田は、陸軍幼年学校に願書を出した「典型的な軍国少年」だった。八月十五日を境に立ち込めた反日感情を体感しつつ引き揚げ者となる。敗戦期の敗北感、虚脱感、喪失感を昂揚感へと転化させてくれたのが「戦後民主主義」だった。物資は極端に不足し、生活はひどく不自由ではあったが、「暗雲が払われたあとの青天を仰ぎ見るような」「精神の自由」があった……。

石原裕次郎の映画は一本も観たことがないとある。芸能界における彼の存在の大きさと好もしい人柄は知りつつ、「彼と私は一つの時代を共有していなかったから、ということになりそうである」と記す。裕次郎はむしろ「もはや戦後ではない」といわれた時期に登場したスターだった。それに対し、ひばりの足跡には〈戦後〉という一つの時代をくぐり抜けた共有感がある。

私が石原裕次郎に関して言いたかったのは、要するに、私とは出発点が違っていたということである。

そこで「戦後」を代表する大スターはだれかとなると、美空ひばりを措《お》いてはない。しかも彼女は今日まで、一貫して第一人者の地位を守り続けてきた。

くどくどと書いてきたが、ここでのテーマも大きくは「戦後」である。美空ひばりのたどってきた半生を縦糸とし、そこに直接、間接に関わった人々の軌跡を横糸にして織り上げていけば、いまや風化したといわれる「戦後」の一断面が浮かび上がってくるのではないか、というのがこの本の狙いである。

2

美空ひばり（本名・加藤和枝）は一九三七（昭和十二）年生まれ。父・加藤増吉、母・喜美枝。横浜・磯子区滝頭《たきがしら》、下町の一隅にある、通称「屋根なし市場」の魚屋の娘として生まれ、育っている。

本田は本書で、往時を知る人々の証言を得ながらひばりの少女時代をたどっているが、浮かび上がってくるのは歌における天才少女ぶりと時代の風景である。

ひばりの幼年期は戦中であるが、出征兵士の壮行会などで『九段の母』を歌い、大人たちの涙を誘った。増吉は浪曲好きであったが、ひばりは一度聴くと節回しを覚えてしまい、父が間違うと間違いを指摘したという。

終戦時はひばり八歳。音楽好きの増吉が素人楽団をつくる。さらに芸能好きの喜美枝が娘の伴奏楽団として「美空楽団」を結成、界隈の「劇場」に売り込み、出演の機会を得ていく。

雨後のタケノコのごとく、各地に劇場ができていた。歌謡、芝居、浪曲、漫才……。人々は食を求め、同じように娯楽を求めていた。

美空楽団の旗揚げ公演は磯子にあるアテネ劇場。元は市場だった小さな芝居小屋で、「場内には五人掛けの木製ベンチ十脚が二列に分けて並べてあるだけであった」とある。

美空楽団が何度も前座に出演したのが杉田劇場。ここは町工場を改装したもので、専属の劇団があり、照明係もいて、アテネに較べれば立派だったが、やがて経営不振に陥る。ある朝、劇場にトラックに乗った税務署の署員たちがやって来て、差し押さえ用に場内の椅子を荷台に積んで持ち帰ってしまった。

片山（経営者の甥）たちはそれからがたいへんであった。その日も昼からの興行を予定していたからである。どうあっても穴をあけるわけにはいかない。総出で劇場の裏にあった松の木を切り倒して、即製の椅子をこしらえた。これこそ即席である。どうにか開演時刻に間に合ったが、まさに冷汗ものであった。

杉田劇場について本田は、「敗戦翌年の正月に新築されて、わずか四年で閉館に追い込まれてしまったこの劇場の短い歴史をたどれば、そこにもやはり『戦後』を見ることができるであろう」と記しているが、確かに、哀感とおかしみをも伴った戦後の一風景が浮かんでくる。

芸名・美空ひばりの名づけ親は喜美枝である。貧しく慎ましく、満足なモノは何もない終戦後の日々、それでも上空に「美しい空」だけは広がっていた。芸名は奇《く》しくも、時代の空気を映し出していた。

ひばりの持ち歌は『リンゴの唄』『旅姿三人男』『港シャンソン』など。リズム豊かなポピュラー曲、笠置シヅ子の「ブギウギ」が流行していたが、その物真似も大いに受けた。

並木路子の『リンゴの唄』は戦後になって最初に大ヒットした流行歌である。杉田劇場などで、ひばりと一緒に出演した「マー子ちゃん」こと杉山正子によれば、劇場でのフィナーレは『リンゴの唄』と決まっていて、舞台に呼応して客席からも大合唱が沸き起こったとある。

子供ながら抜群の歌唱力は評判を呼び、ひばりは横浜国際劇場で本格的なデビューを果たす。少女歌手の誕生は、ステージ・ママたる喜美枝の手腕と尽力なしにはなかった。ただ、ひばりは本田の問いに、それ以上に自身が歌うことが大好きだったと答えている。

「いまのお子さんたちを見ていると、ちびっ子何とかという番組なんかでも、そんなに歌が好きじゃないんだけど、お母さんが言うからうたっちゃう、っていう子と、それから、私、歌大好き！　って感じで出てくるのと二通りありますよね。見てると分かるんです、私もちっちゃいときからうたってるから。私はその大好き！　のほうでしたから、親なんか関係ないですよ」

昭和二十年代半ば、ひばりの年齢でいえば十代前半から半ばである。滝頭小学校も出席日数足らずで留年となるところ、マネージャーが学校長と幾度も談判し、補習を受けてなんとか卒業を認めてもらった顚末も記されている。

日本社会を包む風景は、露《あら》わな貧困だった。ひばりが小学六年生時、「滝頭小学校の在籍児童は千六百八十八人だが、そのうち雨具のない子が百人以上、学校に弁当を持ってこれない子が二百人以上、という推計の数字も残されている」という記述も見える。

貧しくはあったが、その後の豊かな時代になって蔓延《まんえん》した〈閉塞感〉はなかった。「可能性の時代」であった。それがひばりを押し上げていったとして、本田はこう書く。

いまとは社会の状況が違うことも、また美空ひばりが天稟《てんぴん》において並はずれていたことも承知のうえで言うのだが、彼女が母喜美枝の女手一つに支えられて世に現れ、ついに歌謡界の女王と言われるまでの地位を築くに至ったのは、その出発点が「戦後」つまり可能性の時代にあったからである。

世は少女歌手を熱く迎え入れたが、一方でひばりは「児童虐待」「畸形児」「ゲテモノ」……など、バッシングにさらされた歌い手でもあって、なべて文化人やインテリ層の拒否感は強かった。児童福祉法違反と指摘されれば黙する他にないが、本田はこう書いて上から目線を一蹴している。

横浜国際で和枝（ひばり）は、いち早く歓呼を以《もっ》て迎え入れられた。その説明に、難しい理屈はいらない。庶民の歌は庶民に通じる、というだけで足りるであ

ろう。庶民は率直に反応した。美空ひばりの今日を持ち出すまでのこともなく、
それが健全な反応というものである。

『悲しき口笛』『東京キッド』『リンゴ追分』……ヒット曲が続き、ひばりはコロムビアレコードのドル箱となる。『リンゴ追分』は当初、ラジオ・ドラマ用に制作されたレコードのB面に入った曲であったが、七十万枚という空前の数字を刻んでいる。

〽歌も楽しや　東京キッド
いきでおしゃれで　ほがらかで
右のポッケにゃ　夢がある
左のポッケにゃ　チュウインガム
空を見たけりゃ　ビルの屋根
もぐりたくなりゃ　マンホール

『東京キッド』（藤浦洸《ふじうらこう》作詞・万城目正《まんじょうめただし》作曲）の歌詞である。歌は世につれともいわれるが、あっけらかんとした時代の息吹を伝えている。

本書では、ひばりの中学時代（精華学園中等部・東京）の家庭教師をつとめた中村三兄弟が登場するが、後年、三兄弟はともに医師となり、病院チェーンを営んだ。滝頭小学校の同期生で『月光仮面』『隠密剣士』で人気俳優となる大瀬康一、同じ学区の出身で「月光仮面」を描いたことでも知られる漫画家の桑田次郎の人生模様も詳述されている。あるいは、新宿ゴールデン街でひばりの〝リサイタル〟を実現させたイラストレーターの黒田征太郎、本土復帰前にひばりの興行を手がけて島人たちを熱狂させた沖縄芸能社の川上喜好……らも登場する。

ひばりとのかかわりもさることながら彼らの人生遍歴を本田が書き込んでいるのは、可能性だけはたっぷりとあった〈戦後〉を共有しているという思いからであろう。

地方での興行には、ひばりが「田岡のおじさん」と呼んでいた山口組三代目・田岡一雄の姿がよく見られた。「三兄弟」の次男は〝出張教師〟として愛媛・宇和島の巡業に同行した日があったが、そこで、田岡が——何者であるかは知らなかったが——地元のヤクザたちと怒鳴り合う「緊迫した場面」を目撃したりしている。

田岡は「お嬢」ひばりの熱いファンであったが、もとよりそれだけで出向いていたのではない。芸能界と裏世界の関係はもちつもたれつであって、山口組は地元組織への〝抑え〟の役割を果たしつつ、芸能人という「荷」を預かることが勢力拡大につながる。

このことが後年、ひばりバッシングの一つともなるが、裏世界への〝仁義〟を欠いて興行を打つことはできない。これまた戦後の一風景であった。

3

ひばりとともに「元祖三人娘」とも呼ばれた雪村いづみ、江利チエミが登場する。いずれも一九三七（昭和十二）年の生まれ。レコード・デビューでいえば、ひばり十四歳、チエミ十五歳、いづみ十六歳である。

三人に本田は四つの共通項をあげている。早い時期から片親に育てられたこと、普通であれば親がかりの年齢のころから経済的に一家の大黒柱の役割を担《にな》ったこと、巨額の所得を上げながら肉親の不始末ないしは背信行為によって経済的にも精神的にも苦しみを味わったこと、離婚を経験したこと――である。

戦前、雪村いづみは「戦前における恵まれたホワイトカラーの家庭の典型」で育つが、戦後間もなく父が自ら命を絶つ。母は洋裁店などの経営に失敗、借金を背負って

「どん底の生活」となる。

いづみは三きょうだいの長女。一家を背負い、新橋のダンスホールで歌うようになるが、電車賃にもこと欠き、「東急池上線の駅数にして二駅の間を毎日歩いた」、あるいは「ステージのために買ったハイヒールのかかとがへるのがもったいなくて、裸足でとっとことっとこ歩いたの」とも語っている。

進駐軍回りや喫茶店で歌っていた日、たまたまビクターレコードのディレクターに見出され、デビュー曲『想い出のワルツ』がヒットする。「ブリッコ」は「シンデレラ」娘へと変貌していく。

江利チエミも貧乏を味わっている。父はクラリネット奏者であったが、失業期があり、「配給物もとれず、学校の教科書も買ってやれず、弁当も持たせてやれないので昼休みに家にお粥《かゆ》を食べに来させたり、子どもにとって実に悲しい想いをさせた」という一文を残している。

やがて父は進駐軍関係のバンドマスターとなり、チエミも歌いはじめる。折りからのジャズ・ブームで、キングレコードから出た『テネシー・ワルツ』がヒットした。はっきりした性格の「新人類」は「ひばりに続く時代の寵児《ちようじ》」となっていく。

三人が十八歳の日、共演映画『ジャンケン娘』は大ヒットし、シリーズとして四作までつくられていく。三人の交友関係も長く続くが、ともにプライベートにおいては試練が続いた。

ひばりは小林旭と、チエミは高倉健と、いづみはアメリカ人の青年、さらにサックス奏者と結ばれるが、いずれも結婚生活は短い。身内の不始末でいえば、ひばりは弟・かとう哲也の暴力団との関係が取りざたされ、一時期、公共施設での出演を閉め出された。チエミは異父姉の背信行為から膨大な負債を背負った。いづみも母が高利の融資に手を出したことにより借財を抱えていく。

チエミは四十五歳で世を去る。晩年は一人暮らしで、体が弱ってからなお「ウイスキーの牛乳割り」をやめなかったという。

私たちって寂しいもんですからね――ひばりが口にした言葉であるが、チエミを語りつつ自身を語っているように本田には思われた。

本田はいづみを、「率直でフェア」「自分をも客体化」できる人で、「聞くべき要素が多く含まれていた」とし、「戦後といま」について語ったくだりを記している。

「私の場合、戦後は『マイ・フェア・レディ』の逆ですからね。いきなり花売り娘に転落したという……。いまそれを過ぎちゃったから、希望があって良い時代だった、って言えるんであって、当時の実感としては決して良い時代ではなかったですね。

ただ、物がほんとうになくて、苦しくて苦しくて、という中にも、一生懸命何かを目指して頑張れば、成功できる時代だったでしょう。いまは、物は山ほどあるけど、何を頑張っても成功するのは、宝くじに当たるといったような時代ですよね。だから、どっちが不幸だといえば、いまの子のほうがもしかしたら不幸かも知れませんね」

4

日本社会が〈戦後〉を脱却していくなかでひばりの歌もまた変容していく。

一九六〇年代、『柔《やわら》』『悲しい酒』『真赤な太陽』はミリオンセラーとなり、ひばりはさらに歌謡界の女王として君臨していくが、本田は「文庫版あとがき」で、『柔』にいたって、私はひばりと心の中で訣別した」と記している。

「スポ根」をうたい上げた「柔」が大ヒットしたとき、「戦後」を体現してきた美空ひばりの輝きは失せた。私の彼女に対する訣別の理由は、そこにあった。

しかし、それは、美空ひばりのせいではない。「一億総中流」へと向かいはじめた時代の流れが、彼女をしてそうさせたというべきであろう。

「柔」の翌年（一九六六年）に発表された「悲しい酒」は美空ひばりの代表的な歌とされていて、いまでもカラオケのリクエストが最も多いと聞くが、私にとっての美空ひばりは、あくまでも「悲しき口笛」であり、「東京キッド」であり、「私は街の子」であり、時代的に線を引くなら、昭和三十二（一九五七）年の「港町十三番地」あたりまでである。

本田のなかで、すでに〈美空ひばり〉は終わっていた。取材のスタートに当たってしばし躊躇したのはそういう思いがあった故であろう。

本書での取材・執筆の時期は、歌手・美空ひばりの晩年に当たっている。長年、ひばりの歌手生活を支えてきた「ゴッドマザー」喜美枝はすでに亡く、二人の弟も鬼籍に入っていた。本田との面談の席で、ひばりはアガサ・クリスティーの『そして誰もいなくなった』という書名を口にしたりもしている。

人・美空ひばりは、「私の接したかぎりにおいて、彼女は明るくざっくばらんで、隠し立てをするようなところがなく、それこそ庶民的でいたって気さくな女性である」「母のこと、弟たちのこと、田岡のことなど、触れられたくない部分に関しても、いやな表情ひとつ見せるでなく、率直に答えてくれた」とある。

さらにその人物風景として、「ある時期の美空ひばりは、『ひばりじゃなくいばりだ』と陰口された。しかし、私のそばにいるのは、歌謡界の女王というより、胸の孤独を隠そうとしない一人の女性であった」とも記している。

ゴッドマザー亡き後、〝庇護と隔離〟の壁が取り払われ、一人となったひばりがふと垣間見せる本来の地の姿であったのだろう。取材者が本田であった故に見せるものもあったろう。

取材はじめに青葉台のひばり邸を訪れた日、本田は「彼女の歩き方に異常を感じていた」とある。階段を上る様はいかにも辛そうに見え、歩く歩幅は「履いていたスリッパの長さほど」しかない。

その後、劇場の楽屋などで取材を重ねていったのであるが、やがて入院の報に接する。難病とされている「両側大腿骨骨頭壊死《えし》」、さらに「肝機能障害」等の病名も伝わってきた。再起不能説も流れたが、その後、ひばりは退院し、芸能生活四十周年記念公演などをこなしていく。ただ、活動は長くは持続できなかった。

本書の刊行から二年後、昭和が終わった年であるが、美空ひばりの訃報が流れた。五十二歳。「文庫版あとがき」は追悼の文ともなっているが、彼女が世を去った日、本田宅にはコメントを求めるマスコミ各社からの電話が鳴りやまず、ひばりがいかに偉大なる存在であったかをあらためて実感したとある。

本田と取材行をともにしながら、元木は本田にある提案をした日がある。それを本田は是としなかったのであるが、本田靖春という書き手の姿勢として脳裏に留めている。

美空ひばりの出自にかかわることで、噂の類であるが、朝鮮半島の出身ではないかというものがあった。そのことを質《ただ》してもらえないか、と持ちかけた。「雑誌屋の好奇心」であったが、彼女が率直な語り手で、かつ本田には胸襟を開いていることもあった。

ひと呼吸置いてから、本田はこう答えた。

「人がもし秘匿したいと思っている事柄があるとすれば、それに踏み込む権利は誰にもないと思うよ。そもそも取材なんてこちらの勝手な都合でやっているわけだから。ただ元木君がどうしてもというなら、その旨を記した手紙を書いて、彼女が了解するといううなら尋ねてみてもいい」

元木は手紙を書いたが、その後ひばりに会ったときにその話題は出ず、そのままに終わった。

以下のことも取材者・本田の姿勢を物語っている。

ひばり十九歳の日であったが、浅草国際劇場に出演中、山形出身の少女ファンに塩酸をかけられ顔に火傷を負う事件が起きた。

事件から三十余年、加害者の少女は幾度も引っ越しを繰り返し、「心に生涯の傷を負った」まま二児の母親となっていた。本田たちは住所をつきとめ、手紙を出し、電話で話をしている。ただ、固有名詞等の情報は一切伏せている。「取材の影響がいかなるかたちでも彼女の身辺に及ばないよう、十分に配慮した」上で「取材を打ち切った」とある。

本田は取材力に富んだ人だった。それはもちろん、対象者の奥座敷に土足で踏み込む図々しさではない。まずは礼儀を踏み、筋を通す。それは相手に伝わるものであって、相応の見返りが返ってくる。そういう関係性を熟知するプロのジャーナリストとしての取材力である。

元木が本田の人物風景として覚えていることに「機械オンチ」がある。この時期、ようやく本田宅にもファックスが入って、元木宛に「これから原稿を送るから」という連絡が入る。が、待てど暮せど送られてこない。電話で操作手順を説明するのであるが、ラチがあかない。「本田さん、これからもらいに行きますから」と出向いたことが複数回、あった。

この後、元木は本田の連作ノンフィクション「『時代』をゆく」を、また『週刊現代』編集長時代には〝未完のノンフィクション〟の連載を手がけている。この折りには積年の〝競馬学〟も生かされたのであるが、そのことは後述したい。

5

本書の中で本田は、戦後最大の大衆運動といわれ、〈戦後〉の分水嶺を成した一九六〇（昭和三十五）年の安保闘争についてもページを割いている。

六月十五日、全学連主流派が国会に突入、警官隊と乱闘になり、東大生・樺美智子が亡くなる。この日、社会部長に命じられ、雑感を書くため本田は国会構内にいた。翌日、「わたしはこの目で見た／にくしみの激突／デモ指導者にも責任」という見出しの〝署名記事〟が載った。この記事の顛末について、本田は第四章でとりあげた

『体験的新聞紙学』ではこう記している。

その夜、私は原稿を書いた。社会部長がじかに朱筆をとった。彼の判断による「不穏当な」箇所は、次々に削られた。私の執拗な抗議は、「未熟」という理由でしりぞけられた。それでも、私の文章の半分は残っただろうか。そのあとに先輩記者の文章がくっつけられた。私の最後の抵抗は、署名を記事からはずすことであった。

だが、それもきき入れられず、社会面トップに〝私〟の雑感がのった。見出しの下に署名が入る、異例の扱いであった。安保報道の批判のさい、表現を弱められて行ったこの記事が、何かにつけて引き合いに出され、そのたびに新聞社を去るべきかと思い悩んだ。

元原稿は多分に学生寄りのものであったのだろう。それが手直しされて「デモ指導者にも責任」という〝客観報道〟に訂正されたのであろう。

本書では、新聞七社（朝日、毎日、読売、産経、東京、日経、東京タイムズ）による「共同宣言」について触れている。宣言は「六月十五日夜の国会内外における流血事件は、その事の依ってきたる所以を別として、議会主義を危機に陥れる痛恨事であった」とするものである。

記者として現場にいた本田の見方はまるで違っていた。「暴力はいけない。そのこと自体に、何の異論もないが……」、ごく一部の学生を除いて過激な行動は見られなかった。負傷者の多くは学生であり、署名記事で「警官隊から警棒を取り上げなければならない」と書いたのであるが。

ともあれ、この日を境に運動は沈静化していく。以降、戦後を支えた民主主義という理念も少しずつ後退し、やがて経済成長の時代に飲み込まれていく。

社会が貧困を脱して豊かになる。これまたなんの異論もないことだ。けれどもそれは、「物質的充足と引き替えに、人々が折角得た自由を差し出していく過程でもあった。だれかの言葉を借りていえば、『社会人間』ではなく『会社人間』の時代になっていったのである」。かけがえのない「精神の自由」を売り渡して、いったい「何のための経済成長か」――と。

本田の思想の基底にあるものであろう。〈戦後〉という言葉で意味するものを一九六〇年以前に置いているのは暗示的である。貧困をはじめ深刻な社会問題が山積していたが、それでもなお、戦争の放棄を心から喜び、稚拙であろうと民主主義を育て、個人の自由を重んじ尊ばんとする社会的な気運はそれ以降の時代に比してより濃厚にあった。本田が固執し続けたのは、それらをひっくるめた〈戦後的精神〉ともいうべきものである。

国会で安保条約の改定が成立したとき、去来したのはこのような思いだった。

六月十九日午前零時、新安保は自然承認された。

国会周辺に坐り込みを続ける人たちの中を歩きながら、私は「よき時代」の終わりを感じていた。

本田は本書の冒頭近くで、〈戦後〉への想いをこう吐露している。

これは何度も書いたことだが、才薄い私がいまこうして物書きでいられるのは、ちょうど自我の形成期に「戦後」というまたとない時代にめぐり合わせたからこそである。はからずも、時代が私に一生のテーマを与えてくれた。その幸運に対する感謝の気持ちは、年とともに薄れるどころか、強まる一方なのである。

念を押すように、ラスト近くではこう記している。

私は、高度経済成長以降の世の中の移り変わりに、自分を合わせまいとして生きている。言いかえるなら、戦後に授けられた民主主義を「墨守《ぼくしゅ》」したまま人生を終えたいと考えている。だから、私はここでも「戦後」をテーマに選んだ。

あるいは、歌の場合と同様、ジャーナリズムと時代状況との幸せな関係は、安保闘争の終焉と同時に始まった高度経済成長の中で、過去のものになってしまったのかも知れない。そうであるのなら、私はなおのこと、自分の「歌」をうたい続ける。それは「戦後」への賛歌である。

人びとは飢えていた。私の場合は、住む家がなく、納屋の暮らしから戦後の生活が始まった。着る物がなく、履く靴がなく、鞄がなく、教科書がなく、エンピツがなく、ノートもなかった。

しかし、人びとは桎梏《しっこく》から解放されて自由であった。新しい社会を建設する希望に満ちていた。そうした可能性の時代の子として美空ひばりはいた。

無頼記者の栄光と挫折を活写した『不当逮捕』も、闇市時代のアウトローを描いた

『疵《きず》』も、記者時代の若き日々を綴った『警察《サツ》回り』も、底流に流れていた主題は〈戦後〉だった。その時代を体現した大スターをたどる物語が、本田の最後の〝戦後ノンフィクション〟となった。

第十四章　放牧の自由人――『評伝　今西錦司』

1

いまグリーンランドでも最北の村、北極圏に近いシオラパルクというエスキモーの村に来ております。帰国後、いつでもお目にかかれると存じます――。

山と渓谷社の神長《かみなが》幹雄に、『評伝　今西錦司』（山と渓谷社・一九九二年）にかかわる思い出を訊きたいと連絡したところ、折り返し返信があった。北極圏でも即座にメールが届く……と感慨を覚えつつ、いかにも山や冒険の雑誌と図書を手がけてきた編集者らしい文面と思えたりした。

しばらくして、帰国した神長に会った。顔の鼻あたり、薄っすらと日焼けあとのようなものがうかがえる。軽い凍傷の名残とのことだった。

植村直己、山田昇、長谷川恒男、小西政継、星野道夫、河野兵市《こうのひょういち》。極地や銀嶺で幽明の境を越えた登山家や冒険家であるが、神長はそれぞれと交流があった。長い編集者生活の区切りとして、六人の足跡をたどった一冊を綴りたい——。グリーンランドもそのかかわりで出向いていたとのことである。

最北の村へは、デンマークのコペンハーゲンから小型飛行機とヘリを乗り継いで入る。帰路では途中まで、犬ぞりを使った数日間の旅を挟んだ。凍傷はそのさいに負ったものであるが、「いまどき贅沢《ぜいたく》な旅でした」という。なおこの後、一冊は『未完の巡礼』（山と渓谷社・二〇一八年）として刊行されている。

ノンフィクション作品は、大なり小なり編集者のサポートがあって世に出るが、『評伝　今西錦司』はそのウエートが高い作品だった。

今西錦司。生物界の「棲《す》みわけ論」、「パイオニア・ワーク」の提唱、南島や大興安嶺《だいこうあんれい》への学術探検、動物社会学や類人猿の研究、ヒマラヤ遠征、独自の進化論と「自然学」の提唱、七十六歳で千山、八十三歳で千五百山登山を達成……。足跡は多岐に及んでいるが、いわゆる〝山系〟京都学派の総帥であり、その〝門下生〟から多くの逸材が世に出た。

神長にとって今西は、直接的には日本山岳会の会員同士という淡いかかわりがあるのみで、「仰ぎ見る存在」であったが、なぜ京都という地からかように魅力的な山岳人たちが生まれるのか、その〝元締め〟たる今西錦司とはいかなる人物であるのか……という問題意識を持ち続けてきた。

さらに神長は本田ノンフィクションの熱い読者であった。今西の評伝を本田が書くという企画はどうだろう……。山と渓谷社ではかつて、小西政継を描いた本田の『栄光の叛逆者』を刊行している。担当したのは先輩編集者であったが、社としてお付き合いもある。

趣旨を書いた手紙を出し、本田宅に出向いたが、返事は固辞したいというものだった。生物学には無知であり、山にも探検にも素人、とても任に堪えずというものであったのだが、神長は粘った。二度、三度と本田宅を訪れる。本田という人は「情の人」であって、顔を合わせるごとに拒否の度合が甘くなっていく感触はあった。

本書の「あとがき」で本田はこう書いている（引用は岩波現代文庫版による）。

しかし、私の誌面起用を先に考え、私にふさわしいテーマとして今西錦司氏にいきついたという神長氏は、まったく退かなかった。何度かの来訪を受けて、私は氏の熱意に心を打たれる。その一方で、これほどまで誘われるのは物書き冥利というものではないか、と思うようになった。

かねてから私は、今西錦司氏のエッセイや対談、座談会などはよく読んでいた。その意味では、あまたいる「今西ファン」の一人であったといってよい。取り組む対象としてはこちらが位負けしそうだが、「人間」の物語として書けば、それなりに読めるものになるであろう。


神長の記憶では、四度目であったか、学者でも山岳人でもなく人として今西を描くなら、ということでようやく本田は承諾してくれた。

本田と神長が取材を開始したのは一九八九（平成元）年初夏であったが、すでに高齢の今西は病床にあってインタビューがかなわず、さらに本田の病が挟まり、刊行に至るまで難路行が続いた。

『山と渓谷』の一九八九年十月号より「今西錦司　自然を闊歩《かっぽ》した巨人」の連載がはじまったが、九〇年二月・三月号は休載。再開はされたものの七月号から再び休載となり、二度目の休載は十一ヵ月に及んだ。

闘病記と貧乏物語は嫌い――とは、本田がよく口にした言葉である。本田が生涯保持したダンディズムであったが、『潮』の巻頭コラム、「波音」で連載された「人生の風景」（一九九三年五月号〜九五年五月号）では、病のはじまりから幾度も入院を強いられるに至ったころの模様を記している。本田の長い闘病の歳月の中でいえば〝とば口〟であるが、この時期が『山と渓谷』での連載期と重なっている。

当コラムでは、K病院や東京女子医大糖尿病センターの医師や患者たちが登場する。患者にはヤクザの組長もいて、面識を得、やがて「兄貴」と呼ばれて困惑する〝オモシロ闘病記〟ともなっているが、その模様は後章（第十八章）に回したく思う。

病のおおよその推移は以下のようである。

二十年来の持病、糖尿病は徐々に進行し、合併症の一つ、眼の異常が現れはじめた。視界がかすみ、めっきり視力が落ちた。K病院の診断では眼底出血を起こしているという。レーザー光線を用いた光凝固という治療を受けるが、症状は好転しない。特に右眼の視力低下ははなはだしかった。K病院を通院先としたのは自宅からほど近いという以外の理由はない。

この年、一九八九年の暮れであるが、本田は自宅で心不全を起こし、救急車でK病院に担ぎ込まれた。幸い、心不全からは回復したのであるが、『山と渓谷』での休載を余儀なくされた。

眼の不調は続き、糖尿病治療では定評のある東京女子医大糖尿病センターに転院する。K病院での治療は不良で、右眼は糖尿病性網膜症に起因する緑内障に侵され、もう視力は戻らないと診断される。放置すると眼圧が高まって眼球を摘出しなければならず、それを防ぐ手術を受ける。左眼の視力は光凝固でなんとか現状を維持することができたが、この時期が二度目の休載期に当たっている。

五十代の後半に入り、視力ある眼は片方となり、また折々にぶり返す病状を癒やしながらの日々がはじまっていく。

2

『山と渓谷』での十五回の連載が完結したのは一九九一（平成三）年十二月号で、単行本が刊行されたのはさらに一年後である。

本田が病床にあった時期、神長が〝代行者〟として積み残していた取材先にも出向いている。休載中に『skier』編集部に異動するが、本田の連載はずっと担当した。「あとがき」で本田は、神長への謝辞を重ねつつ、「本書は、私にとって、もっとも思い出深い著作になることであろう」と記しているが、刊行に至る苦難の日々を想起してのことであろう。

『評伝　今西錦司』は、今西の葬儀の模様から書きはじめられている。晩年、病室暮らしが続いた今西であったが、退院することなく老衰で彼岸へと旅立った。享年九十。生前に本書を届けたく願ったがかなわず、本田は「申しわけなくもあり、残念でもある」と記している。

今西は一九〇二（明治三十五）年、京都・西陣の織元「錦屋《にしきや》」の御曹司として生まれ、育っている。大正期の今西家の「菜暦」が書き写されているが、今風にいえば超グルメなる献立である。祖父・平兵衛は西陣織物製造業組合の頭取。欧州から最新の織機を導入して西陣に盛況をもたらす。今西の「たぐいまれなリーダーシップと溢れんばかりの進取の気性」は平兵衛譲りとある。

京都一中から三高に進んだ今西が打ち込んだのが山登りである。京都の裏山、北山からはじまり、日本アルプスへと足を伸ばす。登山というものの黎明《れいめい》期である。リュックサックは軍事教練用の背嚢《はいのう》。雨具は和紙に油塗りをした合羽《かっぱ》。足もとはといえば「脚絆《きやはん》」「紺足袋」「わらじ」で、わらじは一日二足、履きつぶす。「出発に当たっては各自十足ほどを腰にぶら下げていた」というから往時の登山風景がしのばれる。

山仲間に西堀栄三郎、桑原武夫、四手井綱彦《しでい》がいた。後に南極観測、フランス文学、物理学などの分野で足跡を残すが、西堀と四手井は今西の妹たちをめとり、義兄弟の間柄ともなる。西堀は、アメリカ民謡「いとしのクレメンタイン」を元歌《もとうた》とする『雪山讃歌』の作詞者としても知られる。

京都は三方を山に囲まれた盆地である。彼らが山に入れ込んだのは、狭い盆地から外に出たいという京都人の属性にも関わっているようだと本田は書いている。

今西自身、日経新聞に連載した「私の履歴書」で、自身の性癖についてこう語っている。

〈……自由を好むことと、山を好むこととは結びつく。また人によって広所恐怖症と閉所恐怖症があるとしたら、私は極端な閉所恐怖症だろう。つまり広い場所に出よう、出ようとする傾向が自由を求めるということに結びついているのである。学問でも専門の分野をどこまでも深く掘り下げていく人があるが、私にはそれができない。閉所へはいることを好まず、いつでも広いところへ出ようとするからである。この傾向が一生涯つきまとっている〉

三高に進んだ彼らは山岳部を発足させる。北山にある三国岳に出向いたさい、「今西と西堀が宿を発つときに心付けを五円も渡したものだから、相手が目をむいたという。それもそのはずで、そのころの大工の手間賃は三円前後であった」とある。西堀もまた裕福なちりめん問屋の息子であった。

後年、今西・西堀コンビはいくつかのプロジェクトで協同するが、「課題」を思いつくのが今西、そのための「方策」を立てるのが西堀。「ワンセットで素晴らしい力を発揮した」と、後輩の山岳人、岩坪五郎京大教授（森林生態学）は語っている。

「私の履歴書」によれば、京都一中の山岳部長は地理の教諭であったが、放任主義者で、アルプスに行っても「先生も生徒もみなバラバラに登り、一緒には歩かなかった。一緒になるのは弁当を食べるときぐらいだった」とある。一中の校長もまた「徹底した自由主義者」で、「三高の自由主義的な校風にたがをはめるため文部省が送り込んだと噂された」退役陸軍将校の校長がストライキで追われたのち、三高校長に就任している。

彼らの一中から三高時代は大正期であるが、恵まれた環境のもと、のびのびと「贅沢な遊び」に興じていた若者たちの姿が浮かんでくる。

自由の精神――は今西が生涯貫いたバックボーンであったが、本田の今西への共鳴感はまずこのことに置かれている。こうも書いている。

ひと口に大正デモクラシーというが、そこには晴れの日も曇りの日もあった。したがって、「古き良き時代」にも限定がつく。今西錦司が京都一中で過ごした少年期がそれに相当するのであろう。彼は一貫して、何よりも「自由」に価値を置いて生きてきた。その基礎は、古き良き頃の京都一中で築かれたのである。

今西錦司はその生涯を通じて、〝繫牧《けいぼく》〟ではなく、〝放牧〟の自由を行動によって主張しつづけてきた。平成のいま、周囲を見渡して、〝繫牧〟されている人たちのなんと多いことか。

3

今西が京大農学部農林生物学科を卒業したのは一九二八(昭和三)年。芸者の腰に巻くようなものを作らずに、もっと気のきいたことをしろ――。父・平三郎が今西に言い残した言葉である。すでに平三郎は他界し、錦屋も廃業してしまっていたが、息子が学究の世界で生きていくには十分なる資産を残した。卒業後、今西は理学部の無給講師となる。

今西が下鴨《しもがも》に転居してから、すぐそばを流れる賀茂《かも》川で、彼の姿がほぼ毎日見られるようになった。川底の小石を拾い上げては裏返し、そこから何やらつまみとっては小石を捨て、また別の小石に手を伸ばす。通りがかりにその奇妙ともいえる行動に気づいた人がいたとしても、それが何を目的になされているかについて察しをつけた人はあるまい。

今西は小石についたカゲロウの幼虫をひたすら採取し、観察を続けた。岸辺のゆるやかな流れの川底と流れの速い中心部の川底では、生息している幼虫の種類が微妙に違っている。魚に襲われたさい、地に潜るか、泳いで逃げるか、身を潜めるか、その必要性から体形が異なっているのではないか……。やがて今西は、埋没的、潜伏匍行《ほこう》的、自由遊泳的、滑行的社会という四つの形態の同位社会（種）が、互いに相対立しつつ相補っているという「棲みわけ論」を構築する。ダーウィンの「適者生存」的な進化論とは異なるもので、やがて独自の今西進化論へと発展していく。

研究論文は、『京都大学動物学教室紀要』に十年にわたって英文で連載され、太平洋戦争の開戦直前、『生物の世界』として刊行された。「遺書のつもりで」あったという。

学問研究の一方、今西の山岳熱はいよいよ高まっていく。「初登山」を目指す志向は自然とヒマラヤへと向かい、ＡＡＣＫ（京都学士山岳会）を立ち上げ、遠征を企図するが、満洲から中国本土へと戦火が広がろうとしていた時代のこと、具体化には至らない。ヒマラヤの夢は遠ざかったが、パイオニア的な登山、探検、学術調査の意欲的な試みの足跡がいくつか残されている。

ポーラー・メソッド（極地法）を使って朝鮮の高峰・白頭山への冬季登山（一九三四年）、内蒙古への学術調査（一九三九年）、南洋委任統治領だったポナペ島の生態調査（一九四一年）、地図上の空白地帯だった北部大興安嶺の縦断（一九四二年）……などである。

各遠征隊に若手メンバーとして加わったのが森下正明、吉良龍夫、川喜田二郎、梅棹忠夫、藤田和夫らで、後年、動物生態、植物生態、文化人類、比較文明、地球科学などの分野で一家を成す。

遠征先で隊員たちがキャンプ地を決めると、今西はしばしば「あかん」の一言で変更させた。理由はいわない。桑原武夫の表現を借りれば、「直観に到達すると、彼はとたんに転進する」のであった。

敗戦の前年、今西は北京の西北およそ百五十キロ、張家口に設けられた西北研究所（蒙古善隣協会）の所長に就任、若手の研究者たちを呼び寄せた。蒙古善隣協会とは大東亜共栄圏の確立という国策に則った団体である。

もとより大東亜共栄圏云々は本田の思想信条には相容れぬものである。戦争期の今西の選択を、戦争のために若手研究者がむざむざ殺されてはならないとした今西の言を紹介し、「今西が『大東亜共栄圏』の共鳴者であったとは、毛頭思わない。彼の夢はあくまでもヒマラヤにあった」と記している。

一方で、白頭山、内蒙古、ポナペ島、大興安嶺など、今西グループが足跡を残した先々は「いずれも『大東亜共栄圏』の『夢』の跡」であり、「調査・探検の学術的成果にだけ絞りこんでこれを称賛するのでは、視野狭窄のそしりを免れないのではあるまいか」とも記している。

今西の指向と行動を解く鍵の一つは、西北研究所の一員でもあった中尾佐助（応用植物学）のいう「町人精神」にあるやもしれないとする。

町人に求められるのは自活する精神である。自分の働きで自分が食べ、家族を食わせ、雇い人に妥当な待遇をすること。余ったカネは自由に使って遊んでいい。今西は学問の世界で業績をあげつつ長い間無給だった。それでも自分の好きなことをやってきた。それこそ町人精神のなせることだった——と。

なるほど、そういう見方を借りると、大東亜省の禄《ろく》をはもうが、西北研究所の所長に就任しようが、今西には権力に進んで奉仕しようという気持ちなどさらさらなかったことがいっそうはっきりしてくる。私の立場からは、国民の一人として日本が戦争に勝つことを念じるのは当然、といった考え方は首肯しかねるのだが、その留保条件をつけたうえで、今西の頭の中を占めていたのは純粋に学問的な探求心であったことを認めるにやぶさかではない。「探検や山登りのためなら軍とでも手を結びまっせ」というのは、中尾のいう町人精神の延長線上のことであったのだろう。

かように、今西の戦時下の選択に一定の理解を示しつつも、このくだりの記述はいまひとつ歯切れが悪い。

戦後、動物学教室に復帰した今西は、宮崎県内に群生する半野生の馬、さらにニホンザルの生態研究を手がけていく。ようやく有給の講師となり、やがて理学部から京大人文科学研究所に移る。なお人文研の教授（社会人類学）となるのは後年、五十七歳のとき。これ以前、教養部教授の誘いを断ったということであるから、地位や肩書にはほとんど無頓着な人だった。

ニホンザルの餌《え》づけに成功し、ゴリラ、チンパンジーなど霊長類学の大家となる伊谷純一郎は理学部の学生時代に今西と出会い、アフリカへの旅にも同行している。今西が先鞭をつけた動物社会学は、愛知・犬山の日本モンキーセンター所長をつとめた河合雅雄にも引き継がれていく。河合は本書の岩波現代文庫版の解説で、今西と〝門下生〟のかかわりを、「吉田松陰と若い志士たちが活躍した維新を思い起こす」とも記している。

今西の活動は戦後も多岐に及ぶが、ヒマラヤへの再挑戦を試み、マナスル登攀《とうはん》への扉を開けたことはその一つ。

八千メートル級の未踏峰マナスルに目をつけた今西は、ネパール政府に渡りをつけ、京大生物誌研究会なる学術団体を立ち上げ、入国許可願を出す。外貨を確保するため日本学術会議に根回しをし、渡航費調達のために新聞社の後援を仰ぐ。企画が軌道に乗ると、ＡＡＣＫではなく日本山岳会に計画を委譲して最強チームで大イベントを敢行しようとした。

あらたな目標が設定されると、今西は既存の組織にこだわらず、それを達成するのに最も好都合な別組織を新しくつくり上げる。そのときの彼には迷いもためらいもない。要は、彼の意図した計画がより望ましい形で実現できれば、それでよいのである。

その障害となる要素は、ときに冷酷と映るほど容赦なく切って捨てる。それが生涯を通じての今西のやり方であった。つまり、彼は機能主義者だったのである。

探検は陰謀である——という言葉を今西は残している。〝陰謀〟の駒にされた面々は腹を立てるが、そのさいはアタマを下げて事を収める。メンツよりも実利という「町人精神」である。

京大探検部の創設者で朝日新聞記者だった本多勝一は、今西錦司論のなかで、「大ダヌキ」という形容を使っている。

一九五二（昭和二十七）年夏。今西五十歳の日であったが、偵察隊を率いてヒマラヤ入りし、六千メートル級の山に登って積年の夢に区切りをつけた。ロキシーという地酒をたっぷり水筒に詰めての、飄々《ひょうひょう》たる登山行であった。

日本山岳会によるマナスル制覇が実現したのは、四年後の五月九日。第三次隊の今西寿雄《としお》（京大ＯＢ）が最初に頂上に立ったが、隊長の槇有恒《まきゆうこう》（慶大ＯＢ）が、先鞭をつけた京大グループに花をもたせたともいわれた。

4

京大を定年退職した後、今西は岐阜大学学長や日本山岳会会長などをつとめている。各地の山を登り、渓流釣りを楽しみ、酒を飲む。二十万分の一の地図に、踏破した道に沿って赤線を入れ、千山、千五百山登山を目指した。「赤線のために」、あるいは地図の「美的完成」のためにあるような山行だった。

そこにはもはや、往時、パイオニア・ワークを目指した探検家の、あるいは〝陰謀家〟の面影はない。今西の晩年に漂うのは、「天下の副将軍」であり、くだけた人柄の「好々爺」であり、老いの「孤影」であった。

棲みわけ論から出発した進化論と自然学は深化していった。作家の日野啓三との対談では、こんな発言をしている。

〈今西　全体とおっしゃいましたけどね、全体論というのがあるんですな。ホーリズム。南アフリカの総督を務めたスマッツという人が提唱したんだけれどもね。それを学生のとき読んで刺戟を受けたということはあったとしてもね、もともと自分の中にそういう物の見方、感じ方があったということだろうね。とにかくぼくは全体論で貫いてますな。一時、昆虫をやったり生態学をやったりして、ぼく自身科学者のつもりでおりましたけれど、科学はね、窮屈でね。イヤになりまして、もう科学から足を洗ったつもりで、いまおるんです。窮屈なのは大きらいなんで。（笑）〉

全体を巨視的に見詰めるという指向は、「大悟《だいご》の境地」へと達したようである。個体と種の変異を生物社会の「歴史」ととらえた今西は、変異にいたる時と理由を「変わるべくして変わる」と表現して学界を煙に巻いた。もはや科学ではなく哲学という批判もあったが、もともと今西の思考の基底には哲学的世界観があり、「自然科学者廃業」を宣言して意に介さなかった。

数理生物学者との対談では、こんな言い回しの発言もしている。

〈進化の要因論なんちゅうようなもんね、なんぼせせくってもあんなもんだめです。（略）それで細胞に、「なんで分裂しなはんのや」ちゅうたら、「いや、わしにもわからんねんけど、先祖代々分裂してますので分裂します」こういうような。（笑）〉

このような発言を受けて、たとえ学界内では今西進化論が過去のものとして扱われつつあるとしても、本田は共感を込めてこう書いている。

今西錦司に対する評言として「破《くだ》けた大思想家」というのがあるが、言い得て妙ではないか。右の発言などは〝破け〟もいいところで、今西の面目躍如たるものがある。悟りとは、なにも行ないすました境地だけをいうのではない。

本書の「あとがき」で本田は、映画『寅さん』シリーズの長寿のわけは、足の向くまま気の向くまま、自由に流れ歩く主人公への憧憬にあるとし、自身と今西を重ねつつ、こう続けている。

いま、「あとがき」を書いていて改めて感じることは、この世を思いのままに生きた人物が現にいたという事実の重みであり、その貴重さである。しかも、ただ単に、思いのままに生きたわけではない。いまさらいうまでもないが、数々の輝かしい業績を積み、多くのすぐれた人材を膝下《しっか》から輩出した。

私もかなり自由に生きてきたつもりでいたが、振り返ってみると、せいぜい寅さんといい勝負で、私における自由は、身勝手さと言い直すべき性質のものであったと反省している次第である。そのうえで、偉大であった自由人、今西錦司氏に対して、尊敬と親愛の念を捧げたいと思う。

——本書を企画・担当し、その後も本田と交流を続けた神長は、「私がいうのはおかしな話ですが、本書は不幸な本だったかもしれませんね」と口にした。

今西と本田の面談が実現しなかったこと、さらに本田の病が重なったことである。幾度か、もっとはやく取りかかっておれば、と思った。はたして連載が完結するかと案じた日もあったが、なんとかゴールへとたどり着いてくれた。振り返っていえば、本田という書き手と時間をともにできたことが幸せなる思い出として残っている。

　本書の出来栄えについては、本田自身、満足はしていなかったようである。『著者の顔が見えない』というお叱りをちょうだいするのではないか、と少しく不安を覚えている」と記し、後年、旬報社から刊行された『本田靖春集』にも収録しなかった。

　その点での私の感想を付記すれば、人物論の要諦は十分満たしつつ、〝本田節〟全開というには至っていないという不足感はある。病という困難のなせることでもあろうが、いわば〝嚙み合わせ〟に由来するものもあったのかもしれない。

　今西錦司と本田靖春。ともに度量豊かな〈自由人〉であり、取り組み相手としていえば不足はない。ただ、今西が向かう視線の行く手はあくまで〈自然〉にあり、本田のそれは〈人と社会〉である。人が有する、そもそもの形質として二人の交差領域は限られたものだったとはいえるだろう。

　他者を描くノンフィクション作品としていえば、本書が本田の最後の作品となった。

第Ⅲ部

富士山麓の霊園にある「文學者之墓」に眠る本田靖春

第十五章　インタビュー人物論――『戦後の巨星　二十四の物語』

1

時系列からすれば前後するが、本田靖春には『週刊現代』で連載した「委細《いさい》面談」というインタビュー人物論がある。連載開始は一九八四（昭和五十九）年四月二十一日号からで、五十一回、一年間続いた。この内二十四人については、没後、『戦後の巨星　二十四の物語』（講談社・二〇〇六年）としてまとめられた。

月二回刊行の雑誌『ダカーポ』（マガジンハウス）においても、同年四月から本田は社会時評コラム「いまの世の中どうなってるの」の連載をはじめている。時評コラムはやがて柱の仕事ともなっていくが、その皮切りとなったもので、連載は二年半続き、単行本として残されている（文藝春秋・一九八七年）。

この年、本田は五十代に入っている。テーマとして抱えてきたいくつかの作品を刊行して一段落し、仕事のウイングを広げていきたいという気持はあったろう。外見は大いに元気であり、酒量も落ちてはいなかったが、糖尿病の兆候が徐々に現われ、体調を崩すことも増えていた。本田のなかで、作家人生の後半期に向かっているという心境があったやもしれない。

「委細面談」には、史上最年少、二十一歳で将棋名人となった谷川浩司との対談が含まれている。話の流れの中でのふとした弾みであろうが、こんな言葉も吐いている。

谷川　そうですね。まあ、将棋はスポーツと違って、だいたい五十ぐらいまではできるんですけども、いま、私があと三十年、四十年やるのかなと思うと、ちょっと気が遠くなりますね。

本田　私などは馬齢を重ねて五十一歳ですから、ちょうど出来のわるい推理小説と同じで、もう犯人がわかっちゃってるわけですね。ただ、本を買ったからには、最後までページをくってみるかっていう感じの人生だけど……（笑）。

「委細面談」を担当したのは、若手の編集部員だった渡瀬昌彦である。

講談社入社が一九七九（昭和五十四）年。『現代』に所属し、月刊誌の仕事が手の内に入りつつあった五年目、編集長の田代忠之より『週刊現代』への転属をいわれた。うーん……という表情をしたのであろう、田代はこうつけ加えた。「週刊で本田さんの連載をはじめるらしい。要員としてお前をもらっていくと杉本さんがいってたぞ」と。それなら是非行かせてください――と渡瀬が口にすると、田代は「現金な奴だ」といって笑った。杉本暁也は『週刊現代』の編集長。両編集長とも本田と懇意な関係にあった人物である。

杉本に連れられ、杉並区井草の本田宅を訪れたのが、渡瀬にとって本田との出会いであった。

学生時代、渡瀬はジャーナリズム志望で、本田の主な作品には目を通していた。遠くから敬意を抱いていた作家であったが、入社してから編集部にやって来る本田を見かける日もあった。気配から伝わってくるのは、編集長や幹部との話は手早く済ませ、担当者や契約記者の席近くに腰を下ろし、しばらく雑談すると「じゃあそろそろ一杯行こうか」と声をかけているような姿である。本田さんってこんな人なんだ――と思うときがあった。

出会いからいえば二十年――。渡瀬は本田の〝生涯の担当者〟ともなっていくが、もとより予期していたことではまるでなかった。

「委細面談」に登場する人物は、俳優、作家、歌手、コメディアン、映画監督、演出家、漫画家、落語家、棋士、経営者、新聞記者OB、力士、プロ野球選手、ラグビー選手……など、多彩な人々にわたっている。

毎週の連載は気ぜわしかった。まずは本田にリストアップした人名から候補者を選んでもらう。すべて超多忙な人々である。編集部内にチームをつくり、候補者に渡りをつけ、了解を得ると日時と場所を設定する。対談が済むと速記を本田に手渡す。原稿はすべて本田自身が書いた。双方にゲラ刷りを送ってチェックしてもらい、校了するとすぐ翌週の締め切りが迫っている。校了日と対談日が重なり、対談中に中座して社に戻ったこともあった。

『戦後の巨星』を読むと、ごく自然体の対話がなされている感触を受ける。当然といえば当然であるが、本田はプロのインタビュアーである。ゲストの世界が何であれ、多分にユーモアを交えつつ、彼（彼女）がもっている固有のものを探り当て、その人の本質的なものを引き出さんとする……。

インタビュアーは見取り図のごときものを描いて場に臨むが、対談は予定調和的な一方通行とはならない。ホストが自身を語ることでゲストもまた自身を語る。漫画家・手塚治虫との対談終了後のコメントでは、「余談だが、対談のホスト役は、これでけっこう辛いものである。自分の中身をいわばレントゲン写真にさらしているようなことであるから」と書いたりしている。

場の空気に左右されるインタビューは生きものであって、思わぬ着地点に行き着く場合もある。それがいいインタビューなのかもしれない。そんな流れに乗った対談もいくつか見られる。

2

互いにいかにも胸襟を開いてやりとりしているのは、ハードボイルド作家・生島治郎との対談である。生島については第三章でも記したが、二人はともに一九三三（昭和八）年生まれ。本田の一家は朝鮮・京城からの、生島は中国・上海からの引き揚げ者。『週刊現代』連載の「世界点点」シリーズの一つ、『オリエント急行の旅』をともにした間柄であり、生島は本田の『私のなかの朝鮮人』の文春文庫版に解説も寄せている。

この対談時、韓国生まれのソープ嬢との再婚を素材にした私小説、『片翼《かたよく》だけの天使』が話題を呼んでいた時期で、作品をめぐるやり取りをしつつ、自分たちのルーツ、立脚点、五十代に入った心境……などを吐露し合っている。

終戦時、二人は中学一年生。帰国後、本田はしばらく長崎の片田舎で、生島は金沢で暮すが、京城や上海のほうがよほど都会だった。闇米や芋類の入手においても植民地育ちの引き揚げ者は露骨に差別され、所詮「よそ者」「流れ者」「かりそめの地」という違和感は抜きがたく留まり続けた。古き社寺、茅葺《かやぶ》きの農家、熟れた柿……郷愁を誘う日本的風景にさほど感応しないのも共通しているという。

『片翼だけの天使』にかかわって、本田は自身をさらす作家の「業《ごう》」という言葉を口にしてこう続けている。

本田　もう一つ、こういうことがあるんだよね。オレはノンフィクションの書き手で、他人《ひと》の個人的な部分に土足でずいぶん入り込んできたわけだ。そういうことをしながら、どこまで取材をしても、ある人物の内側を完全につかんで分析するってことは、結局のところ不可能なわけだよ。

生島　そりゃそうだ。

本田　それが一つある。もう一つ、他人《ひと》のことばっかり書いててさ、いわばアバいて、自分が無傷でいるわけにいかんじゃないかっていう気持ちもあるんだよな。その二つが重なってね、この商売やってて最終的に書くことは何だっていったら、やっぱり自分のことだと思う。ちょうどそういう思いがあったときに、あなたのあの作品にぶつかったから、わが身にひきあててみてね、書けるかと。ああいうふうに……。オレにとっては差し迫った大きな宿題だな、これは。

本田の内なる覚悟とも読み取れる。後年の『我、拗ね者として生涯を閉ず』、あるいは未完のままに終わった連載「岐路《きろ》」が、これに該当するのであろうかと思いやったりもする。

柔らかい低音の歌い手、フランク永井との面談は、本田の強い希望で実現したとある。

読売入社一年目、本田が甲府支局勤務のころ。市内で開かれた雪村いづみショーに前座をつとめるフランクを目当てに出向いて行った。あるいは年末のNHK紅白歌合戦ではフランクの出番のみを見計らって観てきたという。「終始一貫三十年」のファンというからこれは筋金入りだ。

フランクの持ち歌に『公園の手品師』がある。手品師がカードを撒《ま》くごとく、公園の銀杏《いちょう》の老木が季節折々に色を変えた葉を舞い落としていく……。シャンソン風の歌であるが、これが本田の十八番。「都内のごく限られた地区ですけれども……ボクが、広めさせていただきました」という本田の言に、フランクはひたすら恐縮している。

ごくシャイな人――というのが、やりとりから感じ取れるフランクの人となりである。

この対談が行われて半年後であったが、フランク永井の自殺未遂事件が伝えられた。このことにかかわって、本田は『いまの世の中どうなってるの』のなかで一文を寄せている。

自殺未遂の原因が、巷間《こうかん》伝えられた男女関係のもつれからと見るのは短絡に過ぎる気がする。近年、五十代の自殺が急増しているのは「退行期鬱」に加え、昭和ヒトケタ世代が敗戦期に潜り抜けた体験に起因する「人嫌い」「ニヒリズム」がかかわっているように思えるとし、こう結んでいる。

フランクさんは人当たりのよいことで定評がある。いつもダジャレを連発して、周囲を明るくすることに気を配っていたという。それは取りも直さず、人嫌いの裏返しの表現ではないのだろうか。そういえばフランクさんは私との対談の中で、対人関係について、いくら親しい間柄であっても、お互いのあいだにほどのよい距離を保つのが望ましい、といった。人当たりのよさは、ためにするものではない。そこに、私たちの世代に特有のニヒリズムのかげを見るのである。

フランクを語りつつ本田は自身を語っている。五十代に入った日々の心境の一端も垣間見えるのである。

『戦後の巨星』には、戦後世代の「文壇の暴れん坊」、中上健次との対談も含まれている。

二人はジャズ好きであるが、フリージャズの大御所、アルバート・アイラー、ジョン・コルトレーンから入って、話題はニューヨーク、韓国、都はるみ……などへ移っていく。中上が八割方しゃべり、本田はホスト役に徹しているが、一方通行ではなく、中上という書き手のコアにあるものを引き出している。たとえばこのような発言

――。

中上　そうね、全部ブチ込んでいけるってのはコルトレーンとかアイラーとかっていう、結局、破壊的なフリージャズの連中ですね。やっぱり全身でやってるっていうのがボク好きなんだよね。本田さんはわかってもらえると思うんですけどね。自分に家はないと、家があっても、火宅であろうと、家が燃えてても、オレは関知しないっていう……家も定住も求めないで飛び歩いてるでしょう。そうすると例えばさっきまで元気だったカブト虫が急にバタッといくみたいに、いきなり死んじゃうかもしれない。それでもいいじゃないか、そういうことがあるからこそ、ひとより余計なものを書いて、余計なことやって生きてるんじゃないかっていう気がするんです。

酒、音楽、セックス、風呂、執筆……なんであれ「血管をふくらませること」を好み、「ハードパンチ」を振るいつつ、全身で対象と切り結んだ作家の志向がよく伝わってくる。

この対談が二人の出会いであったが、数年を経て再び、『週刊現代』で対談をしている（一九九〇年十二月二十二日・九一年一月一日合併号）。中東の湾岸危機が高まっていた時期であるが、ひたすらカネ儲けに励んで世界の嫌われものになるのではなく、平和憲法に誇りをもち、「むしろ小国への道を」――と、日本の行く末について語り合っている。

さらにこの一年八ヵ月後になるが、中上が四十六歳で病死した報を受け、本田は『現代』の時評コラム「時代を視る眼」で追悼文を寄せている（一九九二年十月号）。再対談が最後の面談の機会になったとし、中上流の想いを込めた「パンチ」を食らったことを披瀝しつつこう締めくくっている（『時代を視る眼』講談社・一九九三年）。

「行くでしょう」

対談が終わるなり、中上さんはマイクを持つ手つきをしてみせた。そのころ私は病いでほぼ寝たきりの状態にあって、歌どころではなかったが、「もちろん」と答えた。

中上さんは、私が精神的にも落ち込んでいるのを聞き知っていたようで、別れ際に強い調子でこういった。

「本田さん、戦えよ。ぐずぐず考えてないで、戦わなきゃだめだよ。おれ、今日は、それをいいに来たんだ」

初めて私を見舞ったハードパンチだったが、明らかに急所ははずされていた。

いまここで、一度だけ中上さんを友と呼ばせてもらおう。戦友よ、おれ戦うからな。血管をふくらませて、残された時間を生きるからな。ありがとう、中上健次さん。

3

『いまの世の中どうなってるの』は、五十六本のコラムが収録されている。テーマは多岐に及ぶが、一九八〇年代半ば、「国民の九割が中流意識」をもつに至った〝ポスト戦後社会〟の世相や現象を取り上げ、痛切で、胡椒《こしよう》の効いた論評を行っている。「誘拐を報道するマスコミの不遜」など、テレビ報道批判が数本あるが、ワイドショーに見られるテレビ・ジャーナリズムには腹に据えかねるものがあったのだろう。

深夜の一時過ぎ、ディレクターから電話が入った。他人の家に電話をするには非常識な時間帯であるが、たまたま締め切り原稿を抱える本田は起きていた。都内で起きた小学生誘拐事件にかかわることで、「モーニング・ワイド」のため、早朝、本田宅にスタッフを送り込みたいという。本田著の『誘拐』を念頭に置いてのことだったのだろう。冗談じゃないと思いつつ、「ジャーナリズムにたずさわる者としてのある種の義務感から」応諾した。

午前六時という約束の時間よりも二十分前に、自宅の呼び鈴が鳴った。「訪問先に早く着いたときには、約束の時刻がくるまで表で時間を潰さなければならない、という常識を、どだい彼らに期待する方が間違っているのかもしれない」。スタッフたちに、夫人が大慌てで淹《い》れたてのコーヒーを出し、本田は執筆で徹夜明けの時間を割いて応対した。

ところが、放送を見ればコメントは短くカットされて趣旨は伝わっておらず、わざわざ出演した意味がまるでない。さらには「いやな話になるのでいわない方が賢明であるのだが、あれから今日にいたるまで、その局から何の挨拶もない」。

礼節を欠いたテレビ・ジャーナリズムのありようの一端を記している。やがて本田は、依頼があってもテレビ出演はすべて断るようになっていく。

「テレビ朝日社長への質問状」では、アフリカ・ザイールの火山を舞台にした番組での、ビデオ撮りに参画したＣ・Ｗ・ニコルの苦言を紹介しつつ、悪質な「やらせ」を指摘している。

番組ではマグマが噴出するさまが幾度も映し出されるのだが、映像はずっと以前に撮影されたもので、実際には火山は静まり返っていた。ライオンがヌーを仕留めるシーンも登場するが、どこからか入手したフィルムが使われている。「なぜなら、ザイールにヌーはいないからである」。

事実を扱うのがジャーナリズムの最低綱領であるとするなら、果たしてこれらはジャーナリズムであるのか……。新聞の事件報道や写真週刊誌への批判も見られるが、マスメディアの劣化というしかない状況への本田の慨嘆は深い。

外国人力士・小錦への偏見、ジャパンカップに出場した外国馬への悪罵、帰化した新井将敬代議士への露骨な差別記事……など、国際化時代を標榜しつつ、「世界の田舎」に染み入った「偏狭なジャーナリズム」批判を行っている。

マイホーム至上主義、飽食時代のグルメ、〝名水〟やスポーツ・ドリンクなどいかがわしい流行《はやり》もの……。一方で「いじめ」「父権の放棄」「男性の女性化」……など、社会病理的な現象への考察もいくつかある。

時の政権は「新保守主義」を推し進めた中曾根康弘内閣。野党の非力と相まって本田の嘆き節は尽きないのであるが、本書をめくっていると、三十余年前にすでに、排外的な国家主義、歴史修正主義とよばれる風潮がはびこりつつあったことを知る。

このような論考を、本田は一人で立つ作家という位置から、嫌なものは嫌、おかしいことはおかしいという目線で縦横に切っている。コラムニスト・本田靖春は〈戦う人〉であった。

憂国の、ときに憂愁漂う時評集であるのだが、本田流のウイットを効かせた筆致はここでも健在だ。「ノンフィクション作家の一週間」は、こんな風に書いている。

電話で何かを依頼されるとき、先方は決まって、「お忙しいところ申し訳ありませんが……」といったような言葉を口にする。

儀礼的な挨拶である場合が多いのだが、なかには、ほんとうに私が忙しくしていると思い込んでいるらしい人がいて、当方、つい、いわずもがなの台詞《せりふ》を吐いてしまうことがある。「いいえ、私など、忙しいことなんてめったにないんですよ」

先方の用件が原稿の注文であったりすると、この台詞はまずい。断る理由としては多忙というのがいちばんなのだが、それを自ら封じてしまったことになるからである。

私はあまり仕事を引き受けない。早い話が怠け者なのだが、そういう自分を気に入っているので、家人あたりにいわせると、困った人間ということになる。長いものを一本仕上げた後はもう当分の間、原稿書きはご免だ、という心境に陥る。実際にも、仕事をしない。

というスタイルをずっと続けてきた。忙しいことはめったにないのであるが、どういうわけか、この一週間はばたばたと予定が詰まった。母校（高校）で新しい体育館ができたのを機に同窓会総会が開かれることとなり、記念講演なるものを仰せつかった。同期生の連中と遅くまで飲み歩いて宿酔《ふつかよ》いとなり、単行本『警察《サツ》回り』のゲラの返却が遅れている。潮賞ノンフィクション部門の選考会があり、「人の運命にかかわるもの」であるからして慎重に再チェックして臨んだ。さらにマスコミ関係者との会食などがあって……とある。

十三日は……。ここまで書いてきて、急に気恥ずかしくなった。

私ごとき物書きでも、ときとして右のようなスケジュールで手帳が埋まる、ということを知っていただければ、それで十分である。

狭い日本そんなに急いでどこへ行く、ではないが、マスコミの世界はあまりにも忙しすぎるのではないか。その先がどうのと、気がきいたふうなことはいわない。

私に許されたぜいたく。それは、なるべく仕事をしないことである。

4

「委細面談」を担当することを通して、渡瀬は本田との交流を深めた。酒もよく飲んだ。「斗酒なお辞せず」が本田であった。

――渡瀬君、今日は九時には切り上げような……。

その九時は翌朝の九時で、本田流のジョークなのだった。食い物の好みは肉類で洋酒党。本田は酒強く、乱れるというようなことはまったくない。話題が豊富で、軽妙洒脱、席を明るくするいい酒であった。

一方で、本田は厳しい人だった。「毛穴はいつも締めておかないといかんぞ」と、叱られたことが幾度かある。

ゲストとの面談が済み、二次会に流れていく。ゲストが懇意にしている店に入り、つい失念して支払いがゲスト持ちになってしまったような折り。あるいは、ゲストの運転手が駐車場で待機していて、軽食などを届けることを忘れてしまったような折り……。気配りや思いやりを怠ると叱責を受けた。

本田は公私のけじめがはっきりしていて、仕事がらみ以外の酒席の勘定はいつも自分持ちで押し通した。

「委細面談」は好評で、「委細面談 in U．S．A」編へと続いていくが、ここで渡瀬は「ドジを踏んで」しまう。

U．S．A編は、米国トヨタ自動車販売社長の東郷行泰、本田の中学（旧制）・高校（新制）の同級生でニューヨーク医科大学外科教授のロイ・アシカリ（芦刈宏之）、ロサンゼルスでスーパーマーケットを経営しつつ老人ホームの開設者ともなったフレッド和田……などが登場するが、ひと足先に本田がニューヨークに入っていた。

遅れて渡瀬が合流したのであるが、当地駐在でテレビ局のキャスターをつとめる内田忠男との情報交換を兼ねた夕食の場へ、時差ボケのままにケネディ空港から駆けつけた。本田と内田が話し合っている横で、空腹に耐えきれず二人より先に食事に手をつけた。会合が済んでから、「君はここへメシを食うために来たんじゃないんだろう！」と、ガツンと一喝された。

翌日、本田はプイと郊外にある競馬場に出かけてしまう。ホテルの本田の部屋に、ドアの下から〝詫び状〟を差し入れ、ようやく機嫌を直してもらった。

いまも本田さんの夢をよく見るのですが、叱られていることが多くて――と、渡瀬は笑う。

連載が一段落し、しばらく本田宅への足が遠のいた時期があったが、田代を通して〝伝言〟が届いたりもした。

渡瀬君、しばらく顔を見せないがどうしているんだい。俺のこと、嫌になっちゃったのかな……。本田一流の気配りであった。

後年、渡瀬は『VIEWS《ヴューズ》』『現代』の副編集長や編集長をつとめた時期、「本田靖春の『コラッ』『むっ』」「本田靖春の少数異見」などの時評コラムを掲載した。本田の晩年は定期便のように病床を訪れていた。遺稿となった『我、拗ね者として生涯を閉ず』は、没後、渡瀬の責任編集で刊行された。『戦後の巨星　二十四の物語』もそうである。公私にわたる交流は、早智夫人とのかかわりを含めていえば、本田が故人となったいまも続いている。

「なぜだったのか……。とにかくしばらく会わないと顔が見たくなってくる。病気が進行してからはお見舞いという名目で足を運んでいたのですが、会えば逆に、いつもこちらが元気をもらっていた。そんな人でしたよねぇ……」

今日、渡瀬君が来る日だったよな――。朝、病室で本田が早智にいう。約束の日ではなかったはずで、早智は「そうだったかしら……」と言葉を濁す。午後になって、ひょっこり渡瀬が顔を出すと、「そら見ろ」と、本田は早智に向かって勝ち誇ったようにいうのであった。そんな日が幾度かあった。

『戦後の巨星』の「編集付記」で、渡瀬は、本田がよく「ひととは深くちぎらない」という言葉を口にしたと記している。確かに本田は、他者とべたべたしたつき合いを好まず、〈独り〉を好む癖があった。同時に、特有の磁力を有する人物であって、多くの人を引き寄せた。本田に叱られた編集者は数多いが、それでもなお慕われた。

以下のことも、そんな挿話の一つに加えていいであろうか。『VIEWS』『現代』で本田のコラムを担当した吉田仁（現法務部長）から耳にしたことである。

阿佐ケ谷の病院で本田が人工透析を受けていた時期である。その日、夫人の早智の他に、仕事がらみの用件もあって渡瀬と吉田が待合室で待機していた。透析を受け、タクシーで井草の自宅に戻った。住まいはビルの三階にあって、エレベーターがない。本田は透析を受けて疲労困憊《こんぱい》、さらに右足指の壊疽《えそ》が進行し、階段を上れない。

背中を差し出した渡瀬に本田は身をゆだね、それを後ろから吉田が支えた。踏み外せば三人とも転落する。一段一段、階段を踏みしめて上っていく渡瀬の必死の息遣いが伝わってくる。柔らかい日差しが残る、冬の日の夕刻であった。

第十六章　未完のノンフィクション──「岐路」

1

本田靖春には「岐路《きろ》」という表題の未完のノンフィクションがある。『週刊現代』一九九五（平成七）年一月十四日・二十一日合併号からスタートし、およそ半年間、続いた。〝最終〟第二十一回（六月十七日号）での末尾は「以下次号」となっているが、以下は書かれることのないままに終わった。

病の進行が原因であったが、本田のなかで「以下」を綴っていくことへの苦渋があって、書くことを断念したという気配も残っている。幻の作品ともなったが、ある意味では完結しており、もちろん作品のレベルは十分に保持され、本田節も健在である。加えてあるのは、本田の人生風景の断面であって、さまざまな思いに誘われるものである。

のがある。

　本作の主題は、まずは本田が趣味とした競馬にかかわるノンフィクションである。若いころ、雀豪で鳴らした本田であったが――雑誌のインタビューに答えているところでは――だんだんと遠ざかり、やがて人間相手のギャンブルには嫌気が差してやらなくなったとある。競馬は生涯、好きだった。

　主人公の馬はヒカルイマイ。一九七一（昭和四十六）年、第三十八回日本ダービーの優勝馬である。

　六月十三日、東京競馬場。待機策に出たヒカルイマイは、勝負を、切れる末脚《すえあし》の一点に賭けた。この年、ダービーの出頭数はフルゲートの二十八頭。「ダービー・ポジション」という言い伝えがある。先頭馬から十番手以内で一コーナーを回らないと勝ち負けの勝負にならないという意であるが、ヒカルイマイはまるでセオリー外の位置にいた。ずっと後方につけ、最終四コーナーを回った地点でもまだ後方馬群中にあったが、直線に入って一気に加速、大外から前を行く二十余頭をなぎ倒すように差し切った。ダービー史上、屈指の鮮烈な勝ち方をした伝説の馬である。

　そのシーンは、いまも瞼の裏に焼きついている。しかし、それは追い込みの鮮やかさの故ばかりではない。

そのとき、私は人生の岐路に立たされていた。四か月前に新聞社を辞めたのだが、退社した直後に、思いもしなかった事態が持ち上がったのである。

省みて、その事態を招いた遠因は、家庭をおろそかにした私にあったと思う。だが、直接的には、妻（前妻）が私に隠れてやったことが原因のすべてであった。私は社会的にけじめをつける必要があると判断して、彼女の同意を取りつけたうえで離婚に踏み切った。

もちろん、それで事は片付かない。私は、手にした退職金の数倍に相当する、彼女がこしらえた借財を背負い込んで、その返済に長いあいだ苦しむことになる。小学校四年と一年だった二人の子供も、家を出た私が引き取った。

フリーの物書きをはじめた時期、本田が大きな困難を抱えていたことを知る。

フリーを目指すといっても、展望があったわけではない。勤めていたあいだ、ある種の潔癖感から社外原稿は書かなかったので、編集者に知り合いは一人もなく、辞めるにあたって考えていたのは、一年間ほどかけて何かまとまったものを書いてみよう、といった程度の漠然としたことであった。

ところが、職はなく、二人の子供を抱えて、債権者たちにせっつかれる身となったのである。尻に火がつくというが、全身火達磨の感であった。気がつくと、眉間に、それまではなかった縦じわが、深く刻まれていた。

そうした状況にありながらダービーへ出かけて行ったのは、梅雨空に晴れ間を求めるような心境からであった。

ヒカルイマイの胸のすく追い込みは、鬱屈した私の心を束の間にせよ晴らしてくれた。そして、仮死状態にあった闘志を甦らせてくれたのである。いま、思い出の一頭を、といわれれば、私は迷いなくヒカルイマイの名前を挙げるであろう。


連載第一回での記述である。

いずれこの馬のことを書く日がくるのかもしれない。そう思って資料を集めた日もあったというが、それまで扱ってきたテーマとは異なっており、趣味に属することを書くのは躊躇するものがある。そう思ってお蔵入りさせてきたものが、歳月を経てようやく、私的な出来事にも一応の整理がついて、踏み出す気になったのだろう。競馬ノンフィクションのモチーフは、本田の新しい出発時に到来した私事にもからまってあるものだった。

2

まずはオーソドックスな競馬物語といっていい。ヒカルイマイの終《つい》の住処《すみか》となった、鹿児島・大隅半島にある小さな牧場を訪ねた日のことから書きはじめられている。

ヒカルイマイは六歳――いまの数え方でいえば五歳――となって、競走馬の持病である屈腱炎《くっけんえん》から回復せずに現役を引退するが、種牡馬《しゅぼば》としての評価は低く、買い手がつかなかった。

競走馬は血統の世界である。父シプリアニはイタリア産。母セイシュンの四代前の牝馬《ひんば》はオーストラリアから輸入されたサラブレッドであったが、明治期のこと、血統証明書が紛失し、子孫は「血統不詳のサラ系」とされてしまう。ようやく北海道・静《しず》内《ない》に引き取り手が現れ、ヒカルイマイは種牡馬生活に入るが、走る仔は出ず、数年を経て鹿児島のニルキング牧場へ、「都落ち」していく。当地では「当て馬」にも使われつつ余生を過ごし、二十五歳で老衰死している。

　種牡馬としては名を成さなかったが、奇特なファンたちが「ヒカルイマイ友の会」をつくり、会費を積み立てていた。会費はニルキング牧場に寄付され、墓碑がつくられる運びとなり、その竣工除幕式に本田は訪れた。一九九三（平成五）年春である。

　この時期、本田の体調は、左眼の視力は維持されていたものの、前後、入退院を繰り返しており、秋からは人工透析を余儀なくされている。遠出の取材行ができる最後の頃でもあった。

　連載では、ヒカルイマイ生誕の地である北海道・東静内の生産牧場、栗東《りっとう》トレセンの谷八郎調教師、田島良保騎手、蛭川《ひるかわ》年明調教助手、「ヒカルイマイ友の会」の人々……などが登場する。

　ヒカルイマイが生まれ育ったのは兼業農家の小さな牧場、中田牧場である。北の寒冷地では稲作の収穫量は限られている。副業として、繁殖牝馬を二、三頭置いて競走馬の生産・育成を手掛ける農家が増えていたが、儲かることはめったになく、「馬は百姓が手を出すものではない」という言い伝えが残っているとか。中田次作・繁次親子が営む中田牧場もそんな一つ。

たまたまセイシュンの発情期に種付料の安いシプリアニが空いていたのでお相手を

してもらったとある。生まれた仔馬は、裏庭から広がる沢の放牧地を駆け回る、捨て育ち的な「野生児」だった。仔馬時代に肋骨を折っていたが、判明したのは後日というから期待のほどもわかろう。「サラ系」であり、体に欠陥がある。買い手のつきにくい馬であったが、仲介業者が「安馬《やすうま》」として売り込み、二歳春、谷厩舎へやって来る。

調教師の谷は、戦前、苦労の多い地方競馬の騎手を経て京都（中央）へと移ってきたベテランのホースマンであるが、騎手・調教師時代を通して、華やかな舞台は無縁のままに過ごしてきた。

騎手の田島は鹿児島の出身。中央競馬会馬事公苑の実習生時に預けられたのが谷厩舎で、その縁で所属騎手となる。騎手デビューして数年、未熟さは残すもののコンスタントに勝ち鞍《くら》をあげる若手有望騎手の一人だった。

谷厩舎にやって来たヒカルイマイ。飼葉食いが良く、すぐ調教に馴染む賢い馬だった。気に入らないことがあるとツムジを曲げ、闘志も旺盛のようだ。ただし、走る力としての評価は、谷や蛭川の見立ては高いものではなく、田島にしても「一つは勝つかな、ちょこっとは走るかな」という程度であった。

ところがこの馬、明け三歳の新馬戦から三連勝し、一躍、期待馬となる。が、以降のレースでは、道中で脚を使うと末脚が鈍って二着、二着、四着、二着……といったレースが続く。その力量、いまひとつはっきりしない。

クラシックの第一関門、皐月賞に臨む前、谷が田島に与えた指示は、道中、じっと我慢し、ラストの追い込みに賭けよ、というものだった。騎手にとって、行きたがる馬を制御して折り合いをつけ、じっと辛抱することが一番むつかしいとされる。田島は後方待機策に徹し、三コーナーから追い出しにかかり、直線に入って一気の豪脚を発揮させた。四番人気馬の、よもやのクラシック制覇であった。

このレース、本田は家でテレビ観戦をしていたとある。

他の馬が止まって見える、というのは使い古された陳腐な表現だから避けるとして、私の目には、スロー・ビデオの中を、ヒカルイマイ一頭だけが、早送りで駆け抜けたかのように映った。

小さな牧場で、よそでは見離されたサラ系の腹から生まれ、肋骨を折っても気付かれないような環境の中で育ち、安値でも売れ残っていた日陰の馬が、堂々とクラシックを制覇して光を浴びたのである。

鹿児島、北海道、滋賀、広島……などへの取材行には講談社文芸局第三出版部の鈴木宣幸《のぶゆき》（現編集総務局長）が同行した。いずれ文芸局から本にする含みがあってのことで、部長の小田島雅和の差配であった。

『不当逮捕』を担当した小田島が本田と懇意な間柄にあったことは以前に触れた。小田島は故人となっており、不明な部分はあるが、もう一冊、本田の本を手がけたいと思い続けていたようである。

小田島は俳句をたしなんだ。句集『だんだんみんなゐなくなる』（角川書店・二〇〇五年）を残している。亡くなった本田の納骨にも立ち会った一人であったが、そのさいの一句も収録されている。

【残されてなすすべのなきふところ手】

「岐路」の連載開始にさいして、小田島が鈴木を担当者としたのは、信頼する若手編集者であったことに加え、鈴木が『週刊現代』時代に競馬欄を担当したこともあったのだろう。

その後、鈴木はエンターテイメント系の文芸畑を歩いた。交流を重ねた作家たちは幾人もいる。本田もその一人ということになろうが「特別な存在」という。

本田は気配りのきいた人だった。取材を終え、夕食をともにする。これから先はプライベートタイムとしよう――と本田がいう。そういってから「俺はちょっと飲みにいくよ」といって、ホテルのバーに向かう。もちろん鈴木も同行するのであるが、強要はしない。席に着くと、本田はいつもオンザロックと水を注文したが、ウイスキーはもうなめる程度になっていた。

そんな席で、本田が重ねてきた仕事の思い出話を聴くのは楽しかった。言い回しやニュアンスまで、いまも覚えている。

一度、ガツンと叱られたことがある。北海道行きのさいで、羽田空港のゲート前で待ち合わせたのだが遅刻した。息せき切って駆けつけたが、「馬鹿も-ん!」と一喝された。

申し訳ありません、言い訳はしません――周りの人が視線を向けるほど、鈴木は大声で謝った。ひと呼吸置いて、本田はいった。

「わかった。君にも何か事情があったんだろう。小言はこれでおしまいだ。仕事に行こう!」

雑草育ちで末脚勝負――ヒカルイマイが本田好みの馬であることはよくわかる。ただ当初、鈴木は本作を競馬ノンフィクションであると思っていたのであるが、旅をともにするなかでどうやらそれだけではないことを知っていった。

「……よく『不当逮捕』が代表作といわれるんだけれど、もう一冊、代表作的なものを書きたい……読売を辞めた時期は借金まみれの地獄だったんだよ……私事にも踏み込んで書くつもりでいるよ……これを書ければ書きたいものが書けたということになるのかもね……」

本田にとって本作が、ある覚悟を込めた仕事であることが伝わってくる。結果として、未完のままに終わったことを惜しみつつ、鈴木は本田と一緒に歩いた日々を大切な記憶としてしまい込んできた。

「たまたま小田島さんにいわれて、短い期間ではあったけれども本田さんを担当させてもらった。大きい人というか、魅せられる人といいますか、近場で接しているとそういうものを感じてしまう。おそらく本田さんに叱られた最後の編集者でしょうが、そのことを含めて、かけがえのない思い出です」

本田との取材行がひとくぎりついた一九九四（平成六）年夏、鈴木三十四歳の日であったが、体調を崩して入院する。悪性リンパ腫、余命半年……が診断結果であった。幸い、化学療法が功を奏し、回復することができた。その後、再発もあったけれども、今日までおおむね元気に暮らしてきた。

東京医科大の血液内科病棟に入院中、本田が見舞いに来てくれた日があった。ベッドに横たわる鈴木を見るなり、こういった。

――まさか俺の方が宣《のぶ》ちゃんを見舞う日がくるとはねぇ……。

3

連載の半ばから後半にかけて、本田の〝競馬私史〟が書き込まれているが、本田その人が滲み出ている箇所があって趣深い。

競馬との出会いは、「ひょんなことがきっかけ」だった。読売入社二年目の一九五六（昭和三十一）年、警視庁第三方面（渋谷署）担当の警察《サツ》回りの頃。ある日、記者クラブにたむろしている記者たちの中で、繰り返し席を離れ、また立ち戻ってくる他社の記者がいた。独自のネタ元を訪ねているのか……こっそり跡をつけてみると、行先は署の外、木造平屋の建物で、だれもが周囲の目を憚《はばか》るように入って行く。場外馬券場だった。

競馬がレジャーもしくはギャンブル・スポーツとして認知されるのは後年のことで、世間からは博奕事《ばくちごと》として白い眼で見られ、「馬券に手を出すような人間はろくな者ではない」「競馬場は女子供のくるところではない」と思われていた時代である。

この記者と知り合ったことがきっかけとなって本田の競馬遍歴がはじまる。『経済白書』が「もはや〝戦後〟ではない」とうたった年でもあったが、やがて記者仲間たちの間でもマイカー族やマイホーム主義者が増えていく。けれども、〝無頼派〟の、「公先私後」たらんとする本田は、記者のサラリーマン化に背を向ける。それに、本田は生来、勝負事が好きだった。

競馬ファンの流儀もそれぞれであるが、本田のそれは、生身の馬を見て判断する「パドック派」であった。休みの取れる土日は中央競馬へ、平日は南関東の公営競馬、大井、川崎、船橋、浦和へと足を向ける。

当時、浦和のダート・コースの内側は田んぼで、秋にはレースの傍で菅笠《すげがさ》をかぶったモンペ姿の農婦たちが稲刈りをしていたというからのどかなものだ。施設類は見劣りするが、生でレースを楽しむ分に優劣はない。それに、公営には〈戦後〉の匂いが漂っていた。

場内に、屋台まがいの店が並ぶ。味噌仕立てのモツの煮込みに人気があって、これに七味をたっぷりかけると寒風にさらされた身を温めてくれる。まとめ買いの「筋馬券」や興奮剤の「嚙ませ」など、怪しげな情報が乱れ飛ぶのも公営的風景であって、ファン層もまた中央競馬とは異なるものがあった。

少々、おどけた調子も織り交ぜながらこんな風に書いている箇所がある。

だが、初心忘るべからずである。私は貧苦の中で新聞記者を志した。照れずにいえば、貧しい人、弱い人の側に立って、役に立つ仕事をしたいと考えたのである。

ところが、新聞記者になって、富める人、強い人に接していると、調子が狂ってくる。自分までもが、その仲間入りをしたような錯覚にとらわれる。政治記者をやっていて、保守党から代議士に打って出るのは、錯覚の現実化である。

貧のにおいのしみついた、底辺に近い人たちが集まる大井、川崎は、代議士からの連想でいうと、私の選挙区のようなものである。代議士の「金帰火来」よろしく、時間をやりくりして、こまめに足を運ばなければならない。

というのは冗談だが、大井、川崎の帰りに一杯飲み屋に立ち寄って、独りでビールのコップを傾けながら、競馬帰りの男たちが交わすたあいのないやりとりを聞いているのは、銀座あたりで気取って飲んでいるときよりも、はるかに居心地がよかったのは事実である。

ある日、川崎で勝ち続けた。もう帰ろうとしたが、ふとひらめくものがあって、最終レース、人気薄の8—8に幾枚かの万札を投じて的中させた日もあった。

私は年収をはるかに超える大金を手にして、改めて帰路についた。道々、不思議でならなかったのは、昂揚感が少しもなかったことである。

鏡に写してみたわけではないが、私は浮々するどころか、逆に、沈痛にさえ見える表情をしていたのではないか、と思う。駅へ向かう同好の士たちの目には、手ひどくやられて放心状態に陥っている男と映ったかも知れない。

そんなことを考えるゆとりがあったのだから、間違いなく気はたしかであったのだが、浮々した気分に遠かったのは事実である。

昂揚とはほど遠い表情が目に浮かぶようである。本田が競馬に入れ込んだのは、世にいう良俗に抗したい気分であり、「刺戟的なリフレッシュメント」であり、いわくいいがたい刹那《せつな》の魔であったのだろう。もとより競馬はトータルで勝てるものではない。「競馬必敗の信念」のもと、「軽く家一軒分はすっているであろう」とも書いている。

その金銭感覚にも本田その人がよく出ていると思う。

敗戦後、朝鮮からの引き揚げ者の一家の少年として育ち、困窮もなめた。高校時代まで、小遣い銭を持たされたことは一度もなかったとある。その反動としてカネに執着する人間になってもおかしくなかろうが、本田の場合はその逆、いたって物欲の薄い人間となった。「私は戦後、難民さながらの暮らしの中で、心に芽生えた物欲は、芽であるうちに摘み取る術《すべ》を覚えた。習い性《せい》となるというが、そのせいで私は物を欲しがらない人間に育ち上がった。強がりでも何でもなく、私には欲しい物がない。いまもそうである」とも書いている。

昭和三十年代に入ると、電化ブームが訪れ、洗濯機、冷蔵庫、掃除機（もしくはテレビ）が「三種の神器」となり、経済成長社会は人間の欲望を解き放った。このことは止めようのない時代的流れであったが、モノを得るなかで失っていったものもあるであろう。

「由緒正しき貧乏人」とは本田語録の一つである。諧謔《かいぎやく》的言い回しであるが、本田家の由緒がそうであるという意も含まれていようが、要は、カネやモノによって得られるのは限られたものであり、そのために己《おのれ》を売ることはしない――という意である。

もとより、競馬は余技の遊び事である。

競馬の話をしていると、若いころの私は競馬狂いに明け暮れていたような趣きになるが、これでもけっこう仕事はしたのである。その話も少しはしておきたい。そうでないと、この連載だけを読む人は、私を誤解してしまう。それでもかまわないようなものだが、私にも世間体がある。

かように本田節を織り交ぜつつ、筆は「黄色い血」追放キャンペーンへと飛ぶ。時代は移り変わる。大井や川崎で夜間照明に照らされたトゥインクル・レースがはじまり、若い女性客の姿も多くなった。競馬場を男たちの博奕場と信じてきた本田は公営から足が遠のく。「老兵は消え行くのみ」「退場のときがきたのを悟ったのであった」。時代の風景と変容を点描し、またウイットと秘めたる志も披露しながらの馬物語が綴られていく――。

『週刊現代』の編集長は元木昌彦がつとめていた。『現代』所属時には、『「戦後」美空ひばりとその時代』としてまとめられる連載を担当し、積年の競馬ファンでもある。小田島から連載の話を打診され、すぐ承知した。

担当者は乾智之（現広報室長）。元木に連れられて本田宅に出向いたのであるが、乾には「わだかまり」があった。これ以前、本田が『FRIDAY《フライデー》』廃刊」を提言していたことである（『ダカーポ』一九八六年十一月十九日号など）。乾は『FRIDAY』在籍が長く、雑誌に愛着をもっていた。

本田提言の趣旨は、多部数を発行する写真週刊誌にはスキャンダリズムが伴うことは一定理解しつつ、本来、権力に向けられるべきレンズの刃《やいば》が「有名人の周辺」一般にまで向けられるのは行き過ぎであり、講談社は英断をもって廃刊すべし、というものである。

突っ張り青年がおりまして……と、元木は本田に乾を紹介した。乾には乾の、写真週刊誌の果たしてきた役割についての自負がある。双方、引かずに論じ合った。

それが出会いであったが、取材行や原稿のやり取りを通して乾は本田との交流を深めた。本田は、正面からぶつかってくるこの若い編集者が気に入ったようである。後年、乾の結婚披露宴にさいして――体調不良で出席はできなかったが――このような一節を含む手紙を寄せている。

正直にいうと私は、近頃の若者たちに、食い足りないものを感じています。小さくまとまりすぎていて、覇気がない。それが全体的にいえることではないでしょうか。

そう思っていたのですが、あなたと出会って、その認識を改めざるを得なくなりました。そして、接するうちに、老境にさしかかった私の中で、甦るものがあったのです。それは、若やいだ昂揚感とでもいったものでした。いい仲間にめぐり会えた。この青年と組んで、仕事にひと花咲かせてみよう、と思ったのです。

……

連載の方は、私の病状の悪化で中断に追い込まれ、紆余曲折を経て、完成を見ないまま打ち切りを余儀なくされ、あなたにはお詫びのいいようもない結果になってしまいました。

心苦しいかぎりですが、その間、あなたは『週刊現代』から『FRIDAY』編集部へ移籍されたにもかかわらず、自ら申し出て私の担当を続けてくれました。私はボロボロになった心の中で、温かく見守り続けてくれていたあなたの友情に、どれほど感謝したことか。そのことを伝えたくてペンを執った次第です。

乾にとって本田は、「なんでも話せる不思議な人」であった。十代の半ばであったが、少々グレて家出し、ネオン街でバイトをしつつ暮した時期があった。そんな私事を、どういうわけか本田には話せるのであった。それに、本田は〝不良少年物語〟を好む人でもあった。

さらに後年、乾は本田の最後の担当者となり、より関係を深めるのであるが、そのことは後章に譲りたい。

4

「岐路」連載中も、本田の体調は落ち気味であった。もう競馬場にも行けなくなったよ、という言を耳にした元木は、乾と図り、ハイヤーを仕立てて東京競馬場に本田を連れて行った日がある。本田は馬券購入を乾に頼みつつ、杖を片手にゴンドラ席から感慨深げにターフを見やっていた。それが、本田が現場に出向いた最後の競馬場となった。

元木はこれ以前、競馬場で本田と出くわしたことが幾度もある。ゴール前、興に乗ると本田は「All the way!（そのまま！）」と掛け声をかける。ニューヨーク時代に耳にして覚えたということであったが、なんともさまになっていてかっこ良かった。ただ、馬券が的中したのか外れたのか、まるで態度には出さないのでわからない。

玄人筋と旧友からの本田評として、元木は記憶している言がある。

平岩正昭は、『不当逮捕』では立松和博逮捕の第一報を本田に伝えた「N紙（内外タイムズ）」の記者として、『疵《きず》』では千歳中学（旧制）における花形敬や本田の先輩として登場する。

『疵』によれば、父・平岩巌は大杉栄に傾倒して無政府主義運動に走り、長く刑務所に入った人物であるが、出所後、伸銅業などを手がけて「戦時成金」となる。息子の正昭は千歳中に一番の成績で入学した優等生であったが、父の血を受け継いだというべきか、配属将校に徹底して反抗して「問題児」となる。四年修了後、大陸に渡り、北京大学に在籍している。戦後、夕刊紙の記者になる。

平岩と立松が親子ともどもかかわりがあったことは以前にも触れたが（第十章）、ともあれ平岩は本田とは古い付き合いである。元木とも本田を介して交流が生まれていた。

以下は、元木が平岩から耳にしたことである。

平岩の交遊範囲は広く、一度、本田を「手本引き」に案内した夜があるそうだ。その筋が開帳する本格的な賭場である。席に座った本田は、パッパッと散財した。胴元が申し出た貸与は断り、しばし賭場を眺めて退席した。後日、胴元からこんな寸評が平岩に寄せられたという。

「ああいうきれいな勝負をする人はギャンブルには向いていない。やめた方がいい」

と。

そして、本田の古い友人は、本田評の補足としてこう付け加えた。

「まぁポンちゃんは心根の優しい男だからねぇ」

「岐路」の〝最終回〟、ニューヨーク勤務を経て読売退社に至る経緯を述べつつ、本田は前妻との別れに至る事情について記している。

妻が重ねていた借財の先はサラ金などを含め二十件にも達していた。彼女の母親は心を病んでおり、「その病質を受け継いだ前妻にも、同じ病が発現したに違いなかった」とし、こう締め括っている。

私は彼女をしかるべき病院に連れて行った。診察の結果、その場で入院と決まる。私が保証人となった。離婚した夫が別れた妻の保証人になるのは前例がない、と医師にいわれたが、他に適当な人物はいないのである。

二人のこどもは私が引き取った。莫大な借金の処理に、くる日もくる日も追われた。家庭をおろそかにした報いが、いちどきに襲いかかってきた感じであった。満身創痍というか、全身火だるまというか。人生の再出発に当たって、こういう状況に立たされようとは、想像さえしていなかった。いわばどん底の状態で、私はヒカルイマイが優勝した第三十八回日本ダービーを迎えるのである。

この回で筆を止めた事情について推測できるものはある。病の悪化は人の心を弱らせる。当初の構想を萎《な》えさせる心理上の作用をもたらしていたのではないか。前妻は故人となり、二人の子供たちも成人して社会人となってはいたが、さまざまに配慮すべき事柄もあったろう。

前妻と離婚して後、本田は早智と再婚し、早智夫人の手を得て子供たちも大きくなっている。

本田の一読者としていえば、完結した作品を読みたくはある。ただ、企図されたものは伝わっており、なにより、本田が大きな困難を抱えつつも「仮死状態にあった闘志を甦らせ」、再出発し、なすべき仕事を果たしてきたことに感慨を覚える。連載の中断は、本田を長く苦しめ続けることになるのではあるが――。

以降、『週刊現代』目次ページの枠外には「筆者の都合によりしばらく休載いたします」という一行が長く見られることになった。

ネオユニヴァースがダービーを制したのは二〇〇三年六月一日である。本田が亡くなる前年であるが、この日、元木は小田島と連れ立ち、埼玉のみさと協立病院に入院中の本田を見舞っている。病室に入ると、隅のテレビがダービーのパドックの模様を映し出していた。

「もうレースを見て楽しんでいるだけなんだが、そうなると予想がよく当たるんだよ。この馬、よさそうだね」

といったのがネオユニヴァースであった。いつもと同じように、快活に人に接する本田であった。

病院の玄関横に喫煙所がある。早智夫人が本田を抱えて車椅子に乗せ、元木たちが玄関口まで押した。いかにも旨そうに紫煙をくゆらせる本田を見やりつつ、辞した。

講談社を退職後、元木は早大近くのビル内に「オフィス元木」を設け、Ｗｅｂマガジンへの寄稿など活発な編集者活動を続けている。オフィスで、本田との長い交流についてうかがったが、黒いモンブランの万年筆を手にしつつ思い出を語ってくれた。

「……本田さんの？」

「ええ、大事に使わせてもらっていますよ」

早智夫人から耳にしていたことだった。本田はモノには何の執着ももたない男であったが、仕事道具の数本の万年筆は大事にしていた。本田が亡くなって線香を上げに来てくれた幾人かに〝形見分け〟としてもらってもらった。死蔵させてしまうより本田も喜ぶだろうと思って、である。そのうちの一本はいまも現役生活を送っている。

第十七章　灯を手渡す——『複眼で見よ』

1

『ちょっとだけ社会面に窓をあけませんか』（潮出版社・一九八三年）は大阪読売新聞社会部を取り上げた作品であったが、その後、社会部長だった黒田清は大谷昭宏とともに読売を退社して黒田ジャーナルを設立、『窓友新聞』（月刊）を発行するなど活発なジャーナリズム活動を展開したことは、第四章などで触れた。本田との親密な関係も続いていった。

黒田ジャーナルの設立は一九八七（昭和六十二）年春のことで、事務所は大阪キタの歓楽街、北区兎我野《とがの》町の梅田グリーンビル内に設けられた。ビルの持ち主は米穀類を扱う大阪食糧卸株式会社で、黒田の一歳上の兄、脩《おさむ》が社長をつとめていた。往時、二人はともに野球少年で、「キヨボン」「オサボン」と呼び合う仲の良い兄弟だった。

この年、神田憲行は大学を卒業、マスコミ志望で新聞各社を受けたものの合格には至らなかった。学生時代、大阪読売社会部の仕事には大いに感銘を受け、共感を寄せていた。黒田ジャーナルが設立されたと耳にして訪れてみた。ひょっとして使ってもらえるかもしれない……と思ってである。

黒田や大谷に希望を伝えてみたものの「発足したばかりの小さな事務所やからなぁ」と、断られた。当然であろうが、それでも神田は間近で黒田たちの仕事に接してみたかった。採用された企業に勤めつつ、夕刻になると事務所に顔を出し、コピーを取ったりコーヒーを入れたり、「勝手に押しかけて雑用係をつとめていた」。黒田ジャーナルの発足を祝うパーティーにも、当然のごとく手伝いに出向いた。

パーティーの挨拶で、黒田が「常々、新聞記者は頭《ず》が高いといわれますが、私も読売を退社し、ようやく人並みにアタマを下げることを覚えました……」と語りはじめると、脩の茶々が入った。同志社大学野球部で鍛えた声量豊かな声であった。

いまから覚えてももう遅いわい――。会場は爆笑につつまれた。会は二次会、三次会へと流れていく。機嫌よく酔っぱらったニコニコ顔の本田靖春も席にいた。神田にとって本田は「憧れの人」であった。『警察《サツ》回り』や『ちょっとだけ社会面に窓をあけませんか』には「しびれた」。

酔った勢い、あるいは若さの勢いというべきか、手もとにあった色紙を出して頼んでいた。

「本田さん、僕は黒田さんの弟子になりたいんですが、何度頼んでも断られるんです。ここに推薦文を書いていただけませんか」

「ん……？　いいよ。君、名前はなんていうの？」

神田が名をいうと、本田は色紙にマジックでさらさらと推薦文を書いてくれた。

〔神田憲行君を黒田ジャーナルに推薦します　本田靖春〕

多分に、本田のもつ茶目っ気であったのだろう。翌日にはもう覚えていない事柄でもあったろうが――。

翌日、事務所に出向いた神田は色紙を黒田に差し出した。しばし色紙に見入った黒田は、一呼吸置いて、こういった。

「よっしゃ、採用や」

それが、神田が業界に参入する契機となった。

神田が黒田ジャーナルに在籍したのは二年ほどで、その後は東京に出てフリーランスのジャーナリストになった。さらにベトナム・ホーチミン市にある日本語学校の教員をしつつ、ベトナムの風物と人々との交流を綴った『サイゴン日本語学校始末記』(潮出版社・一九九四年)は第十三回潮賞(ノンフィクション部門)の受賞作となった。その後も、高校野球や教育の分野を中心に活発な執筆活動を続けている。

ただ一度、本田との短い接点であったが、何かの折り、ふっと自慢げにこう口にするときもある。

——本田靖春さんの推薦をいただいて業界に入ったものです、と。

2

黒田ジャーナルのはじめたものに「ジャーナリスト入門講座 黒田清のマスコミ丼《どんぶり》」(略称・マス丼《どん》)がある。

まっとうな若い連中がマスコミ界に参入してほしい、そうでないとこの先、業界の行方は暗い、塾的なものができないものか——。大谷が言い出し、黒田が賛同してスタートしたものである。「受講申込み用紙」のくだりが『窓友新聞』(一九九一年十月号)に載っているが、この講座の趣旨がよく伝わってくる。

おい、キミら、ええかげんにせえよ。就職といえば、なんとかのひとつ覚えみたいに「志望動機」やとか「自己PR」やとかを上手にまとめることばっかり気にしよってからに。断っとくけどな、僕らの〝マス丼〟では〝面接試験突破マニュアル〟みたいなこと教える気はあらへんぞ。

東京でのマス丼がはじまったのは一九九一（平成三）年十一月で、講座は月三回で四ヵ月間。ゲスト講義、作文と講評、若手ジャーナリストたちの座談会……といった内容で、各月末の講座終了時に、出前のかつ丼を食べて散会するというもの。参加者の多くは就職を控えた大学生であったが、社会人もマスコミ関係者もいた。

会場は高田馬場に近いセミナーハウスの一室で、講座終了後、西新宿の「英《はなぶさ》」というスナックに移動し、講師たちを囲む懇親会も持たれた。英は「マミー」という店名時代から本田の馴染みの店で、やがて黒田の東京滞在時の行きつけの店ともなった。講師陣は黒田、大谷、本田の他に、筑紫哲也、斎藤茂男、吉永みち子、鎌田慧、高野孟……といった顔ぶれであった。

この当時、本田は入退院を繰り返しつつ、『山と渓谷』での「今西錦司」の連載をなんとか完結までこぎつけたころである。体調はよくなかったものの、作文講座の担当も引き受けていた。

林壮一は大学三年生。文章を書くことに興味をもち、将来はスポーツ・ノンフィクションの分野で仕事をしたく思っていた。『ある中学生の死』『OL殺人事件』『ドキュメント 新聞記者』……大阪読売社会部の刊行した本は何冊か読んでいたし、本田ノンフィクションのファン読者でもあった。就活支援雑誌でマス丼の記事を見つけ、アルバイトで参加費を貯めて受講申し込みをした。

作文のテーマは「新聞」「テレビ」「クルマ社会」「散歩道」「死」「うそ」……など。本田は受講生の作文の添削をした上で講評を行い、懇親会にも付き合った。その席でこんなアドバイスをもらったことを林は覚えている。

「お前さんの書くものは平均点以上だ。ただ形容詞が多い。まずは名詞と動詞だけで書くことを心がけてみたらどうか。心温まる話があったとすれば、『心温まる』とは書かずにその事実だけを取り出して書いてみる。そうすれば、読者もまた本当に心温まる話だよなと思ってくれるもんだ」

参加者と本田の問答で覚えていることもある。

――会いたい相手に会うにはどうすればいいのか。

「まずきちんとした手紙を書いて出しなさい。その上で連絡を取ってみる。ダメだったらもう一度書く。三回書いてなお断られたら仕方がない。あきらめろ」

——文章を書くことで批判をされて敵をつくってしまうことをどう考えるべきか。

「書くことでいろんな批判を受ける。それはもう当たり前のことなんだ。書くなんてことは誰かに求められてやってるわけじゃない。そもそもお呼びじゃないことをやってるわけであって、批判は自分で受け止め、引き受けるしかない」

本田自身がやってきたことを話し、またこの世界で生きていく上での覚悟を語っているように林には思われた。

林壮一という若者に本田は興味をもったようだった。懇親会でも、林の姿を見ると横にやって来て座った。うれしく思ったものである。

それには林が、ライター志望の一方でボクサー志望の青年であったこともかかわりがあろう。学生生活のかたわらボクシングジムに通い、すでにジュニア・ライト級のプロテストにも合格していた。近々、デビュー戦が組まれる手筈になっていた。

「君しか書けないものがあるだろう。グローブをはめたさいの手の感触とか、殴られたときの痛みとか。リングに上れば恐怖心だって湧くよね。下手でもいい、自身の心理を含めて細やかに具体的に書く。そうすれば人に伝わる。デビュー戦は応援に行くよ」

林のデビュー戦は実現しなかった。左肘を痛め、ボクサーへの道は頓挫してしまったからである。

この年、一九九一年の暮れ、冷え込みのきつい日であった。明け方近くに帰ってきた本田の姿を夫人の早智はよく覚えている。

玄関口に、硬直したように突っ立っている。顔が腫れ、全身がむくんでいる。靴を脱ぐのもスムーズではなく、背広やズボンを脱ぐのもひどく手間取った。後日、夫人は夫に「あの日は鉄人28号みたいでしたよ」といったものである。

この日の模様を本田は時評コラム「時代を視る眼」(『現代』一九九二年三月号)でも触れている。「マスコミ丼」という言葉は伏せているが、マス丼での懇親会から帰宅した夜の出来事だった。

――会合は夕刻に終わったが、「よんどころない事情」(この日、本田の作文講座があった)があって、新宿のスナック(「英」)へと流れた。これ以前から酒の席はもう出ないようにしていたのだが、例外もあって、この日がそれに当たる。会は十一時過ぎにお開きとなったが、残留組に引き留められ、最後まで付き合った。出入り口に近い席にいたので体が冷え込んだ。帰宅し、風邪だろうと思って寝床に伏す。

午後から起き出し、徹夜で単行本のゲラ戻しの作業に当たるが、はかどらない。咳が出、浮腫が引かず、呼吸も苦しい。心不全の兆候を感じ、救急車を呼んで東京女子医大に入院した。「危険な状態」と診断され、入院は三週間余に及んだ。「病院での年越しは生まれて初めてである」――と記している。

早智によれば、本田の体力がさらに落ちていく節目となった入院で、腎機能が低下していくのもこれ以降である。

文字通り、身を削って本田はマス丼と付き合っていた。黒田・大谷との友情もあったろうが、若い世代のためにできることはしておきたいという気持ちのなせることであったのだろう。

大学卒業後、林はテレビ制作会社に入った。こき使われることは苦にならなかったが、やはり活字の世界で生きていきたいと思う。翌年度の、マス丼の懇親会の席に出向き、黒田に相談してみた。

黒田は「一番信頼している男を紹介するよ」といって、携帯を取り出し、「哲ちゃん、いますか?」とか言っている。間もなく、「哲ちゃん」こと鈴木哲が「英」にやって来た。当時、鈴木は『FRIDAY』の編集長(現講談社顧問)。

鈴木の講談社入社は一九七七（昭和五十二）年。研修期間の間、先輩社員が一人つく。誰か会いたい人はいるかい？　と問われて「本田靖春さん」と答えている。その晩、青山のサパークラブにいた本田のもとへ連れて行ってくれたのは、「世界点点ニューヨークの日本人」などで本田を担当していた堀憲昭である。

『週刊現代』『with《ウィズ》』『週刊現代』……と回り、後年、鈴木は『FRIDAY』『VIEWS《ヴューズ》』『週刊現代』の編集長をつとめていく。本田を直接担当することはなかったが、さまざまなかかわりはあった。

『週刊現代』の副編集長時代、黒田との付き合いが深まった。一九八七（昭和六十二）年七月から半年間、「黒田清の『ぶっちゃけ』対談」を担当したからである。毎週のように兎我野町の事務所に出向いたものだ。連載対談のトリを本田がつとめている。東西で読売の禄《ろく》を食《は》んだ二人のこと、記者時代からその後と、さまざまに「ぶっちゃけ話」を披露し合っている。

マス丼で一番光っていた、ボクシングジムに通っていたから喧嘩も強いだろう——というのが林を紹介する黒田の口上であった。林は二年余、契約記者として『FRIDAY』で働いている。いろいろとモノは申すが陰日向《かげひなた》なくよく働いてくれた——そんな印象を鈴木に残している。

その後、林は渡米、ネヴァダ州立大学リノ校ジャーナリズム学部に籍を置きつつ、ベースボールやボクシングなど、スポーツにかかわるさまざまなレポートを日本の雑誌に寄稿した。請われて、アメリカの公立高校の教壇にも立った。

在米十三年余、集大成として書いたのが『マイノリティーの拳』（新潮社・二〇〇六年）である。ひと時代を築いた重量級ボクサーたちの光と影を情感豊かに描いたノンフィクション作品であるが、本場のボクシング世界を日本人ライターが描いたのは本書がはじめてだろう。もう黒田も本田も故人となっており、献本先に二人の宛名を書くことができなかった。そのことが悔しく、悲しかった。

帰国後、林は『アメリカ下層教育現場』『神様のリング』『間違いだらけの少年サッカー』などを著し、旺盛なライター活動を続けている。林は勉強家でもあって、東京大学大学院情報学環教育部を修了している。若き日、黒田と本田に出会った意味について、こんな風に語った。

「日本にはじめて本場の欧州サッカーを伝えたデットマール・クラマーの言葉ですが、少年がはじめてサッカーボールに触れたとき、どのようなコーチに接したかによってその後のサッカー人生が決まるという言葉を思い出します。黒田さんも本田さんも志の高い人だった。一番いい人たちに出会っていたんだと思います。僕にとってかけがえのない財産であるし、それはとても幸運なことだったのだといまになって思いますね」

3

二〇一六年、第四十七回大宅壮一ノンフィクション賞の受賞作は、書籍部門が堀川惠子の『原爆供養塔』（文藝春秋）、雑誌部門が児玉博の「堤清二『最後の肉声』」（『文藝春秋』二〇一五年四月号～六月号、単行本の表題は『堤清二 罪と業』）だった。

たまたま私は雑誌部門の選考委員の一員をつとめていたのであるが、セゾングループの総帥であり、作家でもあった堤清二の晩年を描いた作品が際立って優れていると思えた。

「業」と「矛盾」を背負った父・康次郎の否定が清二の出発点であったのだが、やがて父の跡を追うように「創造と破壊」に駆られた事業家となり、輪廻《りんね》のごとくに「堤家の家長」へと戻っていく。人は老いて〈故郷〉へと回帰していくものなのか……。入り組んだ内面を宿した人物像を浮き彫りにし、いまと過去が織り成す構成が巧みで、文体はなめらか。読み応えがあった。

それまで雑誌で児玉の署名記事を読むことがあったが、顔を合わせたのは選考会終了後の席がはじめてだった。本田靖春とのかかわりを知るのはさらに後日であったのだが、新たに一つ、本田が若い書き手に遺した足跡を見る思いがした。

児玉は大学を卒業後、ジャーナリズムを志してフリーランスとなったが、二十代はビルの清掃、塾の講師、夕刊紙やカタログ雑誌での執筆など、雑多な仕事にたずさわっている。三十代に入り、講談社で雑誌『VIEWS』が創刊されるとともに契約記者となり、本格的なライター業をはじめていく。

オウム、投資ジャーナル、金丸信逮捕……など事件ものに数多くかかわった。沖縄出身のボクサーの人物論なども書いた。

書く仕事の優劣を決めるのは取材力と文章力である。取材力には定評があったが、文章力はいまひとつ。文章上の瑕疵《かし》を指摘されて編集者から原稿を突っ返されることが幾度もあった。

文章力向上のひとつとしてはじめたものに筆写がある。選んだのは、幾度も読み返していたお気に入りのノンフィクション、『不当逮捕』。

雨には不吉の臭いがする、などと、気のきいた風なことをいってみたところで、しょせん後からのこじつけでしかない――。冒頭の書き出しから原稿用紙に書き写していく……。「写経」のごとくであった。

『ＶＩＥＷＳ』創刊時の編集長は須川真（故人）であったが、二代目に渡瀬昌彦が就く。児玉にとって本田は「雲の上の人」であったが、本田を話題に渡瀬と話が弾む日もあった。

『ＶＩＥＷＳ』に、本田は時事コラム「本田靖春の少数異見」を連載していたが、一九九五（平成七）年九月号の見出しは「在日朝鮮人・全鎮植氏が同級生の私に残したメッセージ」とある。

高校の同窓会からの通知を手にしてしばらく考え込んでしまった――という書き出しからはじまって、都立千歳中学（戦後の学制改革で高校となる）時代の同級生、全鎮植への取材を重ねていたことに触れている。

同期の1人に全鎮植《ジョン・ジンシク》という朝鮮人がいる。いや、いまとなっては、いたと過去形でいわなければならない。

彼は、兄演植氏（故人）と力を合わせて、遊戯場を皮切りに、スーパー、ボーリング場、朝鮮料理店の経営や、ジャン（焼肉のタレ）など食品の販売を手掛けるさくらコマースを一代で築いた。また、朝鮮民主主義人民共和国（北朝鮮）における合弁事業にも先鞭をつけた。

その全が5年前、肝臓ガンに冒された。手術をしても腫瘍は再発し、転移する。30回にも及ぶ肝動脈塞栓術やエタノール注入術が施されたが、今年の2月5日ついに逝ったのである。

去年の夏から暮れにかけて、私は前後4回、15時間にわたって全をインタヴューした。彼がたどった50年を、本誌に連載のかたちで書きとどめておくための取材であった。

高校1年にして、非合法組織である「山村工作隊」に加わり、実弾射撃の訓練を経験するなど、全の少年時代は波乱に富んでいる。彼はそういう秘話まで明かしてくれた。

「どっちが先になるかわからないけど、オレたちのメッセージを後に続く世代に残しておこうよ」

企画を全のもとへ持ち込んだとき、私はそれだけをいった。彼は何一つ問い返しもせず、黙って受け入れてくれた。そのときから、覚悟するところがあったのだと思う。

幹事が同期会の会場をさくら食品館に設定したのは、全に対する追悼の気持ちからである。雨の中を約40人が集まった。

連載の準備を進めるなかで、渡瀬は児玉に取材サポートの仕事を依頼した。この時期、本田の体調は悪く、各地へ取材行を重ねるのは困難だった。全の足跡をたどるとなれば、さまざまな分野での裏付け調査が必要となる。タフな取材力があってかつ、本田への敬意を抱いている書き手――児玉の顔がすぐに浮かんだ。

本田さんの仕事ならもう喜んでお手伝いさせてもらいます――と児玉は答えている。

渡瀬に連れられ、児玉が本田宅を訪れたのは一九九五年三月九日である。日付がわかるのは、児玉が日記をつける習慣をもっていたおかげである。

鼻たれ小僧ですが――と児玉が挨拶すると、「ごくろうさんだね。まあよろしく頼みますよ」と、本田は丁寧な物言いで客人を迎えた。一通りの打ち合わせが済むと、本田が「こんなところまでわざわざ来てもらったんだ。近所に居酒屋があるのでちょっと行きましょう」という。本田はもう酒を飲めない体になっていたのだが、そういって児玉を誘った。

〝監視役〟の早智夫人を含めて四人が店の席に座った。本田はコップ一杯のビールがせいぜいで、それだけで顔色が灰色になってしまう。辛そうであったが、それを押し隠して応対した。

本田が口にした児玉への寸評について、渡瀬と児玉の記憶は少々異なっている。児玉はいまもそうであるが、細身の、イケメン風の好男子である。

君は実にきれいな目をしているね――というのが渡瀬の記憶。

君は昔風のヤクザみたいな目をしているね――というのが児玉の記憶。

ともに本田が口にした台詞であって、それぞれを記憶してきたということなのかもしれない。後になって児玉はこう思ったりした。往時の闇市における安藤組の若い衆のごとくということなのか、ひょっとしてほめ言葉であるのかも……と。

日記に、この席で本田から言われた言葉を記している。

署名で書きなさい。データ原稿には責任はないんだよ。署名で書くと様々な風圧を受けるけれど、その風圧が書き手を育ててくれる。三冊書けば周りの風景が違ってくる。その風景を眺めるのもいいもんだよ。

帰りの車中、渡瀬とかわした会話も書き残している。

「あんなことを話す本田さんははじめてだ。今日は何年ぶりかの上機嫌の日だった」

「がんばります」

この企画は実ることのないままに終わった。全の遺族より、全の歩みが詳細に伝えられることはさくらグループに差しさわりがあるやもしれないので辞退させてほしい、という意向が伝えられ、本田は連載執筆を断念する。児玉の仕事もスタートすることがないままに終わった。

この日から数えると二十余年。この間、児玉は主に人物評伝を手がけてきた。『幻想曲』ではソフトバンクの孫正義を、『〝教祖〟降臨』では楽天の三木谷浩史を、『テヘランからきた男』では東芝凋落《ちょうらく》の戦犯とも呼ばれた西田厚聰《あつとし》を、『日本株式会社の顧問弁護士』では村瀬二郎を――。

村瀬二郎は本田の『新・ニューヨークの日本人』（潮出版社・一九八三年）のなかの

一章、「日・米・欧企業二百社の顧問弁護士」としても登場している。

村瀬はニューヨーク生まれの移民二世。父九郎は日露戦争に従軍した軍医だったが、その後、アメリカに留学、眼科医に、さらに貿易商となった。父の方針で、村瀬は少年期、戦前から戦時下にかけての日本で過ごし、「軍国少年」として成長した。戦後間もなく〝帰国〟し、徴兵により米陸軍第三歩兵師団に入隊している。「二つの祖国」を知る若者は法律家を志し、ジョージタウン大学ロースクールを卒業。日米経済摩擦がかまびすしい時代、日米両国に影響力をもつ有力な弁護士となった。本田は、開かれた国際社会への対応力に欠く日本企業のありようを指摘しつつ、村瀬の起伏に富んだ歩みを記している。

村瀬は二〇一四年、八十六歳で亡くなるが、児玉の『日本株式会社の顧問弁護士』(文春新書・二〇一七年)は、二郎の長男で弁護士になった悟にも触れつつ、激動の世紀を生きた日系三代の物語となっている。本田著とはモチーフを異にするが、村瀬二郎物語の完結編ともいえる著となっている。

児玉にとって本田は、「いまも雲の上の人」である。

直接の接触はただ一度、スタートすることのなかった仕事の打ち合わせと居酒屋での会食であったが、忘れがたい記憶を残した。風圧を引き受けるなかで書いていく

——。留まり続けた言葉だった。歳月を経て、かつて本田が取り組んだ仕事を違う形であれ自身がたどったこと。縁という細い糸がつながっていたことに、ふと感慨めいたものを覚えるのである。

4

二〇〇九年の暮れであるから本田が亡くなって五年後である。夫人の早智にとって夫の不在にようやく慣れていったころであるが、河出書房新社の武田浩和という未知の編集者から手紙を受け取った。本田靖春にかかわる特集ムックの刊行を企画しており、一度、お目にかかってご相談させていただきたいという趣旨のもので、本田への思いが伝わってくる手紙だった。会ってみると、いかにも好青年という若者で、生前、夫がこんなことを口にしたことが思い出された。

——俺が死んだら多分、いろんな話が持ち込まれてくるだろう。そんなものはうっちゃっておいてかまわない。ただ作品を読んできちんと応対したいという若者がやって来たら、そのときは考えてみたらどうかな、と。

生前、本田は講演の依頼などは断ることが多かったが、憲法擁護の集いや学生たちの催し、その趣旨に賛同できると判断するものには手弁当で出かけて行った。別段、若者層に甘いという人ではなかったが、次世代へ何事かを伝えておきたいという気持ちを持ち続けた書き手だった。

武田の河出書房新社入社は二〇〇五年春。出版社で仕事ができる――意気込んでいた入社前、本田靖春の遺稿『我、拗《す》ね者として生涯を閉ず』が出された。デカイ本であったがスイスイと読める。それまでにも本田作品は何冊か読んでいた。真っ当に怒り、それでいて温か味があり、かつ無頼風の匂いが漂う――。お気に入りの作家であった。

営業と文芸の部署を経て、『文藝別冊』の担当となる。やりたいことをやっていい――。職場の空気は良かったが、『現代』『月刊PLAYBOY・日本版』『論座』『諸君!』……など有力雑誌の休刊が相次ぎ、業界は出版不況の時代を迎えていた。状況は厳しいが何か新しい展開を試みてみたい。加えて、「同世代への決めつけ的な烙印を覆してみたい」という気持ちを持ち続けていた。

ムック『文藝別冊／本田靖春　「戦後」を追い続けたジャーナリスト』が刊行されたのは二〇一〇年七月であるが、「編集後記」で、武田は同世代に向けられてきた視線への違和感をこう記している。

14歳の少年Aが神戸連続児童殺傷事件を起こした時、自分は14歳だった。17歳の少年がバスジャック事件を起こした時、自分は17歳だった。25歳の青年が秋葉原で無差別殺傷事件を起こした時、自分は25歳だった。いつも、「危ない」と指を差されてきた。指を差された側から言わせてもらえば、それは、曖昧な不安を世代論にこびり付けて輪郭化し「ひとまずオレには関係ない」と宣言する珍妙な保身に過ぎなかった。起きた事象に向かって解析を試みず、システマティックに区分けするのを急ぐ事をジャーナリズムと呼ぶのかと、その態度を疑った。

ムックは、対談（佐野眞一×吉見俊哉、魚住昭×元木昌彦）、早智夫人へのインタビュー、かかわりあった人々よりのエッセイ、本田の単行本未収録作品・再録インタビュー・対談、概要を付した著作一覧、年譜……など、盛りだくさんの内容となっている。

岩手・盛岡にある「さわや書店」の若い書店員、松本大介より寄せられたエッセイも見られる。

——ちくま文庫から復刊された『誘拐』によってはじめて本田本と出会い、衝撃を受けた。「これほど魂を揺さぶられる本には今迄出会ったことがない。それはこの本が『生きるとは？』『人間とは？』といった根源的な問いを孕《はら》むが故だろう」という感想をそのままPOPの手書き広告に書き、『誘拐』を文庫コーナーの平台に積み重ねたとある。

本田にかかわりのあった識者たちにエッセイや対談を依頼する電話をしつつ気づいたことが武田にはある。挨拶の段階ではぶっきらぼうな応対が多かったのであるが、「本田靖春さんの……」という固有名詞を出すと相手の声のトーンが変わり、「本田さんのことなら……」とほとんどの人が応諾してくれたことだ。ふと、人・本田靖春の生前の姿に触れたようにも思った。

「編集後記」の後半はこう続いている。

……しつこく指を差された側には、その本末転倒に対する嫌悪感があった。本田靖春は、本末転倒に厳しかった。しかし、転倒しない本末には優しかった。常に重層的な視線を事象にぶつけた。左だ、右だ、ではなく、信号を渡るように左右をよく見ながら悠然と直進した。この真っ当な拗ね者の歩みが、長年指を差されてきた自分には箴言《しんげん》として響いた。本田靖春の作品群は、現代の諸問題にも明答を続けている。この特集が、引き続く明答に辿り着く一助となれば嬉しい。

本田ムックを出して九ヵ月後、武田はもう一冊、本田の短編を集めた『複眼で見よ』を編んでいる（河出書房新社・二〇一一年）。ムック制作の過程で浮かんできたものを形にしたものである。

特集ムックで武田がはじめて制作したのは、鉄道紀行文学の大家、宮脇俊三であったが、宮脇は自身の書いたものをきちんと整理整頓し、遺族がそのままに保管していた。原稿の保存模様は人それぞれであって、本田はといえば、雑誌や新聞に寄稿したものはあまり手もとに残しておらず、散逸してしまっている。国会図書館や大宅文庫などに通い、本田署名の記事を収集した。宝物探しのような気分になって、途中から作業が楽しくなったものである。

そのなかから「不況の底辺・山谷」「沖縄返還　もうひとつのドキュメント」「虫眼鏡でのぞいた大東京」などのノンフィクション作品を、さらにジャーナリズムにかかわる論考、植民者二世としての自画像などのエッセイを選び出して収録した。ノンフィクションにせよエッセイにせよ、複眼であることが本田作品に貫いてあるものと思え、『複眼で見よ』というタイトルをつけた。

本田の〝最後の著〟は、若い編集者の発掘によって世に出たのである。さらに付記すれば、収集された資料類を武田の好意で私は借り受け、本拙著においても活用させてもらってきた。

河出書房新社に九年半勤務した武田であったが、二〇一四年に退社し、フリーランスの道を選んだ。

ムックと本を制作する過程で、武田は幾度も夫人の本田早智と面談している。夫人の本田の思い出話の一つであるが、こういったときがあった。

「本田はよく言っていましたね。俺は三十七歳でフリーになったけれども三十代のはじめになるべきだった。やりたいことがあるなら出発ははやいほうがいい」――と。

新しい途を選ぶにさいしての、小さな後押しをしてくれる言葉ともなった。

武田がフリーになっての第一作、『紋切型社会　言葉で固まる現代を解きほぐす』（ペンネーム武田砂鉄／朝日出版社・二〇一五年）は、第二十五回ドゥマゴ文学賞を受賞したが、さらに評論集『芸能人寛容論』『コンプレックス文化論』などを刊行、気鋭のライターとしての活動を続けている。

――本田靖春と袖触れ合った四人について書いてみた。たまたま私が知り得た人たちであって、本田とかかわりのあった若い世代は他にもおられよう。本田の人と作品をたどるなかで、本田作品を愛読する若い新聞記者やジャーナリストたちが少なくないことも知った。そのような人々を含め、本田の遺した灯《ともしび》は、小さくとも確かな明かりとして在り続けている。

第十八章　病床にありて――『時代を視る眼』

1

本田靖春のコラム連載の皮切りとなったものが「いまの世の中どうなってるの」(『ダカーポ』)であったことは以前に触れた。以降、雑誌でのコラム連載はいくつか見ることができる。

▽「時代を視る眼」(『現代』一九九一年一月号～九四年十二月号)
▽「『コラッ』『むっ』」(『VIEWS《ヴューズ》』一九九二年八月十二日号～九四年六月二十二日号)
▽「人生の風景」(『潮』一九九三年五月号～九五年五月号)
▽「本田靖春の少数異見」(『VIEWS』一九九四年十一月号～九七年八月号)

▽「私の同時代ノート」（『現代』一九九五年一月号〜九九年十一月号）

一九九〇年代は、本田の五十代後半から六十代後半であるが、進行する糖尿病の合併症とともに歩んだ年月だった。コラム執筆は病床にあってもできる仕事という一面があったろうが、社会時評は本田の持ち味を発揮する一つであって、このジャンルを得て広がった視野と筆致もあったように思える。

その日々を、「時代を視る眼」でこんな風に記している回がある（一九九二年一月号）。

病気がきっかけで、この二年間ほど、すっかり家に居ついてしまった。外へ出るのは、通院を含めて、月に三回前後といったところである。「亭主元気で留守がよい」の時世に、家人は貧乏くじを引き当てたことになるが、彼女もどうやら居ついている。

以前は、家にいる時間がきわめて少なかった。名義だけの主で実質は下宿人といったような時期もあった。だが、いったん居ついてみると、わが家はそれなりに居心地がよい。……ひと声かければ、座ったままで用が足りる。三十余年、せわしなく取材に歩いてきた反動もあって、いまは半休業状態を楽しんでいるところである。

先夜、知人に誘われて、久しぶりに夜の街へ出てみた。週末にあたっていたので、帰りのタクシーがうまくつかまえられるかどうかを気にしていたのだが、なんのことはない。空車が続々とやってくる。

続いて、不景気風で車の販売台数が低迷しているという話を耳にし、そもそも東京には車が多すぎる、人々の車への情熱は持ち家を諦めた代償であろう、バブル経済は必ずはじける、いっそ土地・マンションの不買運動を展開して住宅政策の根本的な転換を促してはどうか……と筆は進んでいく。

自宅に、あるいは病室にあって本田は世の中を見詰め、政治の腐敗と無策に憤り、右旋回する世の流れに異議申し立てをし、モノとカネを至上とする品性なき社会風潮を嘆いた。悲憤慷慨《ひふんこうがい》しつつもまた、特有のユーモアと諧謔《かいぎゃく》の味をまぶしながら──。

「時代を視る眼」の連載は四年間続いたが、二年余の分が単行本にまとめられている（講談社・一九九三年）。担当者は籠島《かごしま》雅雄。これ以前、『「戦後」美空ひばりとその時代』も担当したから本田本は二冊目であった。

講談社入社が一九七一(昭和四十六)年で、入社時の所属は『現代』。本田の〝フリー元年〟であり、出張校正先の大日本印刷でその姿をよく見かけた。本田がアンカーの仕事を引き受けていた頃で、〝本誌特別取材班〟などの無署名原稿である。あーあ、くたびれたよ——。校了のゲラを戻しつつ、そんな一声を発して引き上げていく。編集部の本田への信頼は厚く、「困ったときは本田さん」という空気があった。

籠島の編集者生活を並べていえば、『現代』及び学芸図書など学芸畑が三分の一、『群像』及び文芸図書など文芸畑が三分の二。『時代を視る眼』刊行時の肩書は学芸図書第二出版部副部長。

学芸・文芸時代を含め、籠島は多くの作家たちと交流したが、本田とどこか重なるモチーフをもった作家たちがいた。三木卓、清岡卓行《たかゆき》、後藤明生、五木寛之、日野啓三などで、共通項は少年期に外地からの引き揚げ体験をもつことだ。内地への違和感を引きずりつつ、自身のアイデンティティーを探し求めてさまよう。その過程がまた、自身の作家性を深めていく……。

社を退いて年月が経つが、作家たちから感受した「気とたたずまい」はいまも体内に残っている。本田もその一人である。

「まずはひたすら懐かしいですね。陽気で優しい人ではあったけれども怖い人でもあった。本田さんの家で和机を挟んで向き合っていると、頭《こうべ》を少し低くした位置から目線が返ってきて、時折、鋭く光るように感じるときがある。いいかげんなことは許さん、といっているような迫力があった。特有の字体で原稿用紙の升目を埋めていく。ペン字で一字一字力を込めて書き込んでいく。文士という言葉がありますが、本物の物書きでしたねぇ……」

2

『潮』の巻頭随筆「波音」で連載された「人生の風景」については第十四章でも触れたが、副編集長だった南晋三(現社長)のすすめではじまったものである。南のもとで『体験的新聞紙学』『私戦』『村が消えた』『ちょっとだけ社会面に窓をあけませんか』など、本田の主要作品のいくつかが刊行されたことも触れてきた。

東京女子医大の糖尿病センターに入院していた本田が一時帰宅していた時期、南は見舞いがてら杉並区井草の本田宅を訪れた。入院中の出来事や出会った人々の〝おもしろ話〟に耳を傾けて辞したのであるが、「お見舞い」を本田は受け取らない。困った南はのし袋の入った封筒をこっそり座布団の下に残して立ち去った。

後日、「ご厚意のみ受け取っておきます」という丁寧な礼状とともに送り返されてきた。本田さんらしいと思いつつ、南は余計に困った。

もう長い付き合いである。本田が闘病記の類を好まないことは十分承知していたが、本田流の〃おもしろ話〃をまぶした連作エッセイとして書いてもらう手はあるまいか、原稿料なら受け取ってもらえる——ということでスタートしたものである。

入退院を重ねるなか、体力は落ち、取材に出向くことも資料を自分で集めることもむつかしくなった。そんななかで何ができるのか……。さまざまに思いをめぐらせているエッセイも見られる（一九九三年十月号）。

前段ではこう記す。

そもそもノンフィクションは書き手の「主観」のもとに成立する。仮に、十人のノンフィクション作家が同一の出来事に取り組んだとすれば、十通りの作品が生まれる。事実の取捨選択からして「人生観ないしは社会観、ひいては世界観、歴史観といった主観に基づいて」行われるからだ。「言い換えるならば、一編のノンフィクションは出来事に仮託した書き手の存在証明ということになるのであろう」と記し、後段では本田流の諧謔味をきかせながらこう続けている。

フリーになってからの私は、ほぼ一貫して「戦後」というテーマを追い続けてきた。その延長線上で自分史を綴ることは可能である。これならば取材も資料集めもとくに必要としない。

しかし、印刷に値するだけの作品を仕上げられるかとなると、正直なところ心が揺らぐ。自分史には、おのれを客体化して凝視する、強靭で冷静かつ公正な〝眼〟が不可欠だが、自分がそれを備えているとは言い切れないからである。甘えて生きてきた私のことだから、ペンの先でおのれをかばい立てするに違いない。

そういう思いで越し方を振り返ると、恥以外に書くべき事柄はないような気がしてくる。月並みな言い方だが、いまさらながらいい加減に生きてきたことを悔やまずにはいられないのである。

さいわいにも、左眼の眼底出血は矯正視力〇・四でいちおうくい止められた。だが、私は右眼の失明によって精神的な棚卸《たなおろ》しを迫られ、六十年になんなんとする半生が空疎であることを思い知らされた。これは、せめて残された時間を少しは大切に生きろ、ということであろう。

前にかかっていた（K病院の）医師の落ち度は不問に付すことにした。残された時間を係争などで費やすのはもったいないという気持ちになったからである。

本田のもつノンフィクション観、また病を得て六十代に入った心境の一端が垣間見える。

連載エッセイでは、入院中に出会った医師や患者たちも登場する。入院や通院を重ねるなかで、本田は糖尿病センターの医師や看護婦とはすっかり馴染みとなった。「おそらく、これからも何回かはご厄介になるであろうが、何があっても病院を移る気はない。ここで人生を終わりたいと思っている」と書いている。

本田を担当した「勝気な」S女医、「お嬢さん育ち」のA医師も幾度か登場する。A医師は新宿の盛り場にも行ったことがないという「箱入り」であったが、心ばえのいい女性で、本田のお気に入りであったようである。デンマークへ留学すると耳にして、「一方に保護者のような気持ちがある。大きく成長して戻ってくるであろう彼女の二年後を、見届けたい」とも記している。

「組長の入院」という小タイトルのコラムが五回続いている。本田は二人部屋に入っていたのだが、個室の特別室に入っているのが新宿・歌舞伎町に事務所をもつ「Q組の組長」。周りの入院患者たちによく話しかけ、親切心のある人物だった。本田とも面識ができて世間話をするうちに、やがて組長から「兄貴」と呼ばれはじめて困惑したとある（一九九四年六月号）。

私は花形敬という渋谷のヤクザを主人公にした作品を書いたことはあるが、ヤクザとのつき合いは一切ない。そのときは取材だから数十人のヤクザと会ったが、それですっかりヤクザが嫌いになった。いいヤクザというのは、東映の映画の中にしかいない。それが、そのときに得た結論である。

組長もしょせん別世界の人間であって、私とは交わるところがない。

そうではあるが、互いに無聊《ぶりよう》の病院暮し。特別室では喫煙が黙認されていたこともあって、足を運ぶようになり、自然と互いの人生を語り合う間柄となっていく。本田の体験談を聴くとき、組長は「お伽話《とぎばなし》に聞き入る幼児のような瞳の輝きを見せた」ともある。

本田の退院が決まると、組長はしきりに「もっと早くに知っていればなあ」と残念がった。クラブ勤めの妻に、アルミ・ホイルに包んだ焼き立ての生鮭を届けさせ、ウーロン茶を飲んでの「お別れパーティ」を開いてくれたとあって、こう締めている（一九九四年七月号）。

食事のあと組長の部屋に移ってから、私はイタリアのブランド物のシャツを贈られた。退院の「晴れ着」という寸法である。ジャーナリストがヤクザから物をもらうなどはあってはならないことだが、ここは素直にちょうだいすることにした。この範囲なら世間も許してくれるであろう。

私の手を引いて歌舞伎町を隅隅まで案内するといった組長の申し出は、聞かなかったことにしてある。惜しいような気もするのだが。

組長が本田を〝慕った〟のは同病相憐むであり、本田が何者であるかを知った上でのことではないようであるが、それでも人・本田靖春に何事かを感受してのことであろう。いかにも本田らしいエピソードと思える。

右眼の視力を失って以降、左眼が光の窓となっていたが、視力は落ち気味で、新聞を読むのも天眼鏡で活字を追わねばならない。時評的コラムを連載している本田にとって新聞を読めないのは辛い。

やむなくニュースの情報源をテレビに切り替えたのであるが、「しかし、テレビはからだによくない。番組の愚劣さにかっときて、血圧が上がるからである。とくに、ワイドショーはひどい。まさに、愚昧《ぐまい》にして下劣《げれつ》」とこき下ろしている。週刊誌の記事には「私は、いまのテレビを見つづけていると血圧が上がってしまいます。思わず、番組や出演者の質の悪さに、『馬鹿もん！』と叫んでしまうのです」という談話も寄せている。

左眼に進行していた白内障の手術がうまくいって、新聞が読めるまでに視力が回復する。一九九四年春のことで、「……数年来、次々にやってくる合併症の諸症状に消耗を強いられ続けてきた私にとって、これは初めて味わう『快癒《かいゆ》』の感覚であった」とある。

連作エッセイの最終回（一九九五年五月号）では、闘病のなかで薄日の差す日、靴屋に早智夫人と出掛け、「黒と茶の革靴をそれぞれ一足ずつ買った」とある。買物嫌いの本田には珍しい記述であるが、厄介をかけ続けてきた夫人への気持ちでもあったのだろう。

エッセイは好評で、「お客（読者）」がついていることがわかる。南の心積もりとしては「エンドレス」であったのだが、開始から二年、「とりあえずこのあたりで」という本田の意向を尊重して「了」とした。本田と組んだ最後の仕事となった。

「時代を視る眼」の中で、多分に南を念頭に置いてであろう、本田はこう記している箇所がある（一九九二年六月号）。

（金嬉老事件から）そのちょうど三年後に、私は会社を辞めた。辞めるにあたって、はっきりしたテーマを二つ持っていた。その一つが金嬉老事件であった。

……

いざフリーになってみると、業界にはなんの実績もない〝中古新人〟に、厄介なテーマで書かせてくれる雑誌など、おいそれとは見つからない。あれやこれやで六年が過ぎてしまった。

誌面を与えてくれた『潮』にはいまも感謝している。……

潮出版社は、売れないのを承知で『私戦』を本にしてくれた。また、講談社からの文庫化の申し出に、快く応じてくれた。

単行本も文庫も、さっぱり売れなかった。そんなことでがっかりはしない。おれの書くものがそうそう売れるわけがない、とふだんから納得しているからである。

このくだりに目を通した南は、苦笑しつつ、こんなふうな感想を口にした。

「いま社員に売れる本をつくれとケツを叩いていることとは矛盾するようですが、本田さんを担当しているときにはそんなことは微塵《みじん》も思っていなかった。ただ本田さんと組んで仕事ができることがうれしかったし、むしろ増刷にならなくてもうしわけないと思っていましたからね」

――本田靖春とは何者だったのか。一言でいえばどんな言葉が浮かびますか？

「……ダンディな人だった。その立ち居振る舞いにおいて、とりわけその精神において」

3

いま講談社の法務部長をつとめる吉田仁には、学芸局在籍時、拙著『天人　深代惇郎と新聞の時代』を担当いただいた。取材行もともにしたが、都内北区のドナルド・キーン宅を訪れたさいもそうで、マンションの前で待ち合わせた。いつも時間前に到着しているのが吉田で、この日もそうであった。約束の時間になったので、玄関口に向かおうとしたところ、「一、二分遅れて行きましょうか」という。「?」と思ったのであるが、「本田さんに教えてもらったことなんですが……」という。

——訪問先の家では準備をして客を待ち構えているだろう。ただ、間際になって、し忘れていることに気づくこともある。その時間を見込んで訪ねるのがよい、と。なるほどと思いつつ、本田のもつ細やかな神経に触れたようにも思った。

吉田は『週刊現代』『FRIDAY《フライデー》』『VIEWS《ヴューズ》』『現代』など、雑誌畑を歩いてきた。『VIEWS』時代は、「『コラッ』『むっ』」及び「本田靖春の少数異見」を担当した。タイトル名が異なるのは、同誌が月二回発行から月刊に移行したさいの変更によるものである。

時評のテーマは、金丸信逮捕にかかわる東京地検の及び腰、自衛隊海外派遣の落とし穴、中国残留孤児たちへの薄情、なぜコメはまずいか、ペットを飼う資格なき飼い主たち、蔓延《まんえん》する豊かな社会の卑しさ、弱者を切り捨てるお役所仕事の罪、無党派ならぬ「無脳派層」への嘆き、軟弱男子「冬彦さん」の情けなさ……など、九〇年代の政治社会動向を俎上にのせ、本田節が書き綴られている。

本田は現場に足を運びたいのだが、それがかなわない。吉田に〝代行取材〟を頼む折りもあった。取材から帰ると、原稿用紙七、八枚にメモを書いて本田に手渡す。ジンちゃん――いつしかそう呼ばれるようになっていた――自身がどう思ったのかも書いてくれよな、といわれたこともあった。

一九九五（平成七）年四月号の「本田靖春の少数異見　スペシャル」は二ページ立てになっていて、見出しは「『マルコポーロ』を廃刊にした文藝春秋会長は身を引かれよ」。この折りに行われた田中健五社長の記者会見に吉田は出向いている。

『MARCOPOLO《マルコポーロ》』（同年二月号）は、「戦後世界史最大のタブー／ナチ『ガス室』はなかった」と題する記事を掲載したが、ユダヤ系団体などからの抗議が相次ぎ、広告ボイコットの動きも広がっていた。田中社長は記者会見で謝罪、同誌の廃刊と花田紀凱《かずよし》編集長の解任を発表した。本田原稿の趣旨は、広告ボイコットという手段を容認するものではないが、このような虚偽の記事が出る背景には、行き過ぎたセンセーショナリズムと歴史的事実を捻じ曲げる風潮があるとし、こう締め括っている。

思えば、文春の右傾化はこのあたりから始まっている。それまでの文春は保守的ではあったが、大方のインテリがそうであるように、右にも左にも偏しないリベラリズムを基軸としていた。それが、右寄りにシフトを変えていったのは、田中健五氏の社内における権力の増大と軌を一にしている。

私はフリーになったばかりのころ、田中氏からひとかたならぬ恩義を受けた。だから、氏に対して弓を引くのは、個人的にはたいへん心苦しいのだが、あえて言わざるを得ない。……

度重なる不祥事の最終責任は、いうまでもなく田中健五氏にある。氏は社長を辞任したが、代表権のある会長に就任した。これでは、責任を取ったことにはならない。

僭越ながら申し上げれば、日本雑誌協会理事長の職をも合わせ、潔く身を引かれるのが筋であろう。


こういう原稿を書くのは辛いものがあるんだけどね——。本田からそういわれて原稿を受け取ったことを吉田は憶えている。

本田がフリーになって間もなく、田中が『諸君!』『文藝春秋』編集長にあった時期であるが、本田をいち早く見出し、それが第一作『現代家系論』の刊行につながった。恩義ある編集者への批判は個人的な思いとしては辛い。けれども筆で立つ作家は公《おおやけ》の存在であり、言うべきことは言わねばならぬ。終生貫いた本田の姿勢であった。

　ただ、一方で、本田は〝湿地帯〟を有する人であって、生前最後の原稿において、田中への私的メッセージ的な意を含んだ文を残している。このことは後に触れたい。吉田の本田とのかかわりはその後も続き、『現代』誌上で連載された本田の最後の仕事、「我、拗ね者として生涯を閉ず」を担当する一人となり、本田の最期を見送った一人ともなった。


「私の同時代ノート」は一九九〇年代半ばから末まで、『現代』誌上で連載された。この時期、本田の病状はさらに厳しいものがあった。同コラムにおいても、折々、自身の体調に触れているが、週三日の人工透析以外はめったに外出しなくなり、外出時には「右手に杖を握りしめ、左手を妻にとられて、ゆらゆらとボウフラのように歩く」と書いたりしている。車椅子を使用することも増え、しばしば入院も余儀なくされている。

　体調不良で休載の月もあったが、それでも本田は健筆を振るった。見出しを何本か並べてみると以下である。

「『サリン事件』捜査と報道に異議あり」「フランス『核実験再開』を糾弾する」「あ

えて言う平成不況よありがとう」「ミドリ十字よまだ罪を重ねるか」「TBSよ『報道の魂』を売るなかれ」「自治省よ『外国人職員』のどこが悪い」「カイワレ買い控えの愚かさを知れ」「野村證券を『業務停止』にせよ」「『欲望全開』の日本人に必ずや天罰は下る」「どうかしているぞ、地域振興券」……などなど。折々の時事問題をまな板にのせて切れ味のある論考が綴られている。

論考を読みつつ、こんな感想がふとよぎる——。

新聞社でいえば、それまで現場を歩いてきた社会部記者が、病を得て「論説」に配置換えとなった。以降、社説や時評というジャンルで健筆を振るいつつ、心は第一線の記者のままでいる。本田靖春は病床にありてなお、社会部記者だった、と。

一九九九(平成十一)年十一月号、連載最終回のタイトルは「ガンを患う私の苦渋の結論『しばしのお別れ』」となっている。この年の夏、通算二十回目の入院となったのであるが、このさいに肝臓ガンが見つかった。

私の身体をかりにたとえるなら、来客で賑わっている客間のようなものであろう。そこへガンがひょっこり顔を出した。「やあ、よく来たな」とはいわないまでも、「おう、来たか。一杯飲んで行きなさいよ」といった程度のものである。

早晩、死ぬことははっきりしている。覚悟というほどのものでもないが、死を受け入れる準備はとっくに出来ている。そこへガンが新たに加わったところで、心に波風は立たない。


疾患部にエタノールを注入するペイト療法を勧められるが、当初、もうこれ以上痛い目をするのはゴメンと思う。

主治医の「A医師」――ここでは佐藤麻子医師と本名が記されている――は留学から帰国し、病棟長となっていた。「いつしか、医師と患者というよりは、親戚づき合いのようなものになって」いたのであるが、「麻子先生」の説得を受け入れ、治療を受けることを決める。

この時期、左眼が眼底出血し、視力がほぼ失われる事態も起きていた。明るさは感じられても、部屋に入ってくる看護婦の顔が判別できない。

目を閉じたまま、三日間ほど考えに考えた――とある。たどり着いた結論はこのコラムを打ち切りにするということだった。言うべきこと、異議申し立てをすべき社会的課題は山積しているが、もうそれらに費やすべき時間と体力がない……。

しかも、大きな精神的負債を負っている。「週刊現代」における『岐路』の長期休載がそれである。この醜態は百万言を費やしても詫びきれるものではない。私はそのことで、自分を責め続けてきた。

たいへん勝手な言い草だが、この負債を発展的に解消したかたちで、物書きとしての締めくくりになる文章を書けないか。その一点に、残された時間と体力を集中したい。それが、苦渋の末の私の結論であった。

片隅の物書きである私を、陰に日向に支え続けてきてくれた講談社の仲間たちは、寛大にもこの筋にはずれた願いを聞き入れてくれた。ありがたい。でも、申しわけない。

左眼はレーザー光線による治療で出血が収まり、視力は乏しいながらも拡大レンズを使うと原稿が書ける程度まで回復した。肝ガンは、ペイト療法によって進行が止まったようである。

生きて二十一世紀を迎えることはあるまい――。近しい人々に本田はそう口にしていた。いくたびか死神が至近距離までやっては来たが、それを押し返すものが病者に宿っていたようである。病床で新しい世紀を迎えるなか、本田の最後の仕事がはじまっていく。

第十九章　自伝的ノンフィクション——『我、拗ね者として生涯を閉ず』

1

本田靖春の「我、拗《す》ね者として生涯を閉ず——体験的ジャーナリズム論」の連載が『現代』誌上ではじまったのは、二〇〇〇年四月号からである。編集長にあった渡瀬昌彦が本田と懇意な関係にあったことは触れてきた。

タイトルをどうするか——。「渡瀬君にまかせるよ」と本田は口にしていたが、渡瀬は悩んだ。「拗ね者」とは〝本田語録〟のひとつであったが、雑誌の連載タイトルとして「生涯を閉ず」とは尋常な言葉ではない。ただ、連載が通常のものではないことも確かであった。覚悟を決めた上でのラスト原稿。そうであるならそのことをはっきりうたってもいい……。本田にタイトル案を示したところ、「うん、いいんじゃないか」という返事があってほっとしたことを覚えている。

最終回は二〇〇五年一月号。連載期間は四年十ヵ月に及ぶが、この間、手術や体力低下によって幾度も休載が挟まった。タイトル通り、この連載を書き終えて――正確にいえば一回分を残して――二〇〇四年（平成十六年）十二月四日、本田は七十一歳の生涯を閉じた。翌年二月、講談社より渡瀬の責任編集で単行本が刊行されたが、全十一部プラス絶筆、五百八十二ページの大部の著となっている。

私の肩書はノンフィクション作家ということになっている。いくつかのノンフィクション作品を手掛けているうちにそうなってしまったのだが、実をいうと本人はこの呼称をあまり気に入っていない――本書の書き出しである。

続いて、ジャーナリスト、評論家と呼ばれた時期もあるが、どうもぴったりこない。要は肩書などどうでもよくて、「新聞社を辞めて長い年月が経たいまも、変わりなく社会部記者をやっているつもりである」と記しているが、確かにそうだった。場は変われども、本田に貫いてあるのは社会部記者の問題意識であり生き方だった。

本田がノンフィクション界に参入したのは一九七一（昭和四十六）年であるが、記者時代と同様、密かに抱く志を――本田の言い方を借りれば「小骨」を――持ち続けてノンフィクション界を歩んでいく。当時の業界模様に触れつつ筆はやがて自身の生い立ちへ立ち戻り、朝鮮半島へ、父母のことへ、引き揚げ体験へ、最初の内地・長崎県島原へと及んでいく。さらに中学二年で都内に転居し、高校時代へ、新聞記者を志した大学時代へ……と進んでいく（第一部〜第四部）。

一九五五（昭和三十）年、本田は読売社会部記者となるが、それは「社会部が社会部であった」「最後の絶頂期」であった。個性豊かな上司に出会い、鍛えられ、あるいは歯向かいながら「生意気な」若手記者は成長していく。六〇年安保、三河島駅構内の列車脱線多重衝突事故、東京オリンピック、「黄色い血」追放キャンペーン……と、縦横に筆を振るう（第五部〜第八部）。

本田は社会部のエース記者となるが、やがて「正力コーナー」に象徴される社会部の退潮がはじまり、抵抗を試みるが頓挫する。欧州移動特派員を経てニューヨーク支局に赴任するが、もう心は折れていた。やがて「さらば読売」の日を迎える。終盤近くでは、自身の私生活上の出来事について、未完に終わった連載「岐路《きろ》」での記述を補う形で言及している（第九部〜第十一部・絶筆）。

このような事柄は、『私のなかの朝鮮人』『ニューヨークの日本人』『体験的新聞紙学』『不当逮捕』『疵《きず》』『警察《サツ》回り』「岐路」などでも散見できる。内容的に重複している箇所もあるが、時系列に沿って編み直し、人物群像を登場させつつ新たな物語として書き進めている。集大成の自伝的ノンフィクションである。折々に、時評や心境の吐露は見られるけれども病状報告はごくごく短く、闘病を語らずという流儀は最後まで貫かれた。

人はだれも原点的なものを持つが、本田にとって少年期の引き揚げ体験がそのひとつであったことを改めて知る。

本田一家の乗る引き揚げ船・興安丸が山口・仙崎沖に錨を下ろしたのは敗戦からひと月後のこと。一家が頼ったのは、母方の遠縁、島原半島・有明海に面した寒村の家だった。住居は茅葺《かやぶ》きの納屋で、毎食の主食はイモだった。

雑誌のコラムで本田は「食べ物に関して、好き嫌いはない。唯一の例外がサツマイモで、これは、いまかりにヤキイモ好きの女性を想定して、彼女が十回生まれ変わって来たとしても食べ切れないであろうと思われるほどの量を戦後の一時期にこなしたので、どのようなかたちであれ死ぬまで口にしない、と家人に申しわたしてある」とも書いている。

地元の中学に汽車通学するが、ダイヤが乱れることもしばしばで、片道四、五時間を要する日もあった。制服も鞄も靴も教科書もない。制服は予科練の払い下げ、鞄は手縫いの布、足もとは高歯の下駄。教科書は級友に借りて写した。「暴力を伴うイジメの洗礼も受けた」とある。少年期の自身を「一歩外に出ると、満足に口が利けないほど内気な少年であった」とも記している。

やがて、京城で日本高周波重工業の残務整理を終えた父が帰国し、一家は東京に転居する。島原での暮らしは一年四ヵ月間であったが、試練多き日々だった。

私は恨みがあってこのことを書いているのではない。実をいうと、こうした体験ができてたいへんよかった、と思っている。京城時代の私は、末端であったにしても、支配者の側にいた。そこからは見えないもの、感じられないもの、理解できないものがある。もし、あの環境で育ち上っていたら、私はかなり偏頗《へんぱ》な人間になっていたに違いない。だが、引揚者の身となって、多くを学ぶことができた。たとえば、他人の痛みがわかる、といったようなことである。

世間的にいうと、私は苦労したくちに入るのかも知れない。しかし、私自身は、苦労といわれる一つ一つが、実りのある学習だったと思っている。労せずして学習の機会を与えられたのだから、これこそ幸運というべきであって、それがなかったとしたら、今日の私はなかったと心底から思う。

続いて、「難民」という体験を経たおかげで、狭量、排他的、ムラ意識、島国根性……というものからいささかでも免れ得たこと、さらには少数派や社会的弱者の位置からものを見ることが自然と身についたとし、それらは島原での体験がもたらしてくれた大いなる財産であるとしている。

2

本田は早大政経学部新聞学科に入り、新聞記者を志す。

戦後しばらく、新聞界の両雄は朝日・毎日で、読売は全国紙を呼号しつつ「関東圏のブロック紙」の域を出なかったが、本田は読売を第一希望とする。社会面で、新宿にはびこる暴力団と警察の癒着をあばく果敢な「粛正キャンペーン」を展開していたからである。「読売の社会部に入って、おれもキャンペーンを張ってみたい」と思ったのである。

まだ入社内定の時期であったのだが、本田が紙面にはじめて書いた原稿は社説だったというびっくり話も披露している。宿酔《ふつかよ》いの抜けない論説委員から依頼されて書いた「十大ニュースと世相」の下書き原稿であったが、ほぼそのままに載った。当時の読売が「いかに自由で伸び伸びとしており、とらわれがなかったか」を物語るエピソードとして、あえて紹介してみたとある。

一方で「ムリ偏にゲンコツ」がまかり通る時代でもあった。若手の警察《サツ》回りだった時期のこと。T江東支局長に理不尽なことでいちゃもんをつけられる。「バカヤロー。（支局に）上がってこい、というのに、なんで上がってこないんだ」と怒鳴られてぶち切れ、「よおし、いますぐ行くから帰らないで待ってろ」と乗り込んでいった〝武勇伝〟なども記している。

これがもとで甲府支局に飛ばされたとあるが、T支局長は嫌われもので、先輩記者たちは本田の肩をもって小宴まで張ってくれた。

あの人たちは、弱い私の肩を持ってくれた。生意気でいいんだ、生意気でいいんだ、と背中を叩いてくれた。そう思うから、私もそのような人になりたい、と心に決めた。以来、乏しい勇気をかき立て、卑怯未練なおのれを叱咤しながら「正義漢」として振る舞ってきた。「良き社会部」は幻と消えたけれども、私は生涯を終えるまで「良き社会部記者」で通したい。

いいではないか。単純な思い込みに生きた人間が、片隅に一人くらいいても。

社会部にいた個性ある面々の人物点描が興味深い。「社会部の三汚《きたな》」と呼ばれていたタローさん、シンジさん、タケさん。名コラムニストとうたわれた村尾清一や細川忠雄から随分と可愛がられた思い出も記している。

「三汚の真打ち」、タローさんは社会部の最古参格で都内版を担当していた。日陰のポストである。

目を引くのは身なりだ。古ぼけた派手な紺のジャケットは進駐軍の放出品を裏返して仕立て直したものとわかる。左側の胸ポケットが右側に移動しているからだ。ズボンはよれよれで、ベルト代わりに女性用の腰ひもで結わえている。足もとの革靴はボロ布のごとくにささくれ立っている。

出自はといえば、タローさんは箱根の名門旅館の御曹司で、慶大の出身。坊ちゃん育ちのタローさんがなぜ汚くしていたかはわからないとある。

ホームレスまがいの身なりだったからであろう、とある深夜、社の裏手で築地署員に職務質問された。身分証明書を出すと、「お前、どこでこれを盗んできたのか」と詰問される。正面玄関受付まで警官と同行し、身元を確認してもらってやっと放免された。さすがのタローさんも憤然とし、社会部の面々に愚痴《ぐち》ったのであるが、一同、警官は悪くないとした。怪しい風体の男を職質しない方がどうかしているとなって、格好の笑い話が残ったとある。

そのタローさんが、通信部から支局に昇格する武蔵野支局の初代支局長に就任することになった。

その人事は、部長から部会の席で発表され、タローさんは促されて挨拶に立つ。いつもの癖で、アゴをさすりながらもぞもぞと立ち上がったタローさんは、こう切り出した。

「えー、永いこと前頭筆頭をつとめてきましたが、このたび――」

社員名簿のなかで、タローさんの氏名は、久しく社会部のヒラ記者の最上位にあった。そのことを大相撲になぞらえて、マクラに振ったのである。

これが大受けして、室内の爆笑はしばし収まらなかった。その笑いには温かみがあった。みな、タローさんが好きだったのである。

自由でわだかまりのない社会部で、伸び伸びと若い日を過ごすことができて、私はしあわせだった。いや、命が尽きようとしているいまも、しあわせである。

タローさんのような奇人が、当たり前のように受け容れられる世界だから、私も置いてもらえた。その環境のなかで学びとった、記者としての精神とでもいったものが支えになって、今日までどうにか背骨を曲げずに生きることができた。その思いがあるから、私はしあわせなのである。

入社六年目の一九六〇（昭和三十五）年、本田は社会部遊軍となる。抜擢《ばってき》であったが、社会部長、長谷川実雄の「引き」によるもので、これ以前、小さな記事が目に止まったこともあるようだった。

長谷川は後年、「江川問題」が起きたさいの読売巨人軍代表をつとめ、すっかり悪役にされてしまうが、戦後間もなく吹き荒れた読売争議にさいしては「最後まで正力派と闘ったスト派の一人」であり、「苦労人で、心優しい人情家であった」とある。

本田が警視庁第一方面担当のころ。明日から小学校が夏休みに入る。デスクからどこかへ行って写真を撮ってこいと命じられ、港区立桜田小学校に出向いた。夕刊用の、息抜き的な囲み記事である。

同行のカメラマンは、校門で待ち構え、一斉に駆け出して来る児童たちをアップで撮った。いい写真だった。本田は一気に原稿を書いた。

〈○…「カゼをひかないよう。交通事故にあわないよう」との校長先生のお話もウワの空です。だってあすから夏休みですから。
○…青い広い海を思っている一人の子のそばで、もう一人が涼しい山の家を胸に描きました。だから、通信簿をいただいてフロ敷につつんだ子らは、「サヨナラ」の声とともに、足もはずんで校門へ一斉に走りました。
○…ところでお天気ですが、梅雨前線が弱まっているので、梅雨はなし崩しに明け、二、三日後には本格的な夏が来るそうです。どうぞ元気で。〉
定番の客観報道からすれば外れた書き方である。別段、奇をてらうつもりはなかったが、写真を見ているうちに自然と手が動いた。提稿を受け取った当番デスクの長谷川は、原稿を前に両腕を組んで長考した。

かなり長い時間だったように記憶するが、実際には一分間かせいぜい二分間であったろう。長谷川さんは考えるのをやめて、背後に立つ私を振り向いた。

「なんだお前、小学生の綴り方みたいな原稿を書きやがって」

やはり、まずかったか。そう思うから黙っていると、長谷川さんは続けた。

「いろいろいうやつはいると思うが、これはこのままのせるとしよう」

私はうれしかった。長い時間のなかで出来上がっている、記事の定型とでもいうべきものに背を向けて、新しいスタイルを試みた若輩者の挑戦を、たしなめるでもなく正面から受けとめてくれた長谷川さんの柔軟性が、職場の豊かな可能性につながるもののように思えたのである。

3

大事件や大イベントがあると、各社とも社会部のエース記者が「雑感」を担当する。一九六四（昭和三十九）年、本田は東京オリンピックの開・閉会式の雑感を書いている。この前後、「黄色い血」追放キャンペーンに備えた取材に奔走していたが、五輪報道にも駆り出されていた。

以下は、閉会式の模様を伝える記事であるが、国立競技場の記者席で、目の前の光景を目で追いつつ電話で口述する「勧進帳《かんじんちょう》」によるものである。

〈選手入場――それはもう、式次第でいう「選手入場」などというものではない。その先頭は、歓声をあげ勢いよくかけこんできた若ものたちの一団だった。白い顔も、黒い顔も、黄色い顔も……若ものたちはしっかりスクラムを組んで一つになり、喜びのエールを観客とかわしながら、ロイヤル・ボックスの前を〝エイ、エイ〟とばかりに押し通った。

その前を行く日本チームの福井誠旗手は、あっという間に一団にのみこまれ、次の瞬間、かれのからだは若ものたちの肩の上にあった。かれがささげる日の丸は、そのミコシの上で、右へ、左へ、大きく揺れた。

その光景は、素朴な日本の農村の秋祭りを思わせた。

若ものたちは声を合わせ、一つの掛け声に和している。おそらく一人一人は、それぞれのお国ことばで叫んでいるのだろうが、それらが一つになるとき、まるで〝ワッショイ、ワッショイ〟と聞こえてくるのだ。そういえば、オリンピックも若人のお祭りだった。……〉

このくだりを読んでいると、遠い日の記憶が甦ってくる。東京オリンピック時、私は高校生。熱心にテレビ観戦をしていたが、いまもくっきりと記憶に残る画像は閉会式の様である。「世界の平和」がオリンピックのうたい文句であったが、そういう〈共同幻想〉が本当に具現しているかのような思いに駆られたものである。

この記事については、本田は『警察《サツ》回り』でも触れていた。社に帰り、遅版用に、スタンドから送った口述原稿に手を入れ、文章を整えて入稿したのであるが、刷り上がった紙面を読んだ先輩の「前の方がいいと思うよ」という助言に従い、元に戻したとのことである。

この年、本田は入社十年目の働き盛り。ただ前を向いて記者活動に打ち込んでいた時代であったろう。

本書で、本田は幾度も、当時の読売社会部の気風を「いい加減」「大雑把」「でたら目さ」といった言葉をまじえて評しているが、もちろん「ほめ言葉」としてである。当時、社会部は約八十人の大世帯であったが、別段、派閥といったものはなかった。もともと新聞記者は、干渉されたり管理されたりすることを嫌う。派閥の親分・子分関係なんてとんでもないという人種である。要は、仕事さえできればいいというのが記者たちの価値観であって、「サケの上での蛮行」とか「男女関係のもつれからくるごたごた」などは「些事《さじ》」とされて不問に付されるのである。

些事問わずの放牧の地で、若き無頼派記者は奔放に駆け巡っていた。そんな「黄金時代」は過ぎ去りつつあったのであるが――。

『現代』での連載は長期にまたがり、担当者は吉田仁(現法務部長、第一部～第二部)、藤田康雄(現『FRIDAY』編集長、第三部～第九部)、乾智之(現広報室長、第十部～第十一部・絶筆)の三代にまたがっている。

三人に会った際、私は共通の質問を一つした。本田さんに何か叱られたことはありませんか、と。彼らの先輩たちから〝叱られ話〟を耳にしていたからであったが、いずれも「ありませんでしたね」という。

三人が本田を担当したのは三十代、本田は六十代後半から七十代である。本田がノンフィクションを書きはじめたころ、担当編集者は同世代人だった。やがて〝弟たち〟となり、さらに〝息子たち〟の世代へ――。三人がいずれも、本田の叱責を受けることのない、良き編集者であったからでもあろうが、そこに歳月の移り変わりを見ることもできよう。

藤田の講談社入社は一九九二年。『週刊現代』を経て『現代』に移り、本田の担当者となった。『週刊現代』在籍時、オウム事件があって奔走したが、本田に一度、登場してもらったことがある。南青山の教団本部で〝外報部長〟上祐史浩へのインタビューを行い、事件の行く末を見詰めたレポートである。体調の悪いなか、無理をいって引き受けてもらった仕事だった（一九九五年五月二十七日号）。

連載担当となり、原稿とゲラの受け渡し、資料類の届けと、月に幾度か代々木病院もしくは埼玉のみさと協立病院に足を運んだ。

みさと協立の場合は半日仕事となるが、本田のもとに出向くのは少しも億劫《おっくう》ではなかった。書き手への「リスペクトの念」があった。いつも本田に会うさいは緊張したものであるが、病状はきつくても、一つか二つ、笑わせてくれるのが本田という人で、「かっこいい人」であった。さらに早智夫人からの茶々が適宜《てきぎ》割り込んできて、漫談をしている感もあった。

そんな合間に、本田がふっと真顔になっていうことに注意していた。いま聴いておかないと後々もう聴けない……と思っていたからである。

「藤田君なぁ、作家と編集者ってどんな関係だと思う」

「……？」

「二人して一緒に人の家にドロボウに入るようなものじゃないのかな。そう思ってきたよ」

互いに共通の意図を秘めて行動し、一蓮托生《いちれんたくしょう》となって結果責任を負うもの──そういっているように藤田には聞こえた。

原稿をファックスで受け取ることもあった。字がかすれて読み辛いときはパソコンで打ち直した。本田の原稿はリズム感があって読んでいて心地よいのであるが、書き写していると、ああ、ここで句読点を打つのか、だから文章が生き生きとする……。学ぶことが多かった。

受け取った原稿に目を通していると、本田が〝残り時間〟を量りつつ物語を進めていることがわかる。話が横道に入っていく回があって、まだ少々残り時間があると踏んでおられるのだろうと思う。書けるうちにはやく完結まで辿り着いてほしい、いや物語を終わらせずにずっと生き続けてほしい……相反する思いが交錯するのだった。

4

本書の後半部で、本田は読売退社に至る事情を記している。社主・正力松太郎およびその権勢にひれ伏す社内体質が大きな要因だった。

正力は警察官僚の出である。警視庁警務部長にあった一九二三（大正十二）年、摂政宮（後の昭和天皇）が狙撃された虎ノ門事件に遭遇して懲戒免官となり、新聞界に転身する。弱小新聞だった読売新聞の経営権を買収、社長となる。戦後は公職追放を経て社に復帰、部数拡大に手腕を発揮し、テレビ、プロ野球、ゴルフ場、レジャーランド、超高層タワー計画……などの事業に乗り出す。代議士となり科学技術庁長官、国家公安委員長なども歴任した。

読売には社会面があればそれでいい、あとは付録のようなものだ――。かつて正力はそう公言した。下町の庶民層を主力購読者とする読売に高尚《こうしょう》な紙面は不要とする意で、経営感覚には長《た》けた人物だった。そういう指向が社会部隆盛時代をつくったことは確かであったが、正力が新聞以外の事業に熱心になるにつれて、弊害が増してくる。

本田の遊軍時代、社長室に韓国の新聞界の長老たちが訪れた日があって、デスクに命じられて同席した。そのさい正力の「私がいちばん大切だと思っているのは、新聞発行で得た利益を、いろいろな事業を通じて読者に還元すること、これだね」という発言を耳にして啞然《あぜん》とする。

言論機関の役割とかあるべきジャーナリズムなどというものはまるで聞かれない。かつて掲げた社会面重視も、そのことが部数増に結びつくからなのであって、この人のアタマにあるのは宣伝媒体としての新聞なのだ――。「この分では早晩、読売を去ることになるだろう――私が、はっきりしたかたちで退社を考え始めたのは、このときからである」と記している。

社主の動向を伝える「正力コーナー」が三日にあげず紙面に載るようになるが、紙面の私物化であり、読者にとっては読みたい記事でもなんでもない。

読者からの「あのカボチャ面《づら》」を載せるのはいい加減にしてほしい、もう購読をやめるという苦情電話を取ったさい、おっしゃる通りだと本田は答え、便りにして直接社主に伝えてほしいと自宅の住所を教えた。社会部に住所メモを紙バサミでつるしておいたのだが、もとよりというべきか、同調者は出ない。

コーナーを担当する遊軍記者もたまらない。

正力と大学総長の懇談を本田が原稿化したさい、横にいたNTV（日本テレビ）専務の読売OBは、言い回しの文言に嘴《くちばし》を挟んできて正力のご機嫌取りに汲々とする。アメリカのプロゴルファーが表敬訪問したさいも本田が担当させられたが、記事化する要素はなにもない。思わず「こんなもの記事にするんですか」と問うと、「しなくていい。こんなもの」というのが正力の返事だった。正力コーナーの存在は「チンケなゴマスリ野郎」のなせることでもあった。

「逗子《ずし》三段」という言葉があったとか。正力の住む神奈川・逗子周辺に配られる版では三段記事にしておいて、他の地域ではベタ一段に落としてしまうことで、記者たちのささやかな「騙《だま》し作戦」であり、抵抗だった。

本田は部内で幾度か執筆拒否を呼びかけ、自身は書かないと宣言するが、周囲は「大元帥」の前では沈黙するばかりだった。やがて本田は「浮いた存在」となり、「プロテスト」（抗議）として無断欠勤をするようになっていく。

すでに社会部王国の時代は過ぎ去りつつあった。

売春汚職での政治家の召喚にかかわる誤報（「立松事件」一九五七年）、スクープを狙って起きた犯人隠避《いんぴ》（「三田事件」一九五八年）などで打撃を受け、おおらかで潑溂《はつらつ》とした部風は失われていった。事なかれ主義、マイホーム主義、マイカー族、ゴルフ熱……経済成長社会のなかで記者気質も変容していく。総じて「ポチ化」が進行するなか、本田のいう〝ヤクザ〟たる記者は少数派になろうとしていた。

5

社会部記者であった証《あかし》がほしい――本田は「黄色い血」追放キャンペーンに奔走する。後年の言葉でいえば「調査報道」である。記者時代、もっとも情熱を傾けたこの仕事については『警察回《サツ》り』等でも記している。

一九六二（昭和三十七）年、本田記者は山谷のドヤ街に住み込み、売（買）血の実態を調べ上げ、「黄色い血の恐怖」と題するルポを連載する。二年後の東京オリンピックを挟んで、第二弾、第三弾のキャンペーンを張る。血清肝炎（C型肝炎）が蔓延《まんえん》する一因に売血があることが知られはじめて世の関心は高まり、献血率は上昇していく。さらにひと押し。第二章で触れているが、移動採血車の予算計上が焦点になると、本田は大蔵省に乗り込み、予算を認めなければ大蔵批判のキャンペーンを張ると脅し上げる。この仕事に区切りがついたところで社を去ろう――。

本書の第八部「渾身《こんしん》の『黄色い血』キャンペーン」では、輸血と血液制度の歩み、医学者、日赤、製薬会社、厚生官僚、献血運動を担った大学生たち……などを登場させながらより詳細に、キャンペーンの内実を書き込んでいる。後日談についても言及している。

人物では二人の対照的な医学者に焦点を当てている。一人は「献血の鬼」と呼ばれた日赤中央血液銀行所長の村上省三《せいぞう》。本田がはじめて訪れたとき、「巨漢というにふさわしい体軀を持つ寡黙で無愛想な彼は、孤立無援の苦しい状況の中で、売血業者を相手に悪戦苦闘を続けていた」とある。

東大の血清学教室で学び、戦時期は軍医として各地を転戦、南方の島ではマラリア研究にたずさわった。戦後は日赤にあって献血の推進役を担っていく。

この当時、保存血液のなかで献血が占める割合は〇・五パーセント。保存血のほとんどが売血でまかなわれる日本の状況については国際学会でも批判の的となっていた。村上は日赤の買血部門を閉め、献血一本へと踏み出す。「日赤を十重二十重《とえはたえ》に取り囲む買（売）血連合軍への宣戦布告」であった。

もう一人は村上の「宿敵」、日本ブラッドバンク（後のミドリ十字）専務の内藤良一。京大で細菌学を学び、陸軍軍医学校を経て、旧満洲の地で細菌戦や人体実験に手を染めた七三一部隊の中核メンバー（軍医中佐）となる。部隊長石井四郎（軍医中将）は京大微生物学教室の先輩であり、その懐刀ともいわれた。

血液業界の最大手、日本ブラッドバンクは、戦後、七三一部隊の残党が設立した会社である。

ひと筋縄ではいかない内藤氏が率いる買血軍団を向こうに回して、軍勢を持たない村上省三医博は、単騎、「挙兵」した。彼が頼みとしたのは社会正義だけであった。

とても合戦にはならない。ひともみで消されてしまうだろう。そう思われていたときに、強力な援軍が現れた。それが、この私である。私そのものは取るに足らぬ青二才だが、私の背後には数百万という読者がついている。新聞の力がいかに強いか、目に物を見せてやろう。私は勢い込んでいた。

血液業界と病院間はリベートや供応でつながっていて、せっかくの献血を拒否する病院がある。怒りに駆られた本田は、厚生省を動かし、国公立病院長宛に献血を使用すべしとの局長通達を出してもらう。それを報ずる記事の末尾に、「献血の受け取りを拒否した病院は、読売新聞がその実態を調査して、定期的に違反リストを紙面に公表する」と記した。

客観報道主義からすればはっきり逸脱していた。「私の書く原稿は主観の塊りのようなものであった」のだから。あるいは「顧みて、私は新聞記者の範《のり》を超えていたのかも知れない」とも書く。けれども、〝青い正義感〟に突き動かされた記者の仕事が、厚い壁を突破し、事態を動かしたのである。

キャンペーンと献血運動が連動し、献血率は上昇していく。腰の重い病院や厚生省も姿勢を変えていく。日本ブラッドバンクはミドリ十字と社名を変更し、買血からの撤退を表明した。キャンペーン開始からいえば七年後の一九六九（昭和四十四）年、「保存血液の買（売）血は完全に消滅」した。

その報を、本田はニューヨーク支局で知る。すでに半ば退社を決めていて、心ならずもの海外赴任だった。

仕方なく私は赴任したのだが、鬱々と心楽しまなかった。そこへ、この朗報である。私は独り、ロックフェラー・プラザのあのクリスマスツリーを見下ろす、支局の窓辺に立って、手製の水割りを飲んだ。ささやかな祝杯のつもりであった。

なお、ニューヨーク支局員時代について本田は幾度も「自他ともに認める落第特派員」と書いているが、「たった一本のヒット」として「ウッドストック」のいち早い打電をあげている（『戦後の巨星』）。この年の夏、ニューヨーク郊外で行われたロックフェスティバルで、ベトナム反戦など時代の新潮流を伝える象徴ともなったが、本田の感性に触れるものがあって書いた記事だったのだろう。

「黄色い血」をめぐる闘いには勝った。ただ、その後「大ドンデン返し」が控えていた。

血液にかかわる需要は変わりつつあった。献血量は増えたが、保存には期限があって、死蔵されたまま廃血されるものが増えていく。赤血球、血小板などの成分製剤、とりわけ血友病患者に必要な「血漿《けっしょう》分画製剤」の需要が増していた。

こういう時代の趨勢《すうせい》を先読みしたミドリ十字は、日赤の廃血を原材料に血漿分画製剤の製造を手がけ、さらにアメリカの製薬会社から血漿を輸入し、新ビジネスを展開していく。それが後年、血友病患者のエイズウイルス感染を生んだ。

「黄色い血」追放キャンペーンは、文字通り、世のため人のために役立った仕事であったが、本書で本田は「悔い」もあると記している。ミドリ十字の息の根を止められなかったこと、それが罪なき多数のエイズウイルス感染者を生んだことにつながっていることに対して、である。

したがって、あのキャンペーンを手柄とすることができない。私は肝ガンを抱えている。これは取材で何回も血を売りに行ったのが原因であろう。

できることなら、図々しくこのガンを「銅メダル」くらいにはいいたい。だが、「記念メダル」というにとどめているのは、責任を自覚している表れとお受け取りいただきたい。

6

本書では、「異能」の「名デスク」、辻本芳雄が幾度も登場する。第四章のくだりでも触れているが、読売社会部全盛期の個性を体現していた一人であった。

辻本は一九一九（大正八）年、大阪生まれ。母子家庭で育ち、中学しか出ていない。学業もそこそこに働きに出た先が読売新聞大阪支社。「こどもさん」である。よく働く少年に目をつけた支社長が、大阪に置いておくのはもったいないと、東京社会部に移籍させる。戦時中はマニラ支局にあって南方での報道にもたずさわった。

戦後、二十八歳で最年少デスクとなった辻本は、「ついに太陽をとらえた——原子力は人を幸福にするか」など、刮目《かつもく》に価する連載を連発する。綽名《あだな》は「あほらしさん」。「異能の人であるが故に、凡人とは異なった思考回路を持っていて、私たちが面白いと思う企画も、彼にかかると『あほらし』の一語で退けられる。それで通り名が『あほらしさん』になった」とある。

本田の警察《サツ》回り時代、日曜連載「食卓に贈る話題」も辻本の企画であったが、ここで本田は「〈(引き揚げ船の)興安丸を恐れる妻/ウソを重ねた11年/病身、夜の街に立つ〉」という見出しの原稿を書く。敗戦とシベリア抑留を潜り抜けた男女の秘話的なルポであったが、読み返すと「まことに稚拙」「辻本デスクがよく載せてくれたものだ」とも記している。

遊軍時代、三河島駅構内で起きた列車脱線多重衝突事故の現場にいち早く入った本田が社に一報を入れたさい、電話を取ったのが「御大《おんたい》」、辻本デスクであった。

「どや、現場は凄いか?」

開口一番そう訊いてきたので、いってやった。

「ネコの死体が百匹転がっていても、凄いでしょう。私が見た感じでは、おそらく百人以上死んでるでしょう。そして、その数倍の負傷者が呻《うめ》いているんですよ。凄い、なんてもんじゃありませんね」

「———」

大阪人の例に漏れず、多弁な辻本さんが沈黙してしまった。

現場は「雑感」に集中し、「本記」は国鉄本社に記者をやって書かせたほうがいい

――本田の判断を「御大」は了とした。報道は「読売の圧勝であった」とある。本田が「書ける記者」と認知されるきっかけにもなった。

あるとき、東大の安田講堂で、世界学長会議なるものが開かれた。辻本から取材を命じられた本田が、英語力が乏しいので……と尻込みすると、辻本はこういったとある。

「君、大学出てるんやろ。ほな、英語できるやないかい」

御大の指示とあれば従うしかない。ハーバード大学の学長には帰国途上の車中インタビューを行い、外報部員の手助けも得て夕刊で十回連載となった。

本田が読売を辞めるといっている――社内で噂が広まっていく。退社の二年前、本田は欧州移動特派員を経てニューヨーク支局勤務となるが、社会部員の赴任は異例のことだった。「これは私の推測なのだが、私の師匠に当たる前社会部長の辻本芳雄さんあたりが、かつてのお仲間たちと諮《はか》って、私の退社予防策にニューヨーク支局への派遣を思い立ったのではないか」と書いている。

帰国後一年弱して退社届を出すのであるが、入れ替わり立ち代わり、慰留者が現れる。「最後に説得に乗り出したのが、わが師、辻本さん」であった。

白昼、銀座のビヤホール、ニュートーキョーのバーに連れて行ってくれた辻本さんは、こう切り出した。

「ほかの人間が、会社辞める、ちゅうなら、わかるでぇ。なんで、お前が会社辞めるんや。わけわからんぞ。しっかりいうてみぃ」

私が理由を説明していると、辻本さんの表情はみるみる変わっていった。怒気をはらんでいったのである。

「おまえにはチャンスを与えてきた。カネもようけ掛けた。どうしても辞めるというなら、それを返してからにしたらどうや。それをせえへんやったら、おまえは、拐帯横領《かいたいおうりよう》犯人やで」

辻本さんは、本気で怒っていた。そういうと、いきなり伝票を鷲づかみにして、去って行ったのである。

辻本さんの最後のことばは、胸に突き刺さった。私はしばらくのあいだ、席を立てずにいた。

本気で怒った辻本、席を立てずにいた本田——。それ以上の言葉は添えていないが、辻本の本田への、また本田の辻本への思いが伝わる、ひりひりするような記述である。

こう続けている。

社外から救いの手を伸ばしてくれた人もいる。（朝日の）深代惇郎さんと、上野署記者クラブの彼の後任であった伊藤邦男さん（のちにテレビ朝日会長）である。二人して私を食事に誘い、「うち（朝日）にこないか」と熱心に勧めてくれた。それも一度や二度ではない。友情が身に染みたが、心は動かなかった。私を育ててくれた、「よき時代のよき読売社会部」に、深い恩義を感じていたからである。

私が朝日に移ったとしたら、社を辞める以上に先輩方は悲しむであろう。

私は生涯、「読売ＯＢ」の看板を背負い続ける。それが、私の誇りであり、古巣に対する愛着心の表明でもある。

7

『我、拗ね者として生涯を閉ず』第九部のタイトルは「病床で飽食日本を斬る」。往時の、また昨今の世相を取り上げつつ、筆は自在にあちらこちらへ飛んでいる。昔は良かったという類の感傷を本田は好まぬ人であったが、世の中、果たして良くなったのか……という痛切な思いを随所に記している。

本田が高校二年生というから昭和二十年代半ばである。家計の足しにと思って、新橋駅前で大学ノートの路上販売に立った日があったが、警官に退去を求められ、泣き出してしまった。騒ぎになりかけたとき、通りかかった若い女性が「あのー、一冊いただけますか」と申し出てくれた。思わぬ人の親切に触れて、よけい慟哭《どうこく》したとある。

それにつけても、敗戦の焦土の中にいて、人びとはいまとは比較にならないほど優しかった。それは、あまねく貧窮のどん底をくぐって、生きることの切実さが身に染みていたからではなかったか。だからこそ、他人の悲しみや苦しさにも、見て見ぬ振りはできなかった、ということであろう。

いまは、自分さえよければいい、という身勝手さに、この国は染め上げられている。

「興安丸を恐れる妻……」の記事を回想するくだりで、こんな一節も見られる。

私は前に、豊かさは諸悪の根源といった。貧しい時代を切実に生きた人びとは、真面目で、努力家で、忍耐強く、前向きだったように思う。いまは、それらがすべて失われている。

だから日本を昔の貧乏国に戻せ、とは、いくら私でも言いはしないが、いまの日本人は嫌いだ、とだけは力をこめていっておこう。

繰り返し、飽食時代の〈内なる貧困〉を撃っている。戦後、われわれが等しく奔走したモノとカネへの情熱は、見える形の見返りとしてはそれなりの成果を残した。けれども、衣食住足りて、あるいは暖衣飽食《だんいほうしょく》となりてなお、人の〈徳目〉や〈品性〉が豊かになったとは思えない。経済成長と消費社会の進行に沿うように、空疎なる事象は増え続ける。いったい何のために大汗をかいてきたのか……。本田の論考は、〈時代の進歩〉というものへの切実な問い返しを誘うのである。

いささか小言幸兵衛的ではあるのだが、随所に本田流の諧謔味《かいぎやく》が利かせてあって、かつての麻雀仲間がいずれも「神に愛され」若死してしまったというくだりでは、「くたばりそうでなかなかくたばらない。いい加減、店じまいしないと周囲に申しわけない、という気分でいるのだが、どうやらこの私は神に嫌われたようである」と書いたりしている。

本田の生涯を通して、拗ね者の「小骨」は折々に顔を出した。往時のこんな思い出も記している。

結婚披露宴に招かれた日のこと。新郎は早大、新婦は慶大の出身。司会者も早大出身者で、宴たけなわとなって、「都の西北」を斉唱するので早大出身者は前に出ろ、と促す。本田は自席を動かない。

雑誌のインタビュー（『プレジデント』一九八六年十一月号）では、「桜」「祭」「校歌」「社歌」……といった、帰属意識の共有を促すもの一般が苦手だと答えている。で、披露宴でのくだり――。

その私は、がぜん出席者の白い視線にさらされることになった。もっとも、非難の眼を向けてきたのは、私を早大出身と知っている連中で、あの拗ね者がまた突っ張りやがって、といいたげであった。

たしかに私には、大人気ないという欠点がある。要するに、ガキなのである。嫌だ、となったら、ボディ・ランゲージにしろ、そいつを表明しないことには、気が済まないのである。我ながら幼稚だと思う。でも、齢《よわい》七十の今日まで、改めよう、と思ったことはない。これからは、物分かりの悪いクソ爺いの道を極めたい、と願っている。

かように、拗ね者の突っ張りはいささかも減じることなく、『現代』での連載は続いていった。

〈読者から多数ご質問がありました。二月号の連載第七回で膝下からの右足切断に触れ、先月、今月号が休載となった本田靖春さんの病状についてです。術後は順調ですが、これまで背負ってきた病が消えるわけもなし。でも、ご自分の余命を覚悟の上、最後の一作への情熱は揺るぎません。まず健康を、という安易な言葉は本田さんの前では無力です。「死を賭けて」書き遺す個人史に小誌は伴走します。来月はお届けできるでしょう。（中）」

『現代』二〇〇一年四月号の最終ページ「編集室だより」である。

本田の連載がはじまって四ヵ月後、渡瀬昌彦が学芸図書第二出版部担当部長に転任し、後任の編集長に中村勝行（現第一事業局次長）が就いた。

中村もまた、本田との付き合いが長い編集者である。一九八一（昭和五十六）年入社。『週刊現代』、『現代』、学芸図書を経て『現代』に戻った。本田とのかかわりでは、往時の連載コラム「時代を視る眼」を、さらに「私の同時代ノート」を担当している。

本田さんが書ける限り連載を続ける、いくら休載があってもいい、最後まで伴走させてもらう、歴代の担当者みんなが思っていたことだと思います――中村の言である。

病魔は止むことなく本田を襲った。大量下血から大腸ガンの切除、壊疽《えそ》の進行による右足の切断、左足の切断、大腸ガンの再発……。四ヵ月、三ヵ月、二ヵ月、三ヵ月の休載を挟みつつ、本田は通算四十六回に及ぶ連載を書き続けた。

悲壮感というやつは嫌いなので、ごく軽く読み流していただきたいが、私はこの連載を書き続けるだけのために生きているようなものである。だから、書き終えるまでは生きていたい。正直なところ、寿命が尽きる時期と連載の終結時を両天秤にかけながら、日を送っているのである。

残された時間を勘案し、カウントダウンを知覚しつつ、本田は原稿を書いた。苛酷極まる、それでも書くことが本田を支えていた。

終章　漢《おとこ》たらん

1

病床にあった本田靖春が、壊疽《えそ》の進行によって右足を大腿部から切断したのは二〇〇〇年十二月である。手術は東京女子医大で行われたが、女子医はいわゆる治療病院であって、術後順調な患者は退院を促される。本田の場合、自宅療養は困難であり、療養病院へ転院することになる。

講談社の学芸図書出版部長にあった渡瀬昌彦は、夫人の早智とともに受け入れ病院を探すが、なかなか見つからない。「片足を切った患者など余命わずかなんだよ。とてもうちでは面倒みられないな」。心ない言葉を口にする某病院の某医者などもいた。困っていたとき、ジャーナリストの川井龍介より耳寄りな情報が寄せられた。それが本田の晩年、入院先となった千駄ケ谷の代々木病院（東京勤労者医療会）であり埼玉のみさと協立病院（同）である。川井は渡瀬と、また本田とも付き合いがあった。

川井は毎日新聞出身である。静岡支局で五年間勤務したが、抜いた抜かれたにはあまり関心をもてないタイプの記者だった。東京本社整理部への転属辞令が出たのを機に退社する。この時期、本田の著を読んで自宅に電話をしたところ、一度会いましょうという返事をもらい、面識を得ている。

毎日退社後、川井はフロリダ半島中部、大西洋に面した町の日刊紙、『デイトナビーチ・ニュース・ジャーナル』で一年間、研修生活を送っている。草の根的なジャーナリズムの現場を体験してみたかったこと、フロリダを選んだのは日本との縁が少ない地がいいだろうと思ったことによる。

出迎えてくれたのは、髭面《ひげづら》のマッチョな大男で校閲部員。ビーチのビアハウスで合流した記者は元海兵隊員で太い二の腕に入れ墨が入っている。国が違えば記者像も随分異なると思ったものだ。一九八六（昭和六十一）年、三十路に入る時期である。

デイトナビーチは観光地で、広大な砂浜が広がり、カーレースにも使われる。陽光と温暖に恵まれたフロリダはリタイアした人々の老後の地でもある。老人ホームを訪ねたり、パトカーに同乗して麻薬の取り引き現場に踏み込んだりもした。

帰国後しばらくして、川井は報告がてら杉並区井草の本田宅を訪れた。「ご参考までに」と、当地での〝滞在手記〟――ワープロで打った生原稿――を本田に手渡しておいた。その後に会った際、思いもしなかったことに、本田が原稿に、鉛筆で丁寧な添削をしてくれていた。いちいちうなずける指摘で、これは宝物だ――と思ったものである。

これはと思う若い世代の書き手に、本田が親切だったことは以前にも触れた。仕事の評価については厳しかったが、川井もお眼鏡にかなう一人であったのだろう。

本田との交流は淡いものではあったが、ずっと続いていく。会えばいつも歓迎してくれた。本田その人から伝播《でんぱ》してくるのは、「戦後の青空」を大切に思う良きリベラリストであり、人とのつながりを大事にする情誼《じょうぎ》の人であり、座談の名手というものである。

俺は組織とはあまりうまくいかないんだけれども自分自身とは気が合うんだよ――と口にしたときがある。自身に忠実にあること。本田の根っ子にあるポリシーを耳にしたようにも思ったものである。

川井はその後、日経BP社を経てフリーになった。福祉、島唄、日系移民、海外の邦字新聞……など幅広いテーマの執筆を重ねてきた。青森の県立深浦高校の球児たちを描いた『0対122　けっぱれ！　深浦高校野球部』（講談社・二〇〇一年）は、渡瀬の担当で刊行されている。

渡瀬の記憶では、川井が渡米する前後――『週刊現代』在籍時であったが――本田宅でたまたま川井と鉢合わせた。それが初対面であったが、同年代ということもあり、以降、付き合いが続いていく。

初対面からいえば十数年後になるが、日本海に面した深浦の高校へ、川井と同行した日もあった。療養病院を探していた時期と重なっていて、そんな旅路で耳にした情報であったかもしれないという。

ともあれ代々木・みさと協立の両病院は、川井が取材のなかで知り合った医師のルートから紹介された病院である。本田の入院先が代々木↓みさと協立↓代々木と変わったのは、療養病院とはいえ、一定期間を過ぎると転院を促されたからである。川井にとっては「ささやかな恩返し」のつもりであったのだが、もう一つ、川井は「恩返し」をしている。『本田靖春集』（旬報社）の刊行にかかわることである。

昨今の出版事情のもとでは大手出版社から全集的なものを刊行するのはなかなかむつかしい。本田さんの作品集を出したいのだが……という渡瀬の言を耳にして、川井には浮かぶ出版社と編集者があった。

旬報社の編集部長、木内洋育《ひろやす》（現社長）である。これ以前、川井は『阪神淡路大震災　消防隊員死闘の記』『福祉のしごと』『介護のしごと』などを旬報社から出しており、木内が「志ある出版人」であることを知っていた。

木内は本田作品の読者だった。川井の話を聞いて書店での本田本の状況を調べてみると、多くが品切れ状態になっていて、なんとももったいないなぁと思った。刊行を決め、本田の応諾を得るため、川井とともに代々木病院に出向いた。それが本田との初顔合わせだった。

『本田靖春集』は全五巻、収録されたのは以下の十作である。

▽第一巻『誘拐』（解説／鎌田慧）『村が消えた』（同／内橋克人）

▽第二巻『私戦』（同／野村進）『私のなかの朝鮮人』（同／三好徹）

▽第三巻『「戦後」　美空ひばりとその時代』（同／伊集院静）『疵《きず》　花形敬とその時代』（同／佐木隆三）

▽第四巻『K２に憑《つ》かれた男たち』（同／足立倫行）『栄光の叛逆者　小西政継の軌跡』（同／後藤正治）

▽第五巻『不当逮捕』（同／魚住昭）『警察《サツ》回り』（同／大谷昭宏）

収録する本、解説者、推薦人などの選定は、本田の意向をもとに渡瀬と川井の助力を得て進めた。宣伝チラシには五木寛之、澤地久枝、筑紫哲也が推薦の一文を寄せている。これは別の場所であるが、本田と交流のあった筑紫は、本田の人物像を「誇り高き〝無頼〟」「精神の貴族」と評しているが、その通りだと私は思う。

宣伝チラシに、本田は自身の半生を振り返った一文を寄せている。

私は中学一年のとき、外地で敗戦を迎えた。引き揚げてきた私を待ち受けていたのは、民主主義教育である。

ご多分にもれず軍国少年だった私だが、年齢的にはまだ軍国主義に染め上がっておらず、初めのうちこそ戸惑いはあったものの、さしたる抵抗感もなく民主主義に馴染んでいく。

人間として眼を見開きはじめた時期に、民主主義と出合えた意義は大きい。かつての日本がいかに間違った道を歩んだか。植民者二世として生まれ育った私には、過去の日常の中に、思い当たる節々をたくさん持っていた。

引き揚げたのちの暮らしは、世俗的にいうと苦労の連続であった。貧乏もしたし、日本社会の閉鎖性や排他性をいやというほど味わいもした。だが、それらを通じて弱者の視点を獲得した。

ある時期から私は、「由緒正しい貧乏人」を自称するようになった。それは、権力に阿《おも》ねらず財力にへつらわない、という決意表明であった。

いま私は不治の病を三つばかり抱えている。消えてしまった戦後民主主義のあとを追って、間もなく逝くであろう。この作品集から、遠くなった「戦後」という時代のにおいを、いささかでも嗅ぎ取っていただけたらさいわいである。

二〇〇一年十月　本田靖春

この年の夏、本田は左足も切断を余儀なくされ、両足を失っている。第一巻が出されたのは十二月で、以降ほぼ隔月ごとに刊行されていく。作品集が世に出ることは、本田にとってささやかな励みであり支えともなるものであったろう。

見本ができるとすぐ、木内は代々木あるいはみさと協立病院に届けに出向いた。辛い病状ではあっても本田は客人をにこやかに迎える人だった。かたくなで譲らぬものを持ちつつ、本田はユーモリストだった。その著から受けるものと人となりとの間に乖離感がなかった。しばし雑談し、車椅子の本田に見送られて病院を辞しながら木内はいつも思っていた。もっとお元気な時に出会っていて一度は酒を飲みたかったなぁ……と。

作品集の装丁は田村義也で、二段組みのA5変型判。五巻が並ぶとなかなか目立つ。私は図書館で、また知人の自宅や仕事場の本棚で、本作品集を見かけたことがある。

「……そうですか。ありがたいことです。編集者をやってきて、担当してよかった、やらせてもらって本当によかったと心から思える仕事でしたね」

2

或る冬、東京、府中競馬場であった。

本馬場から吹き込む木枯しに馬券売り場に散った外れ馬券が舞っていた。つい今しがた締切りのベルが鳴り響き、男たちは血走った目で馬券を握りしめ、スタンドに消えて行った。あとは清掃の老人と、フロアーの床を外れ馬券が風に攫《さら》われているだけだった。私はトイレに行った友人をフロアーの隅に立って待っていた。

一人の男がフロアーのむこうから歩いて来るのが見えた。大きな体軀の男だった。右手をポケットに突っ込み、やや前傾姿勢で、少し片方の足を引きずるような歩行で、フロアーのセンターをすすんでいた。遠目にも、男が勤め人、商いをしている人間ではないことがわかった。素人ではないことが、男の雰囲気に漂っていた。私は子供の時、遊郭や繁華街のある、三業地と呼ばれる場所で育っていたから、そこに屯《たむろ》する人間に対して、或る種の嗅覚を持っていた。

第三巻収録の『「戦後」美空ひばりとその時代』に、作家の伊集院静が寄せている解説文の一節である。同行の友人から、男が本田靖春であることを知らされる。

――あれが本田靖春か……。

私の中に、大きな体軀と鋭い眼光が残った。

その秋、私は本田の『疵』を読んだばかりだったので、アイロンを手にして殺された、伝説のヤクザ、花形敬のイメージが、立ち去った作家と重なった。

歳月が過ぎ、私は法埒《ママ》な暮しから抜け、アルコール依存症だった身体を建直し、作家の端に席を置くようになった。そんな或る日、私はまた府中競馬場で、本田靖春に再会した。よほど競馬場に縁があったのだろう。その時は漫画家の黒鉄ヒロシ氏と同行していたので、氏が本田を紹介してくれた。私が名前を名乗ると、彼は少し照れたように目を瞬《また》き、丁寧に頭を下げた。その含羞にふれた瞬間、作家以前の、この人物に好感を抱いた。いや、惚れてしまった。勿論、作品は愛読していたが、その愛着とは別の感情が湧いた。その感情を、どう説明したらいいのかわからないが、敢えて言葉にすれば、年長者の本田に、私は喪失感が漂っているのを見た気がした。その、或る種、独特の気配は、若者であった私が敬愛した数人の大人たちと共通するものだった。以来、私は本田の作品を読む時に、その折の印象がいつも頭の隅に揺れていた。

本田の人物像を鮮やかに切り取った、いかにも作家らしい文だと思う。伊集院と本田について語る場を得たく思い、機会をつくってもらった。作品集の中で選んでいいというなら『私のなかの朝鮮人』の解説を担当したかったともいう。それは伊集院の出自にかかわっている。

伊集院は山口・防府《ほうふ》で生まれ育っている。父は海運業などを営む事業家であったが、朝鮮半島の南部、慶尚南道の出身である。昭和のはじめ、「釜山から片道の船賃を手に」海峡を渡った少年は、徒手空拳、苦労を重ねて事業家となった。母も同地の出身で、少女期に来日している。彼女の父は瀬戸内沿岸に広がる塩田《えんでん》で働く男たちの「まとめ役」をしていた。縁あって結ばれた二人の長男が伊集院である。

思春期から青年期、伊集院にとって自身のアイデンティティーにかかわることは大きな問題であり続けたが、『私のなかの朝鮮人』に出会ったことが大きな転換になったという。

「まったく対等の、同じ人間という目線で朝鮮と朝鮮人を見詰めてきた日本人がいたんだということですね。書き手の慈愛と寛容ともいうべきものに心打たれた。日本社会でどう生きていけばいいのかと思い悩んでいたときに、こういう人もいる、日本人と日本社会を信じていいんだというずしんとくる安堵感を残してくれた。僕にとってコペルニクス的転回を促す本だったわけです」

伊集院の自伝的小説『海峡』三部作（『海峡』『春雷』『岬へ』）は、瀬戸内の町と大家族「高木の家」を舞台に、幼年期から少年期へ、さらに青年期へと成長していく若者の歳月を抒情豊かに描き出している。

伊集院が本田の作品群から受け取ってきたのは、中身もさることながら「どこからともなく滲み出る情感」であり、「背中に漂う含羞」であり、「風情ある大人のたたずまい」である。

伊集院の中で本田の人物像を形作ったのは、「二人の大人」からの評も加わっている。

一人は『麻雀放浪記』で知られる色川武大《たけひろ》（阿佐田哲也）。「ギャンブルの神様」ともいわれたが、往時、色川と本田は麻雀台を囲む日々があった。伊集院にとって色川は〝私淑《ししゅく》〟した作家であり、連れ立って全国の競輪場を旅打ちした兄貴分である。旅路の模様は『いねむり先生』に詳しい。

「色川さんによれば、概して新聞記者の麻雀は短期勝負の勝ち逃げ麻雀だけれども、本田さんは違っていて、しぶとくて深みある麻雀を打ったという。色川さんはいつも麻雀をしつつ人間というものを量っていた。あの色川さんがほめるんだから大した人なんだと思ってきたわけです」

『疵《きず》』（文春文庫）の解説で、色川は「動乱期への郷愁」と題する秀抜な一文を寄せている。

もう一人は黒田清である。『現代』の特集「こういう人に私はなりたい」（一九九六年八月号）のなかで、黒田が「無頼作家・伊集院静」の名をあげたことがきっかけで二人の交流が生まれた。『岬へ』では、黒田がモデルと思われる「新聞社の社会部長・白井巌《いわお》」も登場している。

ふと連想に誘われるものがある。

私は、黒田とのかかわりは淡いものだったが、「黒田軍団」の面々もまじえての酒席をともにしたことが複数回ある。そんな席で、黒田が旧制四高《しこう》（現金沢大）から京大に進んだ時期、小説家志望で創作に手を染めていたと口にし、『夫婦善哉《めおとぜんざい》』の織田作之助や『西部戦線異状なし』のエーリヒ・M・レマルクについて熱っぽく語ったことを思い出す。

私は黒田を生粋のジャーナリストと思い込んでいたので、文学青年であったことを意外に思ったのであるが、いや、そうであるから秀でたジャーナリストになり得たのだと思い直し、そういえば本田もまた……と思ったりしたのだった。

黒田が病床にあったころ、伊集院のもとに「ちょっと顔を見せてくれませんか」という伝言が届き、阪大病院に入院中の黒田を見舞った日がある。病室でこういわれた。

「もう酒飲めんようになってね、悪いけど、そこの冷蔵庫に缶ビールが一本あるから、ワシの代わりに、ぐーっと旨そうに飲んでみてくれんかな」

いわれた通り、伊集院は缶ビールを飲んだ。およそひと月後、黒田は亡くなるが、黒田の長女より「父はあれで気が済んだといっておりました。ありがとうございました」という謝辞を受け取った。

黒田と本田の交友については触れてきたが、伊集院の知る黒田は「人間通の大人」であった。本田への人物評が聞かれることもあったが、深い敬意を伴うほめ言葉しか耳にしていない。

伊集院は本田と語り合ったことはない。飲んだこともない。競馬場以外では、一度、どこかのバーで姿を見かけ、軽く会釈したのが接触したすべてである。あたかも二人の〈侠客〉が擦れ違いざまに目線を交わして互いを了解するがごときシーンが浮かぶ。本田もまた伊集院という作家から何事かを感受していたのだろう、解説文の依頼は本田の意向によるものだった。

――本田靖春とは何者であったのか、ということですが……。

「漢《おとこ》という言葉が浮かびますね。いまやめったに出会うことのなくなった、漢という言葉が似合う人であったと……」

ノンフィクション作家の魚住昭は、第五巻収録『不当逮捕』の解説をこのように書きはじめている。

おそらく『不当逮捕』は、戦後に書かれた数多《あまた》のノンフィクションの中で最上のものの一つだろう。少なくとも私はこれ以上に心を深く揺さぶられるノンフィクションを知らない。そんな名作を下手な解説で汚すより、この作品のキーワードであるガセネタについて語りたい。

3

魚住は共同通信社会部に在籍時、検察を担当している。検察内部の暗闘劇のなか、スクープ記者・立松和博は仕組まれたガセネタの罠《わな》にはまった。ネタ元の検事（河井信太郎）はいかなる人物だったのか。第十章で触れた元検事総長・伊藤栄樹の遺稿『秋霜烈日』を引用しつつ、事件に潜むもうひとつの謎を解きほぐしている。そして、本書に「新聞ジャーナリズムの再生」を託した本田の思いに言及している。

しかし主人公の悲劇的な最期にもかかわらず、この作品は不思議な明るさと伸びやかさに満ちている。おそらくそれは本田が、自由と希望と熱気をはらんだ「戦後」という時代の息吹きを見事に捉えているからだ。その息吹を浴びながら、強烈な個性の光を放って疾駆した先輩記者の姿を生々と描いたからだ。

確かに、『不当逮捕』には「不思議な明るさと伸びやかさ」がある。本書を不朽の名著としているのは、作品に流れる、そのような色調にもかかわりあるのだろう。社会部記者からノンフィクション界へ、それでもなお社会部記者の精神を持ち続ける——。魚住の解説を読みつつ、本田靖春を語り得る最良の一人であろうと思え、伊集院と同じように、懇談する時間を割いてもらった。

魚住は『不当逮捕』と「特殊な出会い方」をしている。東京地検特捜部担当となって間もない日、司法記者クラブの共同通信ブースの本棚に、『不当逮捕』（単行本）が置かれていた。検察を知る参考図書として手に取ったのであるが、引き込まれた。一九八七（昭和六十二）年春である。

「夜回りを終えて、遅くに自宅に帰って寝るまでの一、二時間、熟読しました。四日間で読了したと思いますが、本を読む幸せ感といいますか、かつてない感触に包まれていったのを覚えていますね」

——なぜ幸せ感が湧いたと……。

「検察の世界が細部にわたって正確に書かれている、社会部の記者が生き生きと描写されている。……ただ、それだけではなかった。当時の僕は、家庭は維持していたものの（前妻との）離婚問題を抱えていて、孤独であったし寂寥《せきりょう》感にまとわりつかれていた。空洞を抱えつつ取材に追われるなか、一冊の本にひたり切って癒されていく。おそらく『不当逮捕』が文学の力をもつノンフィクションだったからでしょうね」

この翌年、リクルート事件がはじけ、魚住は連日のように一面トップ記事を書いた。特ダネ司法記者の快感を味わいはしたが、「だんだんとむなしくなっていった」。そのときどきのビッグニュースもすぐに消えていく。『不当逮捕』の深みには遠く及ばない……。『誘拐』『警察《サツ》回り』を含め、本田の著は人生の転機を促すものともなっていく。

本田のように、戦後という混沌とした時代を生きた人間の物語を書いてみたい。その思いが、「地下経済の帝王」と呼ばれた稲川会二代目会長・石井進（隆匡《たかまさ》）の、「竹下登の金庫番」と呼ばれた青木伊平の、「昭和の参謀」と呼ばれた瀬島龍三の半生をたどる調査報道へとつながっていく。

共同を退社し、フリーになったのが一九九六（平成八）年。取り組んだのが読売のドン、渡邉恒雄の人物ノンフィクションである。その関連取材で、渡瀬に連れられて本田宅を訪れたのが本田との初対面だった。憧れの人、とても緊張した。そんな様子を察してであろう、本田はさっそくジョークを飛ばしてきた。

「最近ボケてきてね。今朝も、起きると側にどこかで見たような人がいる。失礼ですがどちらさんでしたかといったのでカミさんにひどく叱られたよ」

思い描いていた通りの人だった。読売でもノンフィクション界でも、当人が望みさえすればより順風な歩みができたろう。けれども本田はあえて困難な道を選び、貫いた。であるが故に、あのような作品を書くことができたのだ……。

フリーになって心からうれしかったことが二つある。いずれも本田がからんでいる。

『現代』に連載した『『日本の首領』渡邉恒雄読売新聞社長の『栄光』と『孤独』』が「編集者が選ぶ雑誌ジャーナリズム賞（作品賞・二〇〇〇年）」に選ばれた。その日、渡瀬はたまたま本田宅にいて、本田宅から魚住に一報した。電話を代わった本田は魚住にこういった。

「魚住君、君はもうこれからは好きな仕事をすればいい。自分の思う通りにやっていきなさい」

一本立ちした書き手として認めてもらえた――。賞ではなく、本田が認めてくれたことが無性にうれしかった。

もう一つは、本田の作品集の解説を依頼されたことである。まさか……俺でいいのだろうか……。魚住の回想を耳にしつつ、私も思い起こしていた。第四巻『栄光の叛逆者』の解説文の依頼があったとき、まったく同じ思いがかすめたことを。

――二〇〇〇年春にスタートした「我、拗《す》ね者として生涯を閉ず」の連載は、二〇〇二年・二〇〇三年は休載なく続いたが、二〇〇四年春、本田に大腸ガンが再発し、夏から秋にかけて三ヵ月の休載を余儀なくされる。体力はさらに低下していった。このころ、本田は余命の日数を数えはじめた気配があった。

九月、講談社ノンフィクション賞の選考会があり、魚住昭の『野中広務　差別と権力』(講談社・二〇〇四年)が選ばれた。選考会の翌日、その報告もかねて渡瀬は代々木病院の病室を訪れた。魚住の受賞を喜んだ本田は、こう口にした。

「そりゃよかった。これでもう安心して死ねるというもんだな」

亡くなる三ヵ月前であったが、いつものように、ごく明るい口調のものいいであった。

4

「我、拗ね者として生涯を閉ず」の最終回が『現代』に載ったのは二〇〇五年一月号である。内容的には前月号から続くもので、ここで本田は二つのことを書いている。どうしても書き残しておきたいということであったのだろう。

一つは、ノンフィクション界に参入した時期、格別のかかわりをもった文藝春秋の田中健五との親交と別れについてである。『諸君！』『文藝春秋』編集長にあった時期、田中は本田の力量を高く買い、幾度も雑誌に起用した。本田もまた田中という人物に好意を寄せていた。

正直に告白すると、私は田中健五という人物が好きだった。彼は教養人で、取材に同行してくれた際など、たとえばホームで列車を待つあいだに、様々な話を聞かせてくれた。いわゆる四方山《よもやま》話なのだが、そのひとつひとつが学識に裏打ちされていて、含蓄に富んでいるのである。

田中は「嵩高《かさだか》なところがなく、温厚な紳士であった」ともある。本田の原稿に異論があるさいも「これはご相談でございますが……」と、やんわり自身の考えを述べつつ、本田が同意しないとわかるとすぐに引き下がり、考えを強要することはなかった。出張校正に出向いたさいも、いつも帰りのタクシーを用意し、引き揚げる本田を見送った。業界に新たに参入してきたばかりの新人に対しても礼節を怠ることはなかった。

当時はノンフィクションの黎明《れいめい》期であったが、やがて隆盛期が来ると見抜いた田中は柳田邦男、立花隆、上前淳一郎、沢木耕太郎、児玉隆也などを登用し、原稿料を格段にアップして職業としてのノンフィクションライターが成立するよう環境整備にもつとめた。「彼の登場によって、ノンフィクションは花を開いたのである」。

手腕、見識、人格……いずれにも秀でた田中が、大いに期待する書き手の一人が本田だった。であるなら「田中さんに将来を委ねればよかったのである」。だが——。

本田には田中と相容れない一点があった。「田中さんは、かなり確固たる信念に基づく、保守主義者であった」。執拗な中国敵視や朝日新聞批判といった「右」寄りの誌面内容に違和感を抱く本田は、田中からの執筆依頼を断るようになっていく。「人間的には好きでも、越えられない一線がある。いわせてもらうなら、それが信条の差であり、思想というものである」。本田の宿す「小骨」であった。

もう一つは、このこととも関連するのだが、『諸君！』に掲載された「向井少尉はなぜ殺されたか――南京『百人斬り』のまぼろし」にかかわる問題である。筆者は鈴木明。このレポートは加筆されて『「南京大虐殺」のまぼろし』と題されて出版され（文藝春秋・一九七三年）、第四回大宅壮一ノンフィクション賞を受賞している。

いわゆる「南京事件」の全貌についてはいまも不明な部分を残しているが、本田はこう記す。

なるほど、「百人斬り」は彼が説くように虚妄であったのだろう。でも、彼の作品をノンフィクションとして読むとき、書かれてはならない典型である、と断じて憚《はばか》らない。

その理由は、「百人斬り」の大状況である中国侵略という歴史的事実に、鈴木氏は一行も触れていない、ということである。つまり、鈴木氏は、作為的に部分拡大をした、といわざるを得ない。……

ていっ
ているがごとしである。

この手口を許容するなら、『中国侵略』のまぼろし」という作品も認めなければならなくなるのではないか。

中国側が主張する三十六万人規模の大虐殺は、実際にはなかったのではないか、と私も思う。しかし、かりに、犠牲者の数がその十分の一の三万六千人であったとしても、あるいは、百分の一の三千六百人であったにしても、「虐殺」はあったのではないか。戦争とはそういうものだから、である。

この本が世に出てからいえば四十余年——。天空の小さな黒雲がどんよりと拡散していくように、右傾化の風潮にも乗って歴史的事実の変造を企図する試みは止まない。本田にはそのような危うい行方が視えていたのだろう。だから最後の気力を振り絞って、このような一文を書き遺したのだろう。

東京・三鷹に暮らす田中健五を訪ねた。いわゆる高級老人ホームで、瀟洒《しょうしゃ》なつくりの新しい建物である。一階にはダイニングルーム、談話室、図書室、ビリアード室などがあって、中央部に広い中庭が設けられている。訪れたのは午前の時間であったが、フロアーでは入居者たちがインストラクターの指導で軽い体操を行っていた。

庭に面した、明るい陽光が差し込む一角に置かれたソファーで向かい合った。一九二八（昭和三）年の生まれであるから八十代後半になる。文春の社長・会長を、さらに日本文学振興会・日本雑誌協会の理事長などをつとめてきたが、いまは公職から退いている。先に夫人を失い、当ホームへ移り住んだとのことである。

住み心地はいかがですかと訊くと、こんな答えが返ってきた。

「暮らしていく分には何もかも揃っていて、いたせりつくせりではあるんだが、まぁ高等刑務所というところだな」

洒脱で、さばけた感じの老紳士であった。

田中に二つ、尋ねたいことがあった。一つは本田と出会い、さまざまなテーマで雑誌に起用し、『現代家系論』を刊行した時期の思い出である。このことは第一章で記した。

もう一つは、本田の〝最終原稿〟にかかわることである。これは私の深読みであるのかもしれないが、田中への〝私的メッセージ〟が含まれているように感じ取れることである。

文春の社長在任時、『MARCOPOLO《マルコポーロ》』誌上で「ナチのガス室はなかった」とする虚偽の記事が載った。田中は社長を退任して会長になるが、前記したように本田は『VIEWS《ヴューズ》』連載のコラムでこれを痛烈に批判、田中は会長職を含めて公職を退くべし、と書いた。作家・本田靖春の譲れない見解であったが、〈私人・本田靖春〉の〈私人・田中健五〉への思いはまた別のものもあったろう。そのことを、最後の機会に触れておきたいということではなかったのか——。

田中は、「我、拗ね者として生涯を閉ず」の連載を記憶していた。

「……まぁ、最後には緩《ゆる》めてくれた気配はあったがね」

本田のラストメッセージは田中に届いていたのである。

5

『FRIDAY《フライデー》』『週刊現代』『FRIDAY』を経て『現代』編集部に所属した乾智之が、「我、拗ね者として生涯を閉ず」の最後の担当者となった。本田との出会いが『FRIDAY』をめぐる〝論戦〟からはじまり、やがて心通わせる関係になっていったことは前記した。

『週刊現代』での連載「岐路《きろ》」からいうとおよそ十年ぶりの、再びの担当だった。「岐路」が未完のままに終り、本という形にならなかったことには無念の思いを覚えてきた。今度は形の残るものになる、それに、また本田さんと頻繁に会える――。うれしく思ったものである。

本田の最晩年、月に二、三度、乾はみさと協立あるいは代々木病院に足を運んだ。来月は原稿をもらえるだろうか、本当に完結まで漕ぎ着けられるのだろうか……と不安を覚えるときもあった。病状が進行し、本田の体力が落ちていったからである。そんな月日が一年半続く。

再びの担当は、本田その人をより深く知る歳月ともなった。

乾君なぁ、俺はセンターレフトでいいと思ってきたよ――と本田が口にしたことがある。本田はリベラルの原意、「個人として自立した自由の民」という意味でのリベラリストだった。戦後の民主主義を大切に思う人だった。それは理屈《イデー》として身に着けたものではなく、時代的世代的体験の中で体内に染み入った思想だった。終始、その視点からモノを考え、論じた。「センターレフト（やや左寄り）」というのは、本田の立ち位置をよく言い表していると私は思う。

ただ、本田はイデオロギーの人でも思弁の人でもなかった。世に、高邁《こうまい》な理念を語りつつ、品性乏しき世俗人はゴマンといる。「由緒正しい貧乏人」とは、本田流の韜《とう》晦《かい》を含んだ、そうではあるまじとする固い意志表示であった。

本田靖春の基底にあるものはなにか――。この間、抱え続ける問いとなっていたが、乾が口にした「義」という言葉に、はっと立ち止まるものを覚えたのである。

「日本人が義というものを失っていった戦後の社会のなかで、『不当逮捕』や『疵』もそうだったと思いますが、どこかで義を秘めて生きんとした人を描いた作品が好きですね。『拗ね者』でもそういう本田さんの価値観はずっと流れていたように思います」

〈義の人〉――本田靖春をトータルに表す言葉であるのかもしれない。

絶筆となった原稿を乾が受け取ったのは二〇〇四年十一月二十二日である。ペラ（二百字詰め原稿用紙）で三十枚。分量はいつもの半分以下だ。ところどころ字が升目からはみ出し、大きさも異なっている。筆圧が弱く、かすれて判読し辛い文字もある。ここまで書いて精根尽きた……そんな気配が伝わってくる。

死ぬのは一向にかまわない、でもペンを持てなくなるのは困る――本田はそう口にしていた。

この時期、危惧されていた右手の指先に壊死《えし》が現れ、近々、右腕の切断手術も予定に組まれていた。たまたま乾は、看護婦が指のガーゼとテープを取り換えるさいに傍にいて目撃したのであるが、人差し指の第一関節から先は黒く変色し、爪も見当たらない。チョコレートの棒のようになっている。中指、薬指、小指も黒ずんでいた。

もう万年筆が持てない。モルヒネの投与で激痛を緩和し、指に、軽い水性ペンをテープで巻きつけて固定し、書いていた。乾は口述筆記にそなえてテープレコーダーを持って出向いた日もあったのだが、本田は「書き言葉と話し言葉はどうしても違うからね」といって、あくまで書くことにこだわった。そして、最終回用の原稿を書いて乾に手渡したのであるが、完結はしていなかった。ラスト、こう記されている。

私には世俗的な成功より、内なる言論の自由を守り切ることの方が重要であった。

でも、私は気の弱い人間である。いささかでも強くなるために、このとき自分に課した禁止事項がある。それは、欲を持つな、ということであった。

欲の第一に挙げられるのが、金銭欲であろう。それに次ぐのが出世欲ということになろうか。それと背中合わせに名誉欲というものがある。

これらの欲を持つとき、人間はおかしくなる。いっそそういうものを断ってしまえば、怖いものなしになるのではないか。

いかにも私らしい単純な発想だが、本人としては大真面目であった。

その私に、やがて救いの手が伸びる。それがなかったら、私は疑いもなく尾羽《おは》打ち枯らしたキリギリスになって、いまごろホームレスにでも転落して、野垂れ死していたであろう。これは誇張でも何でもない。


乾がざっと原稿に目を通すと、本田はこういった。

「申しわけないんだが、ご相談がある。あと一回、書かせてもらいたい。そうでないと意を尽くしたことにならないのでね。……俺はまだ死なないよ。(右腕切断の)手術の前に書き上げるよ。もし書けない状態になっていたら、そのときは口述筆記でもかまわない」

この日は比較的、表情も口調もしっかりしていた。〝最終回後半〟はもうひと月先でいい。口述筆記なら大丈夫だろう。そう思った本田の読みも、乾の判断も、結果的に誤っていた――。

6

「救いの手」とは講談社を指している。意を尽くしておきたいとは講談社で親交を結んだ編集者たちへの謝辞だった。そのことを、乾、『現代』編集長の中村勝行、第一編集局長の渡瀬昌彦たちは知っていた。本田から耳にしていたからである。

儀礼的な意味での謝辞ではなかった。本田はかつて他社のコラムで『FRIDAY』廃刊を提言したことは前記した。この問題にもかかわって乾にこう口にしたことがある。

──さんざん世話になっていた講談社の雑誌を公然と批判したので、もう縁を切られると覚悟していた。その覚悟があって書いたことだ。ところがそうはならず、社の編集者たちとは以前にも増して親密に仕事をしていった。だれもが社への批判と個人のかかわりは別のことと受け止めてくれた。そのことへの感謝の念を書いておきたい、と。

「岐路」が未完に終わったことへの自責の念を負い続けていたこともあったろう。

「岐路」「私の同時代ノート」「我、拗ね者として生涯を閉ず」などの連載は、体調不良によって幾度も休載が挟まったが、講談社側は連載を打ち切ることはせず、毎号、休載を報じつつあくまで再開を待った。

最終回後半が書かれないままに終わったことについて、渡瀬はこう話した。

「もちろん本田さんに最後まで書いていただきたかった。それが講談社への謝辞を含むものであったとすれば、うれしいことではある。けれども、本当に感謝すべきはわれわれの側なんです。本田さんに叱られ、批判され、諭《さと》されながら実に多くのものを教えてもらってきた。本田さんへの敬愛の念は担当したもの全員がもっていた。そのことは他社の編集者も同じでしょう。講談社との間のことはいわば私事です。その意味では、書かれることがないままに終わってそれでよかったのだ、と……」

——代々木病院玄関横の喫煙所で、乾は本田から最後の原稿を受け取った。辞する時がきた。本田がもごもごっとした口調で「カミさんが何か渡すものがあるとか……」という。夫人の早智から「お嬢ちゃんに」といわれて四角い和菓子の箱を受け取った。乾の長女は四歳になっていた。

千駄ケ谷の駅に向かう道すがら、箱を開けてみた。お菓子ではなかった。四角い箱は十字に仕切られ、それぞれに手縫いのお手玉が入っていた。赤とピンクの模様入りの、浴衣地《ゆかたじ》のような布にくるんだ、鈴のついた可愛いお手玉だった。

早智によれば、別段、深く考えて手渡したものではない。人工透析は三、四時間かかる。透析室前のソファーで待っているさい、手芸か編物か、そんなことをしながら時間を費やす癖がついた。そんな時間にふと思い立って作ったものである。

ぼろぼろっと涙が溢れてきた。

――人の子供のことを案じている場合じゃないでしょうが。なんていう人たちだ……

ぬぐってもぬぐっても涙がとまらない。道を行き交う人から怪訝《けげん》な視線を向けられてもどうすることもできなかった。駅までの数分、乾は泣きながら歩き続けた。

この日から十二日後の十二月四日、本田は彼岸へと去った。

合併症を伴う糖尿病が進行して以降、困難な日々が続いてきた。心不全、右眼の失明、左眼の弱視化、人工透析、肝臓ガン、大腸ガン、壊死の進行による右足の、ついで左足の大腿部からの切断……。右足を失ってからは自宅に戻ることのないままに四年間、病室のベッドもしくは車椅子での暮らしが続いた。

そのような状態で執筆活動を持続した。言い表すべき言葉が見つからないほどのがんばりであったが、それは、早智夫人のサポートなくしては決して成り立たなかったろう。

似たもの夫婦という言葉があるが、夫人はからっとした人柄の女性である。ユーモア混じりの、特有のリズム感ある話術の持ち主である。本田がよく、「お前さんが明るい奴なんでよかったよ」といったそうであるが、首肯するものがある。『我、拗ね者として生涯を閉ず』においても、本田はさらっとした感じで夫人への思いやりを書いている箇所が見られる。たとえば——。

……いちいち悩んでいたのでは切りがないから、病気に関しては深刻にならないようにしてきた。だいいち、考えたところでどうなる問題でもない。不都合が起こったらその都度、対応する。それが私の基本方針である。

命のあるあいだは、くよくよせずに、明るく、楽しく、仲良く、朗らかに過ごそう。かみさんにそういってある。ノーテンキに徹するのである。

月並みな言い方だが、彼女には苦労をかけた。私と結婚してから、世俗的にいいことは、一つもなかったのではないか。

私は、せめて、老後を一人で生きる彼女のために、いやではない思い出を少しでもつくってやりたい。「あの亭主には散々苦労させられたけど、そうひどい人でもなかったわ」と私のことを懐古できるような。

本田の〝作戦〟はうまくいったようである。

さまざまにはあったけれども、早智は夫に人として不信を抱くことは一度もなかった。しばしば悪たれ口を叩いたが、底に、人としての優しさがあった。根本において、明朗で、真面目な男だったと思う。病床に伏してからは何度か、夫人への感謝やいたわりの言葉を口にした。

病院食が嫌いな本田のために、早智は毎日、弁当を作り、ポットに吸い物やコーヒーを入れ、食の荷を背負って病院に日参した。大変とも辛いとも思ったことはない。毎日、やるべきことに追われて、あれこれ思いわずらう暇がなかったというのが実感である。

早智は小柄な人であるが、本田が足を切ってから鉄アレイで腕力をつけた。両足を失っても本田の体重は六十キロあった。ベッドから車椅子へ、また車椅子からベッドへ。正面から抱きかかえる要領で移動させるのであるが、最後まで人手を借りることはなかった。

病が重くなってから本田は底力をみせてくれた――振り返って、そう思う。ついぞ泣き言の類はいわなかった。足を失ったときも「アタマが残って良かったよ」といったものである。わずかに、亡くなる前日であったか、意識が混濁したなかではじめて「もう家に帰らないと……」と口にした。それが、最後の言葉となった。

危篤状態になって、主治医から延命処置について問われ、早智はこう答えている。「すでに夫婦の間で延命治療はやっていただかないと決めておりました。本田は最後の作品を書き上げるために生きておりました。それがかなわなくなって残念でしょうが、もう十分がんばってくれました。これ以上、がんばれとは申せません。皆さんに異存がなければそうさせていただきたいと思います」

早智夫人、渡瀬、乾、『不当逮捕』を担当した小田島雅和、「拗ね者」を担当した吉田仁、藤田康雄らに見守られ、本田は穏やかな表情のままに呼吸することをやめた。遺言に従い、通夜、葬儀は行わず、翌日、茶毘《だび》に付された。

「「連載のために生きている」と繰り返し言っていた本田靖春さんの、最期の姿は大きく見えた。連載46回1200枚。あと1回で完結だった。本田さんの考えと意見を異にする点もあったが、かけがえのない先達。伴走していた筆者と添い遂げたんだなと、遺骨を拾いながら思った。至らぬ相手ですみませんでした。亡くなった日、寝つけぬまま何冊かの著作を読んで迎えた朝、季節はずれの大風が吹いていた。(中)」

『現代』二〇〇五年二月号の最終ページ、中村勝行による「編集室だより」である。〝雑誌葬〟なるものは世にないが、そんな言葉が浮かぶ、稀なる事例であったろう。編集者を代表しての、故人へ送る言葉だった。

本田靖春の遺骨は、静岡県駿東《すんとう》郡小山《おやま》町、富士山麓にある富士霊園の一画「文學者之墓」に納められ、眠っている。公益社団法人・日本文藝家協会の管理する共同墓地である。

亡くなる数年前のこと。本田が早智に向かってふと思いついたように、文藝家協会の会報を手にして「こんなところだったら墓参りの帰りに温泉でも浸かってきたら悪くないか」と言ったことがあって、没後に墓地に入る手続きをしたものである。本田家の墓は東京・小平市にあるのだが、本田は次男であり、新たな墓地は必要といえば必要なものだった。ただ、当地を本田も早智も下見に訪れたことはなく、「アバウト流」とのことである。

――五月の連休明け。緑豊かな丘陵地に設けられた区画に墓地が点在している。気持ちのいい墓地といえば妙な言い方になるが、良い季節、広々とした地を歩いていると、すがすがしい気分に誘われる。

ほどなく、講談社のPR誌『本』で「拗ね者たらん」の連載がはじまる。物事のけじめとして、本田の眠る地を一度は訪れ、ひと言、意図するものを伝えておきたく思った。墓碑に手を合わせ、書かせてもらうことにします、と小さく口にした。

静かだった。人にはだれも、静寂につつまれた久遠のときが訪れる。長い闘病の果てにようやく、本田にもそのときが訪れ、以降、そのままのときがゆったりと流れている。

「文學者之墓」の決まり事として、墓標には氏名（筆名）、代表作品名、没年月日、享年が刻字される。作品は生前、当人が選ぶ。人名が並ぶプレート状の墓碑の縦一列に、「本田靖春　不当逮捕　二〇〇四・一二・四　七一歳」という文字が刻まれていた。

文庫版あとがき

ずっと本田靖春の仕事が好きだった。その人物にも心惹かれるものを覚えてきた。ただ、大部の自伝的ノンフィクションがあり、他者による評伝的なものが成立するとは思えない。そう思い込んでいたのであるが、本田とかかわった編集者たちの思い出を織り交ぜていけば「人と作品」は成立するのかもしれない……。そんな思いを抱いて動きはじめた。

氏の作品群は幅広く、はじめて読んだものも何作かある。すべてが名作というわけではあるまい。エッセイや時評を含めて、共感の度合いに強弱はあったが、全体を通してひとつの主調音が流れていて、読者である私に感応してくる。それが、本書の執筆を促し続けたものであろう。

主調音の軸を成しているのは、「戦後」への思いである。さらに絞れば、経済成長がはじまる以前、打ちひしがれた敗戦国の底流にあった解放感、非戦への意思、自由の息吹……といった、いわば戦後の原液への思いである。そのことは、終生、本田の中で生き続け、作家としての拠り所を成すものともなった。もはや戦後も遠いものとなったが、本田の作品を読み込むなかで、このような戦後的精神は時代を超えて継承されるに足るものと思えた。

主にエッセイ類において見られるのであるが、主調音のそばに控えているのは、諧《かい》謔《ぎゃく》とユーモアであって、趣きある味わいとなっている。文は人なりといわれるが、この伴奏音もまた、本田という書き手の原質から発せられている。人・本田靖春が人々を吸引したのも、この硬軟合わせもつ人となりに由来しているのだろう。

本書は、講談社のPR誌『本』で連載したもの（二〇一五年八月号〜二〇一七年五月号）が元原稿となっているが、本書刊行まで随分と月日を要してしまった。

私の病（スタンフォードB型急性大動脈解離）も一因で、本田のそれと比べれば〝病もどき〟というべきものであったが、ひと月余、入院生活を余儀なくされた。病状が落ち着いてからは、ただ本を読んでは寝入るという日々の繰り返しであったが、気がつくと夕暮れが迫っていて、一日の過ぎるのが早い。そうそう、『我、拗ね者として生涯を閉ず』に同じ意味の一文が書かれていたなぁと思ったりした。この間、いつの間にか、本田の享年と重なっていた。

老境差し込む昨今ではあるが、本田にかかわることは、一個の凜乎《りんこ》たる精神に接する心地よさがあって、ぽんと背中を押してもらっているような、そんな感触を受け続けた。

本文内で、往時、本田が対談に応じてくれたことには触れているが、終了後、タクシーに同乗して帰路についた際だったと思う。こんな励ましの言葉をかけてくれたことを思い出す。

——ノンフィクションを書くとは報われることの少ない稼業でしょうが、持続してやっていくうちには何か面白いこともあるでしょうよ。めげずに頑張ってください、と。

そう、持続してやっていくなかで面白いと思えることはさまざまにあった。この稼業を続けてきてよかったと思う。本書の刊行もその一つであるが、淡いものであれ、本田と直接交わった思い出があって本書への第一歩も踏み出せたように思う。出会いがあったことへの幸運をかみしめている。

ここまで、早智夫人はじめ、本田を担当した各社の編集者たちから多大のご協力を得た。本書の刊行にさいしては、講談社の中村勝行、柿島一暢両氏の、文庫版にあたっては講談社文庫出版部の岡本浩睦氏のお世話になった。作家の伊集院静氏よりは過分で秀逸な一文を寄せていただいた。本書にご登場いただいた方々はじめご助力いただいた方々に深く感謝する。

二〇二一年夏

後藤正治

文庫解説に代えて

伊集院 静（作家）

一冊の本が常宿に届いた。

『拗《す》ね者たらん　本田靖春　人と作品』後藤正治著、講談社刊である。

表紙に写った本田靖春の顔が実にイイ。写真の背景から見て、そこが大井競馬場であることが一目でわかる。本田のうしろに屯《たむろ》する男たちの身なりから、昭和40年代後半から50年代にかけてのものだ。

あの頃、ギャンブル場へ行く男たちはだいたい同じ恰好をしていた。冬なら安物の吊しのコートである。経済成長の時期と言うが、皆金はなかった。今のように洒落《しゃれ》た身なりで博奕場へ入ると、コーチ屋やチンピラの絶好のカモにされた。競馬場にコートが必要なのは、競馬新聞、タバコ、鉛筆、財布……と物入りだったからだ。同時、オケラになった時、競馬場を吹き抜ける風は思いのほか冷たいのである。帰りすがら屋台の酒一杯分の小銭はコートのポケットが似合った。

表紙の写真の本田の顔がイイと書いたのは、昭和を代表するジャーナリスト、本田靖春がめったに笑うことがなく、この写真の本田がどこか笑っているようなやわらかな表情をしているからだ。

私が初めて本田と逢ったのも競馬場だった。東京、府中競馬場で締切りのベルが鳴り響いているフロアーに、一人の男が着古したコートで、やや片方の足を引きずりながらスタンドにむかっていた。鋭い眼光を見て、一目で男が素人《しろうと》ではないことがわかった。サラリーマンでも商い人でもない。今回の本のタイトルにある拗ね者（つむじまがり。異分子の意）はおそらく彼の畏友《いゆう》である著者の後藤氏か、彼を愛した編集者が、本田の人一倍強い含羞《がんしゆう》を知っていて付けたのだろうが、本田ほど編集者に愛された物書きは珍しい。

私は連れていた遊び人の編集者に、

「あの男は誰だ？」と訊くと、相手は、

「あれが本田靖春だ」と自慢気に言った。

——あれが本田靖春か……。

丁度、本田の作品、伝説のヤクザを書いた『疵』を読んだばかりだったので、或る種の憧憬を持ってその姿を追ったのを覚えている。

二度目も競馬場で人を介して挨拶した。照れ臭そうに名前を名乗る仕草が少年のようで驚いた。この男が、昭和の衆目された事件の暗部を徹底した取材と鋭い洞察力と静謐《せいひつ》な文章で社会に問い続けている男とは思えなかった。

同じ印象を持つ人物を二人知っていた。本田と同じ読売新聞の記者からジャーナリストになり、〝黒田軍団〟のトップ、清っつぁんこと黒田清と、作家の色川武大だ。あとは盛り場の焼鳥屋のカウンターで独り飲んでいた本田を見ただけである。そうであるのに本田は彼の全集が刊行された折、全集の中の一冊の本の解説文を丁寧な手紙とともに依頼して来た。

嬉しかった。自分も物書きの端くれになったのかもしれないと思った。それほど本田の仕事を支持する同業者、作家は多かった。

送られた本は、暮れの締切りに追われていたので、正月にでもと思っていたが、読みはじめると止まらなかった。後藤氏の逝《い》きし戦友に対しての思いと無駄のない文章がどんどん先へ連れて行った。

今年、さまざまな本を読んだが、おそらくこの本が、今年のベストワンであろう。平坦な文であるのに、激昂する本田、勇躍する本田、静かに目を閉じている本田の姿が臨場に居るごときにあらわれた。

『不当逮捕』『誘拐』『警察《サツ》回り』『疵』……数々の名著を、私は今の若い人が一冊だけでもいいから読んでくれればと思う。

晩年、本田は疾患のため、足を切断せねばならなかった。それでも本田は書き続けた。

こう書くと本田の生涯が凄絶でしかなかったように思うが、若き日の本田がニューヨーク支局に配属され、異国の地で書かれた『ニューヨークの日本人』は、洒落た大都会への憧憬と四季の描写に感傷があらわれロマンチックこの上ない。

エディターズ・ハイという言葉がある。それは成長期にある作家と担当編集者が作品を通して同じ高揚感を抱き、ともに成長する時期のことを言う。

エディターズ・ラブ。本田にはさしずめその言葉が似合った気がする。彼に出逢った多くの編集者はしあわせであったろう。

若者よ。『拗ね者たらん』を読みなさい。そうすれば、君も少し大人の男に近づくだろう。


（『ひとりで生きる　大人の流儀　9』二〇一九年、より）

本書は二〇一八年十一月に小社より刊行されました。
初出〈読書人の雑誌〉『本』二〇一五年八月号～二〇一七年五月号

|著者| 後藤正治　1946年、京都市生まれ。ノンフィクション作家。'85年に『空白の軌跡――心臓移植に賭けた男たち』で潮ノンフィクション賞、'90年に『遠いリング』で講談社ノンフィクション賞、'95年に『リターンマッチ』で大宅壮一ノンフィクション賞、2011年に『清冽――詩人茨木のり子の肖像』で桑原武夫学芸賞を受賞。『後藤正治ノンフィクション集』(全10巻、ブレーンセンター)が'16年に完結。近著に『奇蹟の画家』『天人――深代惇郎と新聞の時代』(ともに講談社文庫)、『言葉を旅する』(潮出版社)、『拠るべなき時代に』(ブレーンセンター)など。

拗《す》ね者《もの》たらん　本田靖春《ほんだやすはる》 人《ひと》と作品《さくひん》
後藤正治《ごとうまさはる》

講談社文庫
定価はカバーに
表示してあります

2021年8月12日第1刷発行

KODANSHA

発行者――鈴木章一
発行所――株式会社　講談社
東京都文京区音羽2-12-21　〒112-8001
電話　出版 (03) 5395-3510
　　　販売 (03) 5395-5817
　　　業務 (03) 5395-3615
Printed in Japan

デザイン―菊地信義
本文データ制作―講談社デジタル製作
印刷―――豊国印刷株式会社
製本―――加藤製本株式会社

ISBN978-4-06-523825-7

講談社文庫刊行の辞

二十一世紀の到来を目睫に望みながら、われわれはいま、人類史上かつて例を見ない巨大な転換期をむかえようとしている。

世界も、日本も、激動の予兆に対する期待とおののきを内に蔵して、未知の時代に歩み入ろうとしている。このときにあたり、創業の人野間清治の「ナショナル・エデュケイター」への志を現代に甦らせようと意図して、われわれはここに古今の文芸作品はいうまでもなく、ひろく人文・社会・自然の諸科学から東西の名著を網羅する、新しい綜合文庫の発刊を決意した。

激動の転換期はまた断絶の時代である。われわれは戦後二十五年間の出版文化のありかたへの深い反省をこめて、この断絶の時代にあえて人間的な持続を求めようとする。いたずらに浮薄な商業主義のあだ花を追い求めることなく、長期にわたって良書に生命をあたえようとつとめるところにしか、今後の出版文化の真の繁栄はあり得ないと信じるからである。

同時にわれわれはこの綜合文庫の刊行を通じて、人文・社会・自然の諸科学が、結局人間の学にほかならないことを立証しようと願っている。かつて知識とは、「汝自身を知る」ことにつきていた。現代社会の瑣末な情報の氾濫のなかから、力強い知識の源泉を掘り起し、技術文明のただなかに、生きた人間の姿を復活させること。それこそわれわれの切なる希求である。

われわれは権威に盲従せず、俗流に媚びることなく、渾然一体となって日本の「草の根」をかたちづくる若く新しい世代の人々に、心をこめてこの新しい綜合文庫をおくり届けたい。それは知識の泉であるとともに感受性のふるさとであり、もっとも有機的に組織され、社会に開かれた万人のための大学をめざしている。大方の支援と協力を衷心より切望してやまない。

一九七一年七月

野間省一